〔改訂版〕

Q&A 生活保護利用者をめぐる法律相談

【編集】大阪弁護士会貧困・生活再建問題対策本部

JN215404

新日本法規

改訂版の発刊にあたって

　日本弁護士連合会は、2006年10月の第49回人権擁護大会で初めて生活保護問題を正面から取り上げ、2007年3月設置の生活保護問題緊急対策委員会を経て、2010年4月には貧困問題対策本部を設置しました。

　当会も、こうした動きに呼応して2010年9月に貧困・生活再建問題対策本部を設置し、貧困に関わる人権侵害を社会から根絶するための活動を始めました。

　健康で文化的な生活を営む生存権を保障する憲法第25条等に照らせば、本来、国には、すべての人の尊厳に値する生存を実現する責務があります。

　ところが、2012年春には、一部の政治家やマスコミなどにより、生活保護の不正受給が横行しているなどの客観性を欠いた「生活保護バッシング」が繰り広げられ、2013年8月から史上最大（平均6.5％、最大10％）の生活扶助基準の引下げが始まり、同年12月には、不正受給対策の強化等を内容とする生活保護「改正」法が成立しました。こうした国の施策に対する危機感から、当会は、生存権保障の「岩盤」である生活保護制度の切り崩しに歯止めをかけたいとの思いから、2014年2月、「Q＆A　生活保護利用者をめぐる法律相談」を発刊しました。おかげさまで同書は好評を得て、間もなく在庫が尽き絶版となっておりました。

　ただ、残念ながら、その後も生活保護をめぐる状況は改善されていません。制度に対する誤解や偏見、行政窓口での違法な「水際作戦」などもなくならず、生活保護利用者数は、2015年3月の217万人をピークとして直近（2024年3月）では202万人と減少傾向を続け、貧困とされる人の1割程度しか制度を利用できていません。こうした事態の解

消をめざして、日本弁護士連合会は、2024年10月の第66回人権擁護大会で18年ぶりに生活保護問題を正面から取り上げ、第１分科会シンポジウム「今こそ、生活保障法の制定を！〜地域から創る、すべての人の生存権が保障される社会」を開催することになりました。

　当会としても、改めてこうした動きに呼応して、長らく絶版となっていた本書の改訂版を発刊する運びとなったものです。

　基本的人権の擁護を使命とする、私たち弁護士は、国や地方公共団体が本来の責務を果たし、生活保護制度が正しく運用されるよう不断に働きかけていかなければなりません。そのためには、生活保護法の理念及び内容が正しく理解されることが不可欠です。

　本書がそのための一助として改めて活用されることを祈念しております。

2024年９月

大阪弁護士会

会長　大　砂　裕　幸

改訂版の編集にあたって

　2012年春、人気お笑いタレントの母親が生活保護を利用していることが問題視され、激しい「生活保護バッシング」が起きました。同年8月には、附則に「生活保護制度の見直し」を規定した社会保障制度改革推進法が消費増税法と同時に成立し、現行制度史上かつてない規模の生活保護改革が始まりました。2013年に入ると、平均6.5％最大10％の生活扶助基準の引下げによって3年で約670億円の保護費を削減する方針が示され、同年8月に最初の基準引下げが実行されました。同年12月には、不正受給対策の強化等を内容とする生活保護法の「改正」法（平成25年12月13日法律第104号）が成立しましたが、いずれも保護費削減を主要な目的として生活保護制度の適用抑制を志向するものでした。

　大阪は、日本で一番ホームレス状態にある方々の数が多く、対人口比の生活保護利用率も日本で一番高い街だったため、大阪弁護士会は、全国の弁護士会の中でも先駆けてホームレス問題や生活保護問題に積極的に取り組んできました。本書は、実務の現場で、そうした取組みを担い、経験を蓄積してきたメンバーが、生存権保障を掘り崩す国の動きに歯止めをかけようという思いで企画し、その総力を結集して生み出されたものです。

　実務上よく問題となる論点や世上よく聞かれる疑問点について、厚生労働省の通知通達や最新の裁判例も引用し、Ｑ＆Ａ方式で詳しく解説しています。

　初版発刊時には、当時成立したばかりであった「改正」法についても、申請権侵害などが横行するのではないかとの危機感から、あるべき法解釈を詳しく解説していましたが、幸い実務運用が大きく悪化す

ることはありませんでした。そこで、改訂版発刊にあたっては、この部分を大幅に削除するともに、扶養照会など、この間の実務運用の変化や新たな裁判例などを踏まえた改訂作業を行いました。

　生活保護制度は、憲法25条が保障する生存権の内実を具体化し、この国で暮らす人々の「いのち」を支える、とても大切な制度です。しかし、ちまたには制度に対する誤解や偏見が未だにあふれています。私たちは、生活保護制度が生活に困窮した方々のために、正しく活用されることを願っています。

　本書が、多くの実務家、支援者、生活保護利用当事者の方々に利用され、餓死・孤立死・自死等の悲劇が一例でも回避されること、この日本で生活保護の利用が真の権利として確立する日が一日でも早く来ることを心から祈念しております。

2024年9月

編集委員　小久保　哲郎

鈴　木　節　男

編集・執筆者一覧

《編　　集》

大阪弁護士会貧困・生活再建問題対策本部

＊＊＊＊＊＊＊＊＊＊＊＊＊＊＊＊＊＊＊＊

《編集委員》

小久保　哲郎　　　　鈴　木　節　男

《執　筆　者》（五十音順）

江　村　智　禎	下迫田　浩　司
大　橋　さゆり	林　　　慶　行
奥　田　愼　吾	普　門　大　輔
尾　﨑　夏　樹	本　田　千　尋
康　　　由　美	松　田　直　弘
喜　田　崇　之	南　　　和　行
木　原　万樹子	安　永　一　郎
楠　　　晋　一	山　田　治　彦
久　堀　　　文	吉　田　昌　史

《編集協力》

谷　口　伊三美（社会福祉士）

- -

【令和6年9月・改訂担当者】（五十音順）

江　村　智　禎	谷　口　伊三美
小久保　哲　郎	豊　芦　　　弘
鈴　木　節　男	林　　　慶　行

略　語　表

本書で使用した法令・通知・判例の表記方法は、次のとおりです。

①　法令は、原則としてフルネームを用い、解説等の根拠として（　）で表記する場合は、次のように略記しました。

生活保護法第19条第1項第2号＝（生保19①二）

また、法令の略語は次のとおりです（〔　〕は解説中で用いる法令名の略称を示します。）。

生保	生活保護法	行訴	行政事件訴訟法
生保令	生活保護法施行令	健保	健康保険法
生保規	生活保護法施行規則	国健保	国民健康保険法
生活保護基準	生活保護法による保護の基準	国賠	国家賠償法
憲	日本国憲法	児福	児童福祉法
民	民法	精神	精神保健及び精神障害者福祉に関する法律
刑	刑法	地税	地方税法
介保	介護保険法	地方自治	地方自治法
家事手続	家事事件手続法	入管〔入管法〕	出入国管理及び難民認定法
行審	行政不服審査法		

②　通知については、参考文献とともに次のように略記しました。

昭和38年4月1日社発第246号第7・4（1）、生活保護手帳239頁＝（局長通知第7・4（1）、保護手帳239頁）

また、通知及び参考文献の略語は次のとおりです。

＜通　知＞
次官通知　生活保護法による保護の実施要領について（昭和36年4月1日発社第123号）

局長通知	生活保護法による保護の実施要領について（昭和38年４月１日社発第246号）
課長通知	生活保護法による保護の実施要領の取扱いについて（昭和38年４月１日社保第34号）
問答集	生活保護問答集について（平成21年３月31日厚生労働省社会・援護局保護課長事務連絡）
医療扶助運営要領	生活保護法による医療扶助運営要領について（昭和36年９月30日社発第727号）
介護扶助運営要領	生活保護法による介護扶助の運営要領について（平成12年３月31日社援第825号）

＜参考文献＞

保護手帳	『生活保護手帳（2023年度版)』（中央法規出版）
別冊問答集	『生活保護手帳　別冊問答集　2023年度版』（中央法規出版）
小山・生活保護	小山進次郎『生活保護法の解釈と運用』（全国社会福祉協議会、改訂増補復刻版、2004）

③　判例については、次のように略記しました。

　　　大阪地方裁判所令和５年５月11日判決、賃金と社会保障1839号34頁＝（大阪地判令５・５・11賃社1839・34）

　また、判例出典及び雑誌の略称は次のとおりです。

民集	最高裁判所民事判例集	賃社	賃金と社会保障
判時	判例時報	金判	金融・商事判例
判タ	判例タイムズ	交民	交通事故民事裁判例集
家月	家庭裁判月報		

目　　次

第1章　生活保護制度

第5章　子どもと生活保護

第6章　生活保護利用中の資産保有

第7章　住居（賃貸住宅）と生活保護

第8章　借金と生活保護

第9章　交通事故と生活保護

第10章　生活保護利用者の死亡・相続

第11章　　生活保護利用者の就労・自営

第12章　　医療・介護等と生活保護

第13章　被災者と生活保護

第14章　刑事事件と生活保護

第15章　外国人と生活保護

第1章　生活保護制度

1　生活保護制度とは

（1）　最後のセーフティーネット

　生活保護制度は、憲法25条1項に定められた基本的人権の1つである「健康で文化的な最低限度の生活を営む権利」すなわち、生存権を保障するための公的扶助の制度であり、生活保護法により具体化されています。

　憲法25条2項は「国は、すべての生活部面について、社会福祉、社会保障及び公衆衛生の向上及び増進に努めなければならない」として国に対し、生存権の具体化を求めており、生活保護法はこれを受けて制定された法律の1つです。

　生存権を具体化するための法律としては、ほかにも、①所得保障法としての国民年金法、厚生年金保険法、雇用保険法など、②医療保障法としての健康保険法や国民健康保険法など、③介護保障法としての介護保険法、④社会福祉サービス法としての児童福祉法、身体障害者福祉法、知的障害者福祉法、精神保健及び精神障害者福祉に関する法律、障害者の日常生活及び社会生活を総合的に支援するための法律、老人福祉法などがありますが、生活保護制度は、これらの制度を利用しても生活が立ち行かない場合の市民生活を最終的に保障すると共に、困窮状態から脱却するための手段を提供し、困窮者がそれぞれの能力に応じた形での自立ができるよう援助する制度であり、「最後のセーフティーネット」と呼ばれています。

（2）　生活保護制度の根拠法令等

ア　生活保護法

生活保護制度の根拠法はいうまでもなく生活保護法です。

生活保護法は、次のとおり1条から87条までの条文が第1章から第13章までの章立てで構成されています。

【生活保護法の体系】

第1章　総則（第1条－第6条）
第2章　保護の原則（第7条－第10条）
第3章　保護の種類及び範囲（第11条－第18条）
第4章　保護の機関及び実施（第19条－第29条の2）
第5章　保護の方法（第30条－第37条の2）
第6章　保護施設（第38条－第48条）
第7章　医療機関、介護機関及び助産機関（第49条－第55条の3）
第8章　就労自立給付金及び進学・就職準備給付金（第55条の4－第55条の6）
第9章　被保護者就労支援事業等（第55条の7－第55条の10）
第10章　被保護者の権利及び義務（第56条－第63条）
第11章　不服申立て（第64条－第69条）
第12章　費用（第70条－第80条）
第13章　雑則（第80条の2－第87条）

なお、生活保護法の理解のためには、生活保護法の解説書である、小山進次郎『生活保護法の解釈と運用』（全国社会福祉協議会、改訂増補復刻版、2004）を参照することが有益です。

小山氏は、生活保護法立法当時の厚生省社会局保護課長で、直接立法作業に携わった人物であり、生活保護法の各条文について、その制定の理由と経緯を最も正確に理解していた人物です。

小山氏自らが同書を著した理由について、同氏は、「私は幸いにしてこの法律の制定については、その立案の当初から公布、実施の現在に

至るまで、事務上の責任者としてこの仕事に関与し、恐らくこの法律の条文のすべてについてその立案乃至は制定の理由と経緯を一番正確に知り得る立場に在ったので、この点を明らかにしておくことが私の責務と考えたのである。」と説明しています（小山・生活保護〔まえがき〕8頁）。

　同書は、生活保護制度の正しい運用のためのマニュアルとして著されたものであり、単に条文を注解するにとどまらず、立法理由、規定の内容及びその具体的運用等生活保護制度を運営するための基礎的事項について広く解説がなされています。

　　イ　生活保護法施行令・施行規則

　生活保護法の委任に基づき、生活保護法施行令（昭25・5・20政148）及び生活保護法施行規則（昭25・5・20厚令21）が制定されています。

　これらには、生活保護法により委任された事項や同法の実施に必要な細則等が定められていますので、生活保護制度の運用を知る上で、必要に応じて参照する必要があります。

　その他、生活保護法の施行に関し必要な事項を定めた法令としては、各地方自治体が定める生活保護法施行細則があります（例えば、「大阪府生活保護法施行細則」（昭58・10・24大阪府規則63）など）。生活保護申請書や決定書などの書類の様式はこの施行細則で定められています。

　　ウ　厚生労働省による告示及び通知

　生活保護行政は、実際には、厚生労働大臣が定めた保護の基準を公表する告示や、生活保護法の詳細な運用指針を示した通知に基づいて行われています。そこで、これらの内容についても把握しておく必要があります。

　これらの告示や通知は、『生活保護手帳』（中央法規出版）にまとめられていますので、生活保護に関する事件を取り扱う際には、参照が必要となってきます（なお、厚生労働省のホームページには、これらの

告示や通知について、それぞれ全文が掲載されています。）。また、各実施機関（福祉事務所）と厚生労働省との問答をまとめた「生活保護問答集について」（平21・3・31厚生労働省社会・援護局保護課長事務連絡）についても、適宜参照する必要があります（同通知は、『生活保護手帳別冊問答集』（中央法規出版）として市販されています。）。

　　（ア）　告　示

　生活保護法8条は、生活保護の基準を厚生労働大臣が定めるものとしています。これを受けて、厚生労働大臣が定めた保護の基準は、厚生労働省告示「生活保護法による保護の基準」（昭38・4・1厚告158）によって国民に公表されています。

　告示には、必ずしも法的拘束力が認められるものではなく、保護の基準についても、法的拘束力をもつ法規ではなく、裁量基準であると考えられています。

　　（イ）　通　知

　後述のとおり、生活保護法上、保護の実施機関は、都道府県知事、市長及び福祉事務所を管理する町村長とされていますが（生保19①）、これら保護の実施機関の行うべき事務の多くは、地方自治法上の法定受託事務（地方自治2⑨一・二）とされています。そして、この法定受託事務に関しては、地方自治法245条の9第1項及び第3項により、各大臣は所管の法律又はこれに基づく政令に係る都道府県ないし市町村の法定受託事務処理について「よるべき基準」を定めることができるものとされています。

　これらの規定を根拠に、厚生労働省は、①事務次官通知「生活保護法による保護の実施要領について」（昭36・4・1発社123厚生事務次官通知）、②局長通知「生活保護法による保護の実施要領について」（昭38・4・1社発246厚生省社会局長通知）、③課長通知「生活保護法による保護の実施要領の取扱いについて」（昭38・4・1社保34厚生省社会局保護課長通知）と

いう形で、保護の実施機関の事務処理について「よるべき基準」を定めています。

（3）　生活保護の実施機関

生活保護法上、保護の実施機関は、都道府県知事、市長及び福祉事務所を管理する町村長とされています（生保19①）。後述するように、生活保護は、本来、国がその責任において行うべきものですが（国家責任の原理）、保護の実施、運営の円滑化、適正化を図る見地から、地方自治体の長にその事務を委託しているものです。

実際の事務は各地方自治体の長（実施機関）が管理する福祉事務所において行われることになります。

2　生活保護法の目的

生活保護法1条は「この法律は、日本国憲法第25条に規定する理念に基き、国が生活に困窮するすべての国民に対し、その困窮の程度に応じ、必要な保護を行い、その最低限度の生活を保障するとともに、その自立を助長することを目的とする。」として、生活保護法の目的が生存権保障と自立の助長にあることを明らかにしています。

（1）　生存権保障

生活保護法の目的が生存権保障にあることについて、小山氏は、「この法律で、生活に困窮する国民の最低限度の生活を保障することとしたのは、憲法第25条に「すべて国民は、健康で文化的な最低限度の生活を営む権利を有する。」という表現で述べられている生存権保障の理念の一端をこの生活保護制度によって具現しようとする趣旨に出ずるものである。」と説明しています（小山・生活保護89頁）。

（2）　自立の助長

生活保護法の目的とする「自立の助長」とは、それぞれの生活保護利用者の持つ様々な能力を発見し、その能力に応じて社会生活に適応

できるよう支援するということであり、単に経済的に自立させて生活保護から離脱させればよいという意味ではありません。小山氏は次のように述べています。「最低生活の保障と共に、自立の助長ということを目的の中に含めたのは、「人をして人たるに値する存在」たらしめるには単にその最低生活を維持させるというだけでは十分でない。凡そ人はすべてその中に何等かの自主独立の意味において可能性を包蔵している。この内容的可能性を発見し、これを助長育成し、而して、その人をしてその能力に相応しい状態において社会生活に適応させることこそ、真実の意味において生存権を保障する所以である。社会保障の制度であると共に、社会福祉の制度である生活保護制度としては、当然此処迄を目的とすべきであるとする考えに出でるものである。従って、兎角誤解され易いように隋民防止ということは、この制度がその目的に従って最も効果的に運用された結果として起ることではあらうが、少くとも「自立の助長」という表現で第一義的に意図されている所ではない。自立の助長を目的に謳った趣旨は、そのような調子の低いものではないのである。」（小山・生活保護92頁）。

3　生活保護法の基本原理

　生活保護法5条は「前四条に規定するところは、この法律の基本原理であつて、この法律の解釈及び運用は、すべてこの原理に基いてされなければならない。」と定めて、1条から4条までが、生活保護法の解釈及び運用のための基本原理を定めたものであることを明らかにしています。

　生活保護法の基本原理は以下に説明するように「国家責任の原理」、「無差別平等の原理」、「最低生活保障の原理」及び「補足性の原理」の4つに整理することができます。

　これらの基本原理の位置付けについて、小山氏は、「これらの規定に

盛られた原理が生活保護制度を成り立たせていること、従って、これらの規定は生活保護法の体系において最高の価値を持ち他の規定はすべてこれらの規定に盛られた原理に基いて解釈され、且つ、運用されなければならない」と解説しています（小山・生活保護153頁）。

（1）　国家責任の原理（法1条）

前記のとおり、生活保護法1条は、生活保護法の目的が生存権保障にあることを明らかにしていますが、同時に、「国が生活に困窮する全ての国民に対し、その困窮の程度に応じ、必要な保護を行う」とあるように、生活保護法による保護は国の直接責任において行われるものであることを定めています。これを「国家責任の原理」といいます。

（2）　無差別平等の原理（法2条）

生活保護法2条は「すべて国民は、この法律の定める要件を満たす限り、この法律による保護を、無差別平等に受けることができる。」と規定しています。

小山氏は、この条文の要旨は、①国民に保護を請求する権利があること、②保護請求権は国民の全てに対し無差別平等に与えられていること、の2点であると説明しています（小山・生活保護104頁）。また、「無差別平等」の意味については「保護を要する状態に立ち至った原因の如何や、（例えば、病気、傷害、災害、世帯主の死亡、不具癈疾、失業等）人種、信条、性別、社会的身分、門地等により優先的又は差別的に取り扱われることはない。」と解説しています（小山・生活保護107頁）。

つまり、現行法は、「保護は、国によって行われる一種の事実行為であって被保護者はかかる事実行為による一種の反射的利益を受けるにすぎない。」とされていた旧法とは異なり、生活保護を請求することは「権利」であり、この「権利」は生活困窮の原因や要保護者の労働能力の有無を問わず無差別平等に保証されるものであることを明らかにしているのです。これを「無差別平等の原理」といいます。

（3）　最低生活保障の原理（法3条）

　生活保護法3条は「この法律により保障される最低限度の生活は、健康で文化的な生活水準を維持することができるものでなければならない。」と規定しています。

　この規定は、国が生活保護制度によって保障しなければならない「最低限度の生活」とは、単にかろうじて生存を続けられる程度のものでは足らず、少なくとも人間としての生活を可能にする程度すなわち、「健康で文化的な生活水準」が維持できる程度のものでなければならないことを明らかにしており（小山・生活保護115頁）、これを「最低生活保障の原理」といいます。

（4）　補足性の原理（法4条）

　生活保護法4条1項は「保護は、生活に困窮する者が、その利用し得る資産、能力その他あらゆるものを、その最低限度の生活の維持のために活用することを要件として行われる。」と規定して、保護は自らの力で最低生活を維持することができない場合に行われるものであることを定めています。また、同条2項は「民法に定める扶養義務者の扶養及び他の法律に定める扶助は、すべてこの法律による保護に優先して行われるものとする。」と規定して、民法上の扶養や他の法律で定められている公的扶助は、建前上生活保護に優先して行われるべきであることを定めています。これらを、「補足性の原理」といいます（小山・生活保護118頁）。

※　資産・能力の活用について

　生活保護が、自らの力で最低生活を維持することができない場合にはじめて行われるものであること自体は、資本主義社会の公的扶助制度の建前としては当然であるとしても、資産、能力の活用を必要以上に厳しく要求すると、真に生活保護を必要とする人が保護を利用でき

ない「漏給」を多発させることになります。しかし、そのような事態は現行法の意図するものではありません。小山氏は次のように解説しています。「現在の生活保護制度の運営の実際が、この点に関し、余りにも機械的で自立の源をわざわざ涸渇させているという批判は、識者の間では定評となっているので、この点を是正するために立案上も特に意を用いた。「その利用し得る」という言葉と「活用する」という言葉とは、このような配慮の下に選ばれた言葉である。」（小山・生活保護119頁）。

※　民法上の扶養義務について

　小山氏は、生活保護法による保護と民法上の扶養との関係について、これを保護を受ける資格に関連させて規定していた旧法と異なり、新法では、単に民法上の扶養が生活保護に優先して行われるべきだという建前を規定するに止めたものであることを説明した上で次のように解説しています。「一般に公的扶助と私法的扶養との関係については、これを関係づける方法に三つの型がある。第一の型は、私法的扶養によってカバーされる領域を公的扶助の関与外に置き、前者の履行を刑罰によって担保しようとするものである。第二の型は、私法的扶養によって扶養を受け得る等の条件のある者に公的扶助を受ける資格を与えないものである。第三の型は、公的扶助に優先して私法的扶養が事実上行われることを期待しつつも、これを成法上の問題とすることなく、単に事実上扶養が行われたときにこれを被扶助者の収入として取り扱うものである。而して、先進国の制度は、概ねこの配列の順序で段階的に発展してきているが、旧法は第二の類型に、新法は第三の類型に属するものと見ることができるであろう。」（小山・生活保護119頁）。

　つまり、現在の生活保護法は、親族から扶養を受けられないことを保護開始の要件とはしていないのです。

4　保護の原則

　生活保護法7条から10条には、生活保護制度運営上の原則が定められており、それぞれ「申請保護の原則」、「基準及び程度の原則」、「必要即応の原則」及び「世帯単位の原則」と呼ばれています。

（1）　申請保護の原則（法7条）

　生活保護法7条は「保護は、要保護者、その扶養義務者又はその他の同居の親族の申請に基いて開始するものとする。但し、要保護者が急迫した状況にあるときは、保護の申請がなくても、必要な保護を行うことができる。」として、①保護は、職権によらず申請に基づいて開始することを原則とすること、②申請権者の範囲は、要保護者、その扶養義務者、その他の同居の親族とすること、③要保護者が急迫した状況にあるにもかかわらず申請しないときは、職権による保護が行われることを定めています（小山・生活保護162頁）。これを「申請保護の原則」といいます。

（2）　基準及び程度の原則（法8条）

　生活保護法8条1項は「保護は、厚生労働大臣の定める基準により測定した要保護者の需要を基とし、そのうち、その者の金銭又は物品で満たすことのできない不足分を補う程度において行うものとする。」として、生活保護の基準は厚生労働大臣が定めること、保護の程度は要保護者の資産調査を行って決することを定めています。また、同条2項は「前項の基準は、要保護者の年齢別、性別、世帯構成別、所在地域別その他保護の種類に応じて必要な事情を考慮した最低限度の生活の需要を満たすに十分なものであって、且つ、これをこえないものでなければならない。」として、保護の基準が、最低生活の需要を満たすに十分なものであって、かつ、これを超えないものでなければならないことを定めています（小山・生活保護167頁）。これらを、「基準及び程度の原則」といいます。

（3）　必要即応の原則（法 9 条）

生活保護法 9 条は「保護は、要保護者の年齢別、性別、健康状態等その個人又は世帯の実際の必要の相違を考慮して、有効且つ適切に行うものとする。」として、①保護の種類程度及び方法は、要保護者の実際の必要に応じ有効かつ適切に定められなければならないこと、②特に、保護の基準は、要保護者の年齢別、性別、健康状態等の相違に応じ有効且つ適切に保護が行われ得るような方式のものでなければならないことを定めています（小山・生活保護208頁）。これを「必要即応の原則」といいます。

（4）　世帯単位の原則（法10条）

生活保護法10条は「保護は、世帯を単位としてその要否及び程度を定めるものとする。但し、これによりがたいときは、個人を単位として定めることができる。」として、①保護の要否と程度は世帯を単位として定められること、②世帯単位の取扱いが適当でないときは個人単位で取り扱うことを定めています（小山・生活保護219頁）。これを「世帯単位の原則」といいます。

世帯の認定について、「生活保護法による保護の実施要領について」（昭36・4・1発社123厚生事務次官通知）には「同一の住居に居住し、生計を一にしている者は、原則として、同一世帯員として認定すること。」と規定されています（次官通知第 1、保護手帳139頁）。もっとも、「世帯単位の原則」における「世帯」は、主に生計の同一性に着目して、社会生活上、現に家計を共同にして消費生活を営んでいると認められる 1 つの単位のことをいい、同一居住は生計の同一性を判断するための 1 つの目安にすぎません（問答集第 1、別冊問答集27頁）。

なお、世帯単位の取扱いが適当でない場合には、個人を単位として保護を行うために、世帯分離という方法が取られることになります。

5　保護の種類と方法

生活保護には、生活扶助、教育扶助、住宅扶助、医療扶助、介護扶助、出産扶助、生業扶助、葬祭扶助の8種類があります（生保11①）。このうち、生活扶助、教育扶助、住宅扶助、出産扶助、生業扶助、葬祭扶助は金銭給付の方法によって行うのが原則とされており、医療扶助と介護扶助については現物給付の方法によって行われるのが原則とされています。ただし、必要に応じて原則以外の方法（医療扶助と介護扶助については金銭給付、その他の扶助については現物給付）によることもできるとされています（生保30〜37）。

（1）　生活扶助（法12条・30条・31条）

生活に必要な食費や衣料費、水道光熱費などの需要に対して行われる扶助であり、金銭給付によって行われるのが原則です。

生活扶助には、経常的な一般生活費と臨時的な一般生活費（一時扶助）があります。

経常的な一般生活費は1類と2類に分かれています。

1類は、衣類や食費など個人単位の消費に対応するものであり、世帯員全員について個人別の額を合算します。ただし、世帯員が増えればその分1人当たりに掛かる費用は安くなるとの考えから、世帯員数に応じた逓減率が定められています。

2類は光熱費など世帯単位の消費に対応するものであり、世帯員数に応じて基準額が定められています。

また、必要即応の原則（生保9）により、妊婦加算や障害者加算、母子加算など各種加算も定められています。

臨時的な一般生活費は、経常的な一般生活費のほかに、需要に応じて臨時的に支給されるものであり、例えば、ホームレス状態の人がアパートで生活を始める際に必要となる、布団代や家具什器代などがあります。また、転居する際の引越し費用（移送費）もここに含まれます。

（2）　教育扶助（法13条・32条）

義務教育に伴って必要な、教科書その他の学用品、通学用品、学校給食等に対する扶助であり、金銭給付によって行われるのが原則です。

（3）　住宅扶助（法14条・33条）

賃貸住宅の家賃や借地の地代、家屋の補修費用等の住宅維持費、敷金や契約更新料といった住宅にかかる扶助であり、金銭給付によって行われるのが原則です。

住宅扶助のうち、「家賃・間代・地代等」については、1級地及び2級地で1万3,000円以内、3級地で8,000円以内という一般基準が定められており、これを超えるときは、都道府県又は政令指定都市若しくは中核市ごとに厚生労働大臣が別に定める額の範囲内の額とされていますが、実際にはほとんどが後者によっています。

生活保護利用者が、「転居に際し、敷金等を必要とする場合」には、これらは住宅扶助費として支給されます（課長通知第7問30答、保護手帳343頁）。敷金等には、権利金、礼金、不動産手数料、火災保険料及び保証人がいない場合の保証料が含まれます（課長通知第7問35答、保護手帳345頁）。

（4）　医療扶助（法15条・34条）

病院や診療所にかかる医療費（治療費、薬代、入院費など）、あん摩、マッサージなどの施術料、義足や松葉づえ、コルセット、眼鏡などの治療材料費、通院や転院にかかる交通費など医療に関する扶助であり、現物給付によって行われるのが原則となっています。

（5）　介護扶助（法15条の2・34条の2）

要介護者に対する、居宅介護費用、福祉用具費用、住宅改修費用、施設介護費用及び移送の費用、要支援者に対する、介護予防費用、介護予防福祉用具費用、介護予防住宅改修費用及び移送費用に関する扶助であり、現物給付によって行われるのが原則となっています。

（6）　出産扶助（法16条・35条）

出産のために必要な費用の扶助であり、金銭給付によって行われるのが原則となっています。

（7）　生業扶助（法17条・36条）

生業費（専ら生計の維持を目的として営まれることを建前とする小規模の事業を営むために必要な資金）、技能習得費（生計の維持に役立つ生業に就くために必要な技能を習得する経費、高等学校の就学費）、就職支度費（就職のために必要な衣服や履物等の購入費など）についての扶助であり、金銭給付によって行われるのが原則となっています。

（8）　葬祭扶助（法18条・37条）

葬儀費用等に関する扶助であり、金銭給付によって行われるのが原則となっています。

6　保護利用手続の流れ

（1）　申　請

既に説明したとおり、生活保護は、申請権者の申請に基づいて開始されるのが原則となっています（生保7）。

　　ア　申請の場所

要保護者が居住地を有する場合には、その居住地を所轄する実施機関（地方自治体の長）の管理する福祉事務所が保護の申請場所となります（生保19①一）。

要保護者が居住地を有しない場合や居住地が明らかでない場合には、現在地（現に所在している場所であり、一時的であるか否かを問いません。）を所轄する実施機関の管理する福祉事務所が保護の申請場所となります（生保19①二）。

つまり、持ち家やアパートに住んでいる人が生活保護を申請する場合には居住地の福祉事務所（市役所や区役所の中にあることが多いで

す。）が申請場所となり、ホームレス状態にある人の場合には、今いる場所を管轄する福祉事務所で申請すればよいということになります。

　なお、地方自治体によっては、「福祉事務所」という名称を用いずに、「福祉センター」「生活援護課」「福祉課」「保護課」などの名称が用いられている場合もありますので、どこへ行けばよいか分からない場合には、居住地又は現在地を管轄する役所に問い合わせるのが確実です。

　　イ　申請の方法

　　（ア）　申請書の提出

　　　a　口頭による申請も可能

　生活保護法施行規則2条1項は、生活保護の開始又は変更の申請は、①申請者の氏名及び住所又は居所、②要保護者の氏名、性別、生年月日、住所又は居所、職業及び申請者との関係、③保護の開始又は変更を必要とする事由、を記載した書面を提出して行わなければならないとしています。また、各地方自治体が定める生活保護法施行細則には、生活保護申請書の様式が定められており、福祉事務所はこれに基づいた所定の申請書を用意しています。

　そのため、通常、生活保護の申請は、福祉事務所が用意している所定の申請書に必要事項を記載してこれを提出することにより行われています。

　従前は、生活保護法上申請の様式を規定した条項はなく、解釈上も保護の申請は非要式行為であり、口頭による申請も可能であるとされていました。平成25年の法改正において「保護の開始を申請する者は〔中略〕申請書を保護の実施期間に提出しなければならない。」（生保24①）、「申請書には〔中略〕厚生労働省令で定める書類を添付しなければならない。」（生保24②）との規定が新設されましたが、これは保護申請を要式行為化するものではなく、改正後も申請意思が明確であれば

口頭での申請も可能であり、添付書類の提出も保護決定までに可能な
範囲で行えばよいという解釈を何ら変更するものではありません。

　　b　実際に申請の有無が問題となる場面

　もっとも、生活保護の申請をしたいと考えて、保護の実施機関の窓
口を訪ねたとしても、必ずしもすんなりと保護申請をさせてもらえる
とは限りません。窓口によっては「仕事を探すように。」「親族に援助
してもらうように。」などと言って申請用紙を渡さず、相談扱いにして
追い返すということも行われています（いわゆる水際作戦）。

　このような水際作戦を受けたケースにおいて、実施機関の窓口を訪
ねた日に申請があったか否かが後日裁判などで問題となることがあり
ます。というのも、申請日は、①保護の開始日と連動していること（保
護の開始日は、「急迫保護の場合を除き、原則として、申請のあった日
以降において要保護状態にあると判定された日」（局長通知第10・3、保
護手帳425頁）とされています。）、②みなし却下の起算日となること（申
請日から30日以内に保護の要否等についての決定の通知がない場合、
申請者は申請が却下されたものとみなして（生保24⑦）、審査請求を行
うことが可能となります。）など、申請日がいつであったかは生活保護
手続上重要な意味を持つからです。

　前記のとおり、保護の申請は要式行為ではなく、口頭による申請も
可能ですので、たとえ申請用紙を渡してもらえなくても、実施機関の
窓口において、「申請します。」と伝えていれば、その日に保護の申請
があったことになるはずです。

　しかし、そのようなケースでは、実施機関は、申請の意思表示があ
ったこと自体を争ってきますので、口頭だけで申請した場合、言った
言わないの水掛け論になってしまう危険があります。そこで、前記の
ような水際作戦にあった場合には、申請したことを証拠に残しておく

意味で、書面を作成して（できれば内容証明郵便で）申請しておくのがよいでしょう。

　　（イ）　申請時に必要な書類

　前記のとおり、申請は要式行為ではなく、申請の意思さえ明確であれば口頭で申請することさえ可能ですから、必要書類をそろえなければ生活保護の申請ができないということはありません。実施機関の窓口に行くと「必要書類をそろえてから申請に来るように。」と言われることがありますが、そのような対応は生活保護の申請権を侵害するものであり違法です。

　もっとも、申請があれば、実施機関は、保護の要否、種類、程度及び方法を決定しなければならず、そのために必要な調査が行われますので（生保28・29）、あらかじめ、以下のような書類等を用意しておくことは、迅速な開始決定を得るために有効であると思われます。

【あらかじめ用意しておくと便利な書類等】

---

① 　印鑑（三文判でよい。）

② 　年金手帳・年金証書・年金改定通知書

③ 　源泉徴収票

④ 　給与明細書（直近３か月分程度）

⑤ 　賃貸借契約書

⑥ 　家賃の通帳・領収書・納付書など

⑦ 　国民健康保険証・健康保険証

⑧ 　預金通帳（直前に記帳しておくとよい。）

⑨ 　生命保険・簡易保険・火災保険・県民共済などの証書

⑩ 　公共料金（電気・ガス・水道・電話）の領収証又は請求書

⑪ 　運転免許証

⑫ 　在留カード

⑬ 　身体障害者手帳

　　ウ　職権保護

　前記のとおり、生活保護は、申請権者からの申請により開始される
のが原則です。しかし、他方で、生活保護法25条は、「保護の実施機関
は、要保護者が急迫した状況にあるときは、すみやかに、職権をもつ
て保護の種類、程度及び方法を決定し、保護を開始しなければならな
い。」と規定しています。したがって、要保護者が急迫した状況にある
場合には、申請保護の原則の例外として、申請権者からの申請がなく
とも、実施機関において、職権により、保護を開始しなければなりま
せん。

　なお、ここにいう「急迫した状況」について、小山氏は、「生存が危
うくされるとか、その他社会通念上放置し難いと認められる程度に状
況が切迫している場合」をいい「単に最低生活の維持ができないとい
うだけでは、必ずしもこの場合に該当するとは言えない。」と解説して
います。もっとも、具体的にどのような場合がこれに該当するかにつ
いては、「子供とか、不具廃疾者とかは扶養義務者が扶養しないという
だけでこの状態に陥ることが多く、又成年者でも病気の場合にはこの
状態に比較的早期に陥る可能性が多いであろう。」とも述べており、個
別具体的な判断が必要であることを示唆しています（小山・生活保護123
頁）。

（2）　調　査

　生活保護の申請がなされると、保護の実施機関は、保護の要否等を
決定するために、次のような調査を行います。

　　ア　訪問調査

　保護の実施機関は、保護の決定又は実施等のために必要があると認
めるときは、要保護者の資産及び収入の状況、健康状態その他の事項
を調査するために、要保護者の居住場所に立ち入って調査を行うこと
ができます（生保28①前段）。これを訪問調査といいます。申請時の訪

問調査は、申請書等を受理した日から1週間以内に実施されることになっています（局長通知第12・1（1）、保護手帳440頁）。

　　イ　検診命令

　保護の実施機関は、必要があるときは、要保護者に対し、指定する医師又は歯科医師の検診を受けるよう命ずることができます（生保28①後段）。これを「検診命令」といいます。申請時においては、①稼働能力の有無に疑いがある場合、②障害者加算の認定に必要と認められる場合、③医療扶助の決定に際し要保護者の病状に疑いがある場合、④介護扶助の実施に当たり、医学的判断が必要な場合などに、検診命令がなされます（局長通知第11・4（1）、保護手帳436頁）。

　検診命令は、保護の実施機関の責任において行われるものであり、本人の費用負担はありません。

　　ウ　金融機関等への照会

　保護の実施機関及び福祉事務所長は、保護の決定又は実施等のために必要があると認めるときは、要保護者又はその扶養義務者の資産及び収入の状況等につき金融機関等に照会を行うことができます（生保29）。

　　エ　扶養義務者の調査（扶養照会）

　　（ア）　原　則

　保護の申請があったときは、申請者の絶対的扶養義務者（直系血族及び兄弟姉妹）及び相対的扶養義務者（3親等内の親族）のうち、①実際に申請者又はその世帯に属する者を扶養している者、②過去に申請者又はその世帯に属する者から扶養を受けるなど特別の事情があり、かつ、扶養能力があると推測される者の存否を確認し、これにより把握された扶養義務者に対し、書面を送付するなどして扶養の可能性についての調査が行われます（局長通知第5・1・2、保護手帳265・267頁）。

　　（イ）　扶養義務者に対する直接照会が適当でない場合

　厚生労働省は、例えば夫の暴力（DV）から逃れてきた母子等扶養義務者に対する直接照会が適当でないことが明らかな場合には、「まず関係機関等に対して照会を行い、なお扶養能力が明らかにならないときは、その者の居住地を所管する保護の実施機関に書面をもって調査依頼を行うか、又はその居住地の市町村長に照会する」という方法で差し支えないとして、扶養義務者に対する直接照会を避ける配慮をしています（課長通知第5問2答、保護手帳267頁）。

　前記のようなDVのケース以外にも、身内に連絡されたくない様々な事情を抱えている要保護者は多く、そのような場合には、実施機関に対し、扶養義務者への直接照会を行わないよう積極的に申し入れるべきです。

　厚生労働省も、「扶養義務者に対する直接の照会（扶養照会）は、「扶養義務の履行が期待できる」と判断されるものに対して行うものであることに注意する必要がある。」「要保護者が扶養照会を拒んでいる場合等においては、その理由について丁寧に聞き取りを行い、照会の対象となる扶養義務者が「扶養義務履行が期待できない者」に該当するか否かという観点から検討を行うべきである。」として、扶養照会の実施に際しては一定の配慮が必要であることを明示するに至っています（別冊問答集143頁）。

（3）　決　定

　保護の実施機関は、保護の開始の申請があったときは、保護の要否、種類、程度及び方法を決定しなければなりません（生保24③）。

　保護の要否及び程度については、申請者世帯の最低生活費と世帯収入をそれぞれ認定し両者を対比することにより決定されます。具体的には、認定された世帯収入（収入充当額）が、当該世帯の最低生活費を下回る場合に要保護状態と判断され、その差額分が保護費として、

又は現物で支給されることになります。また、保護の種類については、収入充当額を、原則として生活扶助、住宅扶助、教育扶助、介護扶助、医療扶助、出産扶助、生業扶助、葬祭扶助の順に充当させて、その不足する費用に対応して決定されます（次官通知第10、保護手帳409頁）。

（4）　決定の通知方法及び期間

保護の要否、種類、程度及び方法の決定は、申請者に対して書面で通知しなければなりません（生保24③）。

この通知は、申請があった日から原則として14日以内に行われる必要があります。扶養義務者の資産状況の調査に日時を要するなど特別な理由がある場合には例外的に30日まで延長することができますが、その場合には決定通知に延長した理由を明示しなければなりません（生保24⑤⑥）。

30日以内に書面による決定通知がなされない場合には、保護の申請は却下されたものとみなすことができます（生保24⑦）。その場合には、みなし却下決定に対する審査請求を行うことが可能になります。

（5）　給　付

保護開始決定がなされると、利用者は、生活扶助、教育扶助、住宅扶助、医療扶助、介護扶助、出産扶助、生業扶助及び葬祭扶助を、その必要に応じ、単給又は併給として受けることができます（生保11②）。

また、妊婦加算、障害者加算、介護施設入所者加算、在宅患者加算、放射線障害者加算、児童養育加算、介護保険料加算、母子加算といった各種加算制度もあります。

7　利用者の権利・義務

生活保護法には、保護利用者の権利義務として以下の規定が設けられています。

（1）　権　利

ア　不利益変更の禁止

　保護の利用者は、正当な理由がなければ、既に決定された保護を不利益に変更されることはありません（生保56）。「正当な事由」があると言えるためには、本法による保護の変更、停止等の実体的要件及び手続的要件の双方を満たしていることが必要です（小山・生活保護625頁）。

イ　公課禁止

　保護の利用者は、保護費等を標準として租税その他の公課を課せられることはありません（生保57）。保護費等は最低生活に必要な分しか支給されず、課税の対象となるべき余地がないからです（小山・生活保護627頁）。

　地方税法上も、生活扶助を受けている保護の利用者の都道府県民税・市区町村民税は非課税とされています（地税24の5①一・295①一）。また、既に賦課された都道府県民税・市区町村民税についても、貧困により生活のため公私の扶助を受けている場合には条例により減免が可能とされています（地税323・45）。固定資産税についても同様です（地税367）。

ウ　差押禁止

　保護の利用者は、既に支給された保護費等やこれらを受ける権利を差し押さえられることはありません（生保58）。保護費等が差し押さえられると最低生活を営むことができなくなるからです。

　もっとも、保護費を銀行振込みの方法で受け取っている場合や、一旦受け取った保護費を銀行口座に入金して保管している場合には、注意が必要です。というのも、生活保護費のように差押禁止財産が原資となっている場合であっても、一旦預金口座に入金されてしまうと、それらは金融機関に対する預金債権に転化したものとして、全額につき差押えが可能となるとするのが裁判実務上の取扱いとなっているか

らです。したがって、生活保護費等やこれらを受ける権利は差押禁止
財産だからと考えて安心していると、ある日突然、裁判所から、生活
保護費が入金されている預金口座に対する差押えがなされて預金が引
き出せなくなるということにもなりかねません。このような事態を避
けるため、負債がある場合には早めに債務整理を行っておく必要があ
ります。

　なお、万が一、生活保護費が入金されている預金口座が差し押さえ
られた場合、放置しておくと、債権者に取り立てられてしまいますの
で、速やかに、執行裁判所に対し、差押禁止債権の範囲変更申立（民事
執行法153①）を行う必要があります。

　　　エ　譲渡禁止

　保護の利用者は、保護を受ける権利を譲り渡すことはできません（生
保59）。小山氏はこの規定の趣旨について「保護を受ける権利は、帰属
上の一身専属権であって譲渡性のないことを明確にしてその移転を防
止し、保護の実施機関が決定した通りに保護金品等がこれを享受すべ
き者に正しく行き渡り、これらが有効且つ適切に使用されて保護の目
的が完全に達成されるようにした規定である。」と解説しています（小
山・生活保護637頁）。つまり、利用者が確実に生活保護を利用できるよ
うに、保護利用権に譲渡性がないことを明記したものであり、保護利
用者の権利を保護するための規定であるといえます。

　（2）　義　務

　　　ア　生活上の義務

　保護利用者は、能力に応じて勤労に励み、自ら、健康の保持及び増
進に努め、収入、支出その他生計の状況を適切に把握するとともに、
支出の節約を図り、その他生活の維持及び向上に努めなければなりま
せん（生保60）。

　生活保護法4条1項（補足性の原理）が保護開始の要件を定めたも

のであるのに対し、同法60条は生活保護の利用を継続するための要件
を日常生活上の義務の側面から規定したものです。本条を設けた理由
について、小山氏は、生活保護法が「単なる救貧法に止まるものでな
く、自立助長の理念を有する社会福祉法でもあるから単に惰民防止と
いう見地からでなく、自立助長という見地からも権利の享有に対応す
る義務の履行を身につけさせることが必要である。このような考え方
に基いて本条が設けられたのである。」と述べています（小山・生活保護
639頁）。

　　イ　届出の義務

　保護利用者は、収入、支出その他生計の状況について変動があった
とき、又は居住地若しくは世帯の構成に異動があったときは、速やか
に保護の実施機関に届け出なければなりません（生保61）。

　保護の適正な運営を図るため、保護の実施機関は、保護利用者を調
査する義務を負っていますが（生保25②・28・29）、他方で保護利用者の
側にも、保護の決定・実施に重要なものについては自発的に届出をさ
せることにより、保護の実施機関による保護の決定及び実施が円滑に
行われるようにするために設けられた規定です。

　　ウ　指示に従う義務

　保護の実施機関は、保護の利用者に対して、生活の維持、向上等生
活保護の目的を達成するために必要な指導又は指示を行うことができ
（生保27①）、利用者は、これらの指導又は指示がなされた場合には従
わなければなりません（生保62①）。これに従わない場合、保護の変更、
停止又は廃止という制裁を受けることがあります（生保62③）。もちろ
ん、利用者が従わなければならないのは正当な指導・指示に対してで
あって、誤った指導・指示に従う義務はありません。

　　エ　費用返還義務

　急迫の場合等に資力があるにもかかわらず、生活保護を利用した場

合には、支給された保護金品に相当する金額の範囲内において保護の
実施機関が定める額を返還しなければなりません（生保63）。詳しくは
以下に説明します。

8　費用の返還・徴収

（１）　費用の返還（法63条）

　前記のとおり、急迫の場合等に資力があるにもかかわらず、生活保
護を利用した場合には、支給された保護金品に相当する金額の範囲内
において保護の実施機関が定める額を返還しなければなりません（生
保63）。

　資力のある人の場合、通常は生活保護を利用する必要はないはずで
すが、例えば、売れにくい場所にある土地などすぐに現金化して活用
することが困難な資産はあっても、手持ちの現・預金等すぐに活用で
きる資産が他になければ、当面の最低生活を維持することはできませ
ん。そこで、そのような場合には、とりあえず保護を利用することを
認めた上で、その人の有する資力が活用できたときに既に支給した保
護金品との調整を図ることとしたのが、生活保護法63条の規定の趣旨
です。したがって、本条による返還請求は、民法における不当利得返
還請求権の性質を有するものということができます。

　返還の対象となるのは、支給された「保護金品に相当する金額の範
囲内において保護の実施機関が定める金額」です。したがって、必ず
しも、支給された保護費等の全額に相当する金額の返還を求められる
わけではありません。

　厚生労働省も、支給した保護金品の全額を返還額とすることを原則
としつつも、全額を返還させることが当該世帯の自立を著しく阻害す
ると認められるような場合には、一定の額を控除して返還額を決定す
ることを認める見解を示しています（問答集問13－５、別冊問答集432頁）。

（2）　費用の徴収（法78条）

　不実の申請や不正な手段により自ら保護を受け、又は他人に保護を受けさせた者があるときは、保護費を支払った都道府県又は市町村の長は、その費用の額の全部又は一部をその者から徴収するほか、その徴収する額に100分の40を乗じて得た額以下の金額を徴収することができるとされています（生保78①）。

　生活保護法78条は、いわゆる不正手段によって生活保護を利用した者又は利用させた者からその費用を徴収することができる旨を定めた規定であり（小山・生活保護822頁）、本条による費用徴収請求は民法における不法行為に基づく損害賠償請求権的な要素を有するものです。

　「その費用の全部又は一部」の意味について、厚生労働省は、「「その費用の全部」とは、支給した保護費の全額が不正受給である場合を言い、「その費用の一部」とは支給した保護費のうち一部が不正受給である場合を言う」と解釈した上で、徴収額は、不正受給額全額であり、生活保護法63条のような実施機関の裁量の余地はないとしています（問答集問13－22、別冊問答集452頁）。しかし、そのような解釈は条文解釈としては無理があり、法律上は一部徴収という判断も認められていると解すべきです。

　なお、不正受給については、詐欺罪（刑246）や生活保護法85条による刑事罰が科されることもあります。

（3）　生活保護法63条と78条の適用関係

　例えば、収入申告が過少であったり、申告を怠ったために本来支給されるべきではない扶助費が支給された場合、生活保護法63条による費用返還と同法78条による費用徴収のいずれの問題として取り扱われるのでしょうか。

　この点について、実務上は、不正受給の意図があった場合には生活保護法78条、そうでない場合には同法63条を適用する扱いとなってい

ます（もっとも、本来同法63条は、実施機関が、利用者に資力がある
ことを認識しながら扶助費を支給した場合の事後調整の規定であり、
同条による処理はあくまで便宜上のものにすぎません。）。

　生活保護法63条により処理するか、同法78条により処理するかの、
区分について、厚生労働省は次のような基準を示しています（問答集問
13−1、別冊問答集427頁）。

【生活保護法63条又は78条適用の判断基準】

> ①　法第63条によることが妥当な場合
> （ a ）　受給者に不当に受給しようとする意思がなかったことが立証さ
> 　　　れる場合で届出又は申告をすみやかに行わなかったことについて
> 　　　やむを得ない理由が認められるとき。
> （ b ）　実施機関及び受給者が予想しなかったような収入があったこと
> 　　　が事後になって判明したとき（判明したときに申告していればこ
> 　　　れは、むしろ不当受給と解すべきではない）。
> ②　法第78条によることが妥当な場合
> （ a ）　届出又は申告について口頭又は文書による指示をしたにもかか
> 　　　わらずそれに応じなかったとき。
> （ b ）　届出又は申告に当たり明らかに作為を加えたとき。
> （ c ）　届出又は申告に当たり特段の作為を加えない場合でも、実施機
> 　　　関又はその職員が届出又は申告の内容等の不審について説明等を
> 　　　求めたにもかかわらずこれに応じず、又は虚偽の説明を行ったよ
> 　　　うなとき。

9　停止・廃止

（1）　生活保護が停止又は廃止される場合

　生活保護の支給が一時的に中断される場合を「停止」といい、保護
の利用資格自体が失われる場合を「廃止」といいます。両者の差異は、
その要因となる基礎的事実の程度の相違にありますが（小山・生活保護

410頁)、「停止」の場合、その要因となる基礎的事実がなくなったとき（例えば、臨時的収入を使いきった場合）には保護の支給が再開されるのに対し、「廃止」の場合には、新規の保護開始として、改めて生活保護の申請を行うことから始めなければなりません。

　生活保護が停止又は廃止され得るのは以下の場合です。

①　生活保護利用者が、保護を必要としなくなったとき（生保26）

②　立入調査を拒んだり、検診命令に従わないとき（生保28⑤）

③　保護利用者が、指導・指示に従わないとき（生保62①～③）

　なお、保護の停止又は廃止の決定については、書面をもって通知されることになっています（生保26）。

（2）　保護を必要としなくなったことによる停止・廃止

　生活保護利用世帯の収入が増加したり、最低生活費が減少したことにより当該世帯の収入認定額が最低生活費を上回る状態となった場合、生活保護は停止又は廃止されます（生保26）。

　停止か廃止かの基準について、厚生労働省は、おおむね6か月以内に再び保護を要する状態になることが予想される場合には停止とし、6か月を超えて保護を要しない状態が継続すると認められる場合には廃止とすべきとの目安を示しています（課長通知第10問12答、保護手帳428頁）。

（3）　指導・指示違反による停止・廃止

　保護の実施機関は、保護利用者に対して、生活の維持、向上その他保護の目的達成に必要な指導又は指示をすることができます（生保27①）。保護利用者は、これらの指導又は指示に従う義務を負い（生保62①）、従わない場合には、実施機関は保護を停止又は廃止することができます（生保62③）。

　これは、保護実施機関の行った指導又は指示に違反した場合の制裁（不利益処分）として保護の停止又は廃止を認めたものです。

　実施機関による指導・指示は通常は口頭で行われますが、保護を停止又は廃止する場合には、口頭による指導・指示だけでは足りず、それらを書面で行わなければなりません（生保規19）。

　また、指導・指示違反による保護の停止又は廃止を行う場合には、保護利用者に対し、弁明の機会を与える必要があります（生保62④）。

　指導・指示違反に対し、実施機関には、処分するかどうかの裁量権がありますが、その処分が著しく相当性を欠く場合には裁量権の逸脱又は濫用として違法となります。特に、保護の廃止は最も重い処分であり、しかも、保護利用者の生存の可否に直結するため、安易に認められるべきではなく、処分の根拠となった指示の内容の相当性・適切性、指示違反に至る経緯、指示違反の重大性・悪質性、将来において指示事項が履行される可能性、保護の変更や停止を経ることなく直ちに保護を廃止する必要性・緊急性、保護廃止がもたらす保護利用世帯の困窮の程度等を総合的に考慮した結果、真にやむを得ない場合を除き、裁量権の逸脱又は濫用に当たり許されないと解すべきです（福岡地判平21・3・17判タ1299・147参照）。

10　不服申立て

　生活保護の決定及び実施に関する処分に対して納得できない場合、以下の方法により、行政組織内部の機関に対し、不服の申立てをすることができます（生保64～66・69）。

（1）　審査請求

　生活保護の決定がなされた場合、決定に不服があるときには、都道府県知事に対して審査請求をすることができます（生保64）。保護申請後30日以内に書面による通知がなされない場合にも、申請が却下されたものとみなして（生保24⑦）、これに対して審査請求を行うことが可能です。

　審査請求は、処分があったことを知った日の翌日から3か月以内で、処分のあった日の翌日から原則として1年以内に行わなければなりません（行審18①②）。

　都道府県知事は、審査請求があったときは、50日以内に当該審査請求に対する裁決をしなければなりません（生保65①）。

　裁決では、審査請求に理由があるときは、当該処分の全部若しくは一部を取り消し、又はこれを変更します（行審46①）。審査請求に理由がないと判断された場合には棄却となります（行審45②）。

（2）　再審査請求

　審査請求についての都道府県知事の裁決に不服がある場合は、厚生労働大臣に対して再審査請求をすることができます（生保66①）。

　再審査請求は、審査請求の裁決があったことを知った日の翌日から1か月以内に行う必要があります（行審62）。

　厚生労働大臣は、再審査請求があったときは、70日以内に当該再審査請求に対する裁決をしなければなりません（生保66②）。

11　訴　訟

　生活保護の決定及び実施に関する処分が違法である場合には、行政組織内部の機関に対する不服申立て以外に、訴訟により被害の回復を図ることが考えられます。具体的には、違法な処分自体を是正させるための抗告訴訟、及び、違法な処分によって生じた損害を賠償させるための国家賠償請求訴訟が挙げられます。

（1）　抗告訴訟

　行政庁の公権力行使に対する不服の訴訟を抗告訴訟といいます（行訴3①）。

　抗告訴訟の種類としては、処分の取消しの訴え（取消訴訟）、無効等確認の訴え（無効確認訴訟）、義務付けの訴え（義務付け訴訟）などが

あります（行訴3②〜⑦）。

　　ア　取消訴訟

　取消訴訟は、保護申請の却下決定、保護利用中の不利益変更、保護
の停廃止処分等に対しその処分の取消しを求めるものです。取消訴訟
は、原則として、審査請求を経た後でないと提起することができない
ことになっています（審査請求前置主義）（生保69）。

　ただし、審査請求を行ってから50日以内に裁決がなされない場合に
は、審査請求が棄却されたものとみなすことができ（生保65②）、裁決を
待たずに取消訴訟を提起することができます。また、50日を経過して
いなくても、処分の執行などにより生ずる著しい損害を避けるため緊
急の必要がある場合等には、例外として裁決を経ることなく取消訴訟
を提起することができることとなっています（行訴8②二）。

　取消訴訟は、審査請求に対する裁決があったことを知った日から原
則として6か月以内で、裁決のあった日から原則として1年以内に提
起する必要があります（行訴14①②）。

　　イ　無効確認訴訟

　無効確認訴訟は、取消訴訟と異なり、審査請求前置主義は採られて
おらず、出訴期間の制約もありません。そこで、既に、審査請求の申
立期間や取消訴訟の出訴期間を徒過している場合には、不服申立ての
方法として、無効確認訴訟の利用も検討すべきでしょう。

　なお、無効確認訴訟においては、処分の瑕疵が重大かつ明白である
ことが必要であり（最判昭36・3・7判時257・17）、これを原告が立証しな
ければなりません。

　　ウ　義務付け訴訟

　2004年の行政事件訴訟法の改正により、義務付け訴訟が法定されま
した（行訴3⑥二）。義務付け訴訟とは、裁判所に対し、行政庁が一定の
処分又は裁決すべき旨を命ずることを求めるものです。

　これにより、現在では、例えば保護申請が却下された場合には、取消訴訟と併せて、保護の開始を求める義務付け訴訟を提起することも可能となっています。また、義務付け訴訟を提起する場合には、「その義務付けの訴えに係る処分又は裁決がされないことにより生ずる償うことのできない損害を避けるため緊急の必要があり」かつ、「本案について理由があるとみえるとき」は、裁判所が決定をもって、仮に行政庁がその処分又は裁決をすべきことを命ずるよう、申し立てることもできます（仮の義務付け）（行訴37の5①）。

（2）　国家賠償請求訴訟

　国又は地方公共団体の公権力の行使に当たる公務員が、その職務を行うについて、故意又は過失によって損害を与えた場合には、国又は地方公共団体が賠償責任を負います（国賠1①）。例えば、生活保護申請を拒否されたり、申請したのに放置されるなどの違法な扱いを受けた場合、抗告訴訟により、違法な処分の是正を求めるだけでなく、本来支給されるはずの保護費がその間支給されなかったことによる財産的な損害や、そのような対応により被った精神的損害の賠償を求めることが可能です。

　国家賠償請求については、審査請求前置主義の制約はなく、出訴期間についても、民法の不法行為による損害賠償請求権の期間の制限の規定が適用されるため（国賠4）、損害及び加害者を知った時から3年以内で、行為時から20年以内となり（民724）、抗告訴訟よりも制限が緩やかです。

第2章　生活保護の申請

1　福祉事務所等の申請窓口で「生活保護の申請をしても通らない。」と言われたら

Q　私は生活に困って生活保護の相談に行ったのですが、担当職員からいろいろ言われた末「あなたが生活保護の申請をしても通りません。」と言われて追い返されました。専門の職員がそう言う以上、あきらめるしかないのでしょうか。

　また、預金通帳、賃貸借契約書などを持って出直してくるように言われ、申請書を書かせてもらえませんでした。仕方がないのでしょうか。

A　あきらめる必要はありません。担当職員の言うことが常に正しいとは限りません。あなたには保護申請権が保障されていますので、申請の意思表示をすれば、実施機関は受付を拒むことはできません。また、保護申請は要式行為ではありませんので、申請に当たっては、必ずしも実施機関が用意している申請用紙を使用する必要はなく、資料の添付も必要ありません。

解　説

1　申請権の保障

（1）　「水際作戦」の存在

　生活保護法上、国民には保護申請権が保障されており（生保7）、保

護の申請があれば、実施機関は、必要な調査をした上で（生保28）、申請から原則14日以内に保護の要否及び程度等を決定し、申請者に書面で通知しなければなりません（生保24）。また、行政手続法7条は「行政庁は、申請がその事務所に到達したときは遅滞なく当該申請の審査を開始しなければなら」ないと規定しており、行政庁に申請を受け付けないという選択肢を与えていません。つまり、法律上、実施機関は、申請があれば必ず必要な調査を行って正当な決定を出さなければならないことになっています。

　ところが、実際に生活に困って、福祉事務所に相談に行くと、「まずは、仕事を探してください。」「親族に援助してもらってください。」などと言われてなかなか申請をさせてもらえないことがあります。なかには、「働ける人は生活保護を受けられません。」と言われて追い返されるケースも見られます。これは、福祉事務所の窓口職員自身が法律を正しく理解していなかったり、生活保護利用者を増やさないために意図的に申請をさせないようにしていることが原因です。このように、窓口において、生活保護の申請をさせずに相談扱いにして追い返すやり方は、俗に「水際作戦」といわれています。

（2）　厚生労働省の見解

　「水際作戦」は、相談者の生活保護申請権を侵害する違法な行為です。厚生労働省も、事務次官通知において「保護の相談に当たっては、相談者の申請権を侵害しないことはもとより、申請権を侵害していると疑われるような行為も厳に慎むこと」（次官通知第9、保護手帳407頁）と述べています。さらに、局長通知においては「生活保護の相談があった場合には、〔中略〕生活保護制度の仕組みについて十分な説明を行い、保護申請の意思を確認すること。また、保護申請の意思が確認された者に対しては、速やかに保護申請書を交付するとともに申請手続きについての助言を行うこと」（局長通知第9・1、保護手帳407頁）と述べ

て、むしろ実施機関の側から相談者に対し積極的に申請意思を確認するよう求めています。

（3）　裁判例

　裁判例においても、生活保護申請に対する違法な対応や、生活保護を違法に廃止されたことにより、自殺に追い込まれた生活保護利用者の遺族が、保護の実施機関である北九州市に対し国家賠償を求めた事案において、裁判所は、「（保護の実施機関は）生活保護制度を利用できるかについて相談する者に対し、その状況を把握した上で、利用できる制度の仕組について十分な説明をし、適切な助言を行う助言・教示義務、必要に応じて保護申請の意思の確認の措置を取る申請意思確認義務、申請を援助指導する申請援助義務（助言・確認・援助義務）が存する」と指摘しています（福岡地小倉支判平23・3・29（確定）賃社1547・42）。

　実施機関に申請意思確認義務・教示助言義務があることについては、「生活保護実施機関は、〔中略〕相談者の受付ないし面接の際の具体的な言動、受付ないし面接により把握した相談者に係る生活状況等から、相談者に生活保護の申請の意思があることを知り、若しくは、具体的に推知し得たのに申請の意思を確認せず、又は、扶養義務者ないし親族から扶養・援助を受けるよう求めなければ申請を受け付けない、あるいは、生活保護を受けることができない等の誤解を与える発言をした結果、申請することができなかったときなど、故意又は過失により申請権を侵害する行為をした場合には、職務上の義務違反として、これによって生じた損害について賠償する責任が認められる。」とした判決（三郷事件＝さいたま地判平25・2・20（確定）判時2196・88）や、「福祉事務所に訪れる者の中には、真に生活に困窮し、保護を必要としているものが当然に含まれているところ、そういった者の中には、受給要件や保護の開始申請の方法等につき正しい知識を有していないため、

第三者の援助がなければ保護の開始申請ができない者も多いのであるから、保護の実施機関としては、そのような者が保護の対象から漏れることがないよう、相談者の言動、健康状態に十分に注意を払い、必要に応じて相談者に対し適切な質問を行うことによって、その者が保護を必要としている者か否か、また、保護の開始申請をする意思を有しているか否かを把握し、有している場合には保護の開始申請手続きを援助することが職務上求められている。」とした判決（岸和田事件＝大阪地判平25・10・31（確定）（平21（行ウ）194））などによって、司法判断としては確立しているといえます。

　したがって、仮に窓口で追い返されそうになった場合でも、あきらめないで、申請を行うことが大切です。

2　申請の方法

（1）　口頭申請も可能

　通常、生活保護の申請は、各実施機関が用意している所定の申請書に必要事項を記載してこれを提出することにより行われていますが、これまでは生活保護法上、申請の様式を規定した条項はなく、法律の趣旨からみても申請は非要式行為であると解されていました（小山・生活保護219頁）。「生活保護問答集について」（平21・3・31厚生労働省社会・援護局保護課長事務連絡）にも、「生活保護の開始申請は、必ず定められた方法により行わなくてはならないというような要式行為ではなく、非要式行為であると解すべきであるとされている。」と記載されており、厚生労働省も非要式行為であるとの見解を示しています（問答集問9－1、別冊問答集369頁）。

　したがって、生活保護の申請においては、必ずしも所定の申請書を用いる必要はありません。

（2）　裁判例

口頭による生活保護申請について、近時の裁判例は、「生活保護申請をする者は、申請する意思を『明確に』示すことすらままできないことがあるということも十分考えられるところである。場合によっては、『申請する』という直接的な表現によらなくとも申請意思が表示され、申請行為があったと認められる場合があると考えられる。」（前掲福岡地小倉支判平23・3・29）とするなど意思表示の明確性について柔軟に判断することを求めています。

それゆえ、「水際作戦」に遭い、窓口担当者が申請用紙を渡してくれない場合には、申請者及び要保護者を書面上特定した上で「生活保護を申請します」と明記した申請書を自作して提出すれば足ります。また、申請意思が客観的に明確になるように注意すれば口頭での申請も可能です。もっとも、後日の争いを避けるためには書面を自作して提出しておく方がよいでしょう。

3　資料添付の必要性

前記のとおり、申請は要式行為ではなく、申請の意思さえ明確であれば口頭で申請することさえ可能ですから、必要書類をそろえなければ生活保護の申請ができないということはありません。実施機関の窓口に行くと「必要書類をそろえてから申請に来るように。」と言われることがありますが、そのような対応は生活保護の申請権を侵害するものであり違法です。

もっとも、申請があれば、実施機関は、保護の要否、種類、程度及び方法を決定しなければならず、そのために必要な調査が行われますので（生保29）、あらかじめ、通帳等の書類を用意しておくことは、迅速な開始決定を得るために有効であると思われます。なお、具体的にどのような書類を準備しておくとよいかについては、前掲第1章6（17頁）を参照してください。

4　平成25年の法改正後も実務に変化なし

　平成25年12月13日、生活保護法の一部を改正する法律（改正法）が公布され、「保護の開始を申請する者は、〔中略〕申請書を保護の実施機関に提出しなければならない。」（改正法24①）、「申請書には、〔中略〕厚生労働省令で定める書類を添付しなければならない。」（改正法24②）との規定が新設され、「水際作戦」の合法化ではないかとの批判を浴びました。

　しかし、厚生労働省は、平成26年4月18日付け社会・援護局長通知「生活保護法の一部を改正する法律等の施行について」（平26・4・18社援発0418第359）で、「口頭による保護の開始等の申請も含め、現行の運用の取扱いをこの改正により変更するものではな」いとし、改正法24条2項において省令で定めるとされた、申請書に添付しなければならない書類についても「新規則で規定するものはない」としました。厚生労働省も、ＨＰ「生活保護を申請したい方へ」で「必要な書類が揃っていなくても申請はできます」としており、申請意思が明確であれば口頭での申請も可能であり、添付書類の提出は保護決定までに可能な範囲で行えばよいという、従来の解釈と運用には何ら変更はありません。

2　申請に弁護士を同行させることはできるか

Q　私は生活に困って生活保護の相談に行ったのですが、担当職員からけんもほろろに追い返されました。再度1人で行くのが怖いので、弁護士の方に付いて来てもらいたいのですが可能でしょうか。その場合、やはり費用がかかるのでしょうか。

A　当事者の生活保護申請権を確保するために弁護士が申請に同行することは可能であるだけでなく、積極的に求められています。弁護士に申請同行を依頼する場合も費用は必要ですが、日弁連の法テラス委託援助事業を活用することで、実質的に無償で援助が受けられます。

解　説

1　水際作戦と弁護士同行の必要性

　生活保護の申請をしようと考えて、保護の実施機関の窓口を訪ねた人に対して、客観的に要保護状態にあるにもかかわらず、実施機関が窓口で、その人に対して「仕事を探すように。」、「親族に援助してもらうように。」などと言って申請書を渡さず、相談扱いとして追い返すことがあります（いわゆる「水際作戦」。前掲Q1参照）。

　このような水際作戦は違法なのですが、申請者が法律に詳しくないことにつけ込む形でしばしば行われます。しかし、弁護士が申請同行すると担当職員の対応は一変することがほとんどです。

2　弁護士同行の意義

（1）　申請者のエンパワーメントと申請権の確保

　水際作戦に遭った人は、窓口での経験から再度窓口に行くことに不

安を抱いたり、時には申請そのものをあきらめたりしがちです。その
ような申請者を勇気付け、励まし、申請者がその意思を窓口に伝える
ことをサポートすることが申請同行の最大の意義です。

（2）　困窮状態の説明援助

相談室の中で、申請者が自分の置かれている困窮状態を、生活保護
の要件に合う形で実施機関に伝えることは、容易なことではありませ
ん。水際作戦に遭った人ならなおさらでしょう。

事前に聴き取りをした弁護士が、必要に応じて申請者の説明を補助
することは、申請をスムーズにするだけでなく申請者の自尊感情を保
つことにも役立つと考えられます。

（3）　誤った教示からの防御

実施機関が申請者に対して誤った教示をすることがあります。違
法・不当な教示を正すことは、後の紛争の芽を摘み当事者の負担を軽
減するだけでなく、実施機関の姿勢を正しい方向に導く意義があると
考えられます。

3　代理人による申請を拒否することは許されない

「代理人による保護申請はなじまない」としていることを理由に実
施機関が弁護士による申請同行を拒むことがあります（問答集問9－2、
別冊問答集371頁）。

しかしながら、生活保護法7条が要保護者のみならずその扶養義務
者やその他の同居の親族を申請権者として明記していることからも分
かるように、生活保護申請行為は行為の性質上から見ても代理になじ
む行為です。現に、大阪などでは弁護士が代理人として申請し、保護
が開始されている例が数多くあります。

したがって、実施機関が弁護士による申請同行を拒むことは許され
ません。

　なお、日本弁護士連合会は2009年６月に「「代理人による生活保護申請はなじまない」とする厚生労働省の新設問答の削除を求める意見書」（平21・６・18日本弁護士連合会）（詳細は日弁連HP参照）を発表し、「問答集問９－２」の削除を強く求めています。

4　日弁連の法テラス委託援助事業

　生活保護申請手続等は、裁判所における手続ではないため法テラスの民事法律扶助の対象とはなっていません。しかし、日弁連が、高齢者、障がい者、ホームレス等に対する法律援助として生活保護申請等の法律扶助を法テラスに業務委託する形で実施しています。

（１）　援助の対象となる活動

　ア　生活保護申請

　要保護者（被保護者）の代理人として、生活保護の開始申請、変更申請を行い、又は生活保護の停止若しくは廃止のおそれがある場合に福祉事務所との交渉を行います。

　イ　生活保護法に基づく審査請求

　要保護者（被保護者）の代理人として、生活保護の却下、開始、変更、停止、廃止又は指導・指示などの処分に対する審査請求（対都道府県知事）又は再審査請求（対厚生労働大臣）を行います。

　ウ　以上に関わる法律相談

（２）　援助要件

　ア　援助の対象者

　生活保護の受給資格を有するにもかかわらず受給に困難を来している者、又は、適法な理由に基づかず生活保護を停止・廃止されるおそれのある者等であって、次の①～④のいずれかに該当する者が対象となります。

　ただし、弁護士会（弁護士会が地方自治体等と協力して実施する場

合を含みます。）において実施する法律相談、民事法律扶助による法律相談、日弁連委託援助契約をしている弁護士による法律相談の結果、人道的見地から、弁護士による援助を行う緊急の必要があると認められた者に限ります。

① 　高齢者（年齢65歳以上の者をいいます。）

② 　障がい者（身体障がい、知的障がい又は精神障がいがあるため、継続的に日常生活又は社会生活に相当な制限を受ける者をいいます。）

③ 　ホームレス

④ 　その他精神的・身体的病気、施設入所中であること、安定した住居を有しないこと等のため、生活保護を自ら申請することに困難を来している者又は適法な理由に基づかず申請を拒絶された者

　　イ　資力要件

資力要件以下の収入要件が定められていますが、やむを得ない事情により生計が困難と認められるときは必ずしもこの基準を満たさなくても援助を開始することができます。

　具体的には、申込者及び配偶者の手取月収額（賞与を含む年間手取額の12分の1）が次のとおりであることが必要です。

　単身者　　　　20万1,000円以下
　2人家族　　　27万6,000円以下
　3人家族　　　29万9,000円以下
　4人家族　　　32万9,000円以下

以下家族1名増加するごとに基準額に3万3,000円を加算します。

　また、申込者又は配偶者が、家賃、住宅ローン、医療費又は教育費を負担している場合には、その負担額を前記基準額に加算します。

　なお、収入要件以外に、申込者又はその配偶者が、保険金、生活のために必要な住宅及び農地以外の不動産、その他300万円以上の資産

を有しない者であることという資産要件を満たすことも必要ですが、特に財産隠しなどの事情がない限り問題になることはありません。

　　ウ　必要性・相当性

　弁護士に依頼する必要性があり、かつ、相当性があることが必要です。

（3）　援助申込みに際して提出する書類

　援助申込みについては、弁護士が日弁連委託援助制度所定の重要事項説明書・援助申込書・個別契約書（後掲書式参照）に記載し、申込人の署名、押印を得た上で法テラス地方事務所に申し込みます（ファックスによる申込みも可能です。）。

　生活保護申請に対する援助は、開始（又は却下）決定以後の申込みはできませんので注意が必要です。

（4）　援助額と被援助者の負担

　事件着手時の費用相当分及び報酬の基準額は、生活保護申請手続等の援助が 6 万円（税込）、生活保護申請に係る審査請求等の援助が11万円（税込）です。

　日弁連委託援助の援助については、被援助者が費用を支払えないとはいえない状態となり、かつ、被援助者に負担させることが不当とはいえないときに限って被援助者の負担を求めることとなっていますので、生活保護に関する代理援助の場合には、資産隠しをしていたといった特別な事情でもない限り負担を求められることはありません。

　なお、代理人は終結報告書の提出時に被援助者の費用負担は相当でない旨の意見を記載しておくとよいでしょう。

〔書式〕重要事項説明書

重要事項説明書

~援助を申し込まれる方は、必ず以下の事項をよくお読みください~

日本司法支援センター（法テラス）

I　援助の申込み・決定

1　援助の申込手続について

申込書の内容をよく読んで御確認ください。申込書の記載事項は、援助を受ける方と、弁護士、法テラスとの間の契約の内容になる事柄ですが、申込書とは別に、契約書も作成します。

資力要件等を満たさない場合には、援助を受けられないことがありますので、御了承ください。

2　援助開始決定について

法テラスの援助開始決定があったときは、法テラスの指示に従ってください。なお、法テラスの援助開始決定は、援助する事案が有利に解決することをお約束するものではありません。

3　弁護士費用等の援助について

審査の結果、援助開始決定をしたときは、法テラスが定めた基準に基づき、援助費用（報酬・実費等）を弁護士に支払います。援助を受けた方が直接弁護士に金銭を支払う必要はありません。ただし、交通費・通訳費等の実費が法テラスの基準による限度額を超えるときは、その超えた部分を、援助を受けた方から弁護士や通訳人に直接支払っていただくことがあります。

また、事件が終了したとき、法テラスの決定に基づき、弁護士の活動内容等に応じて、援助費用の追加支払がされる場合があります。

4　個人情報の利用について

提供された個人情報は、法テラス、日弁連及び弁護士会が法律援助事業の範囲内で利用します。

また、援助を受けた方が決定された負担金を支払わない場合、弁護士会が提供された個人情報を基に文書による督促をすることがあります。

II　事件進行中の注意点

1　弁護士との関係について

事件処理に関しては弁護士の指示に従ってください。

弁護士の事件処理に疑問があるときは、弁護士とよく話し合って解決してください。どうしても弁護士との話合いで解決できないときには、問題点等を文書に書いて、法テラスに提出してください。その文書による指摘が相当と認められる場合には、法テラスは弁護士との契約を解除することがあり、この場合には改めて援助を申し込むことが可能です。

2　事件処理について

事件進行中に、弁護士との相談なく、直接事件の相手方と話し合いで事件を解決させたり、申し立てた手続を取り下げることは禁止されています。必ず弁護士に相談してください。

3　住所、氏名等の変更について

住所・電話番号・氏名等に変更があったときは、必ず弁護士を通じて御連絡ください。正当な理由なく援助を受けた方と連絡が取れなくなったときは、援助を打ち切る場合もありますので、御注意ください。

4　金銭等の受領者について

事件の解決に当たり、相手方等から金銭等を受領することがありますが、原則として弁護士を受領者としてください。

III　援助の終結

1　援助費用の負担及び成功報酬金の支払について

援助を受けた方に、援助費用を負担していただくことがあります。援助を受けた方の負担の有無や額、支払方法については、事件の結果や援助を受けた方の経済状況等に関する弁護士の意見を踏まえて、法テラスが決定します。

また、示談金、賠償金など現実に金銭等を受け取ることができた場合には、その受け取った金銭等の13.2%の範囲内で成功報酬金を弁護士に支払っていただきます。

2　契約解除後と再度の援助申込みの可否について

援助を受けた方が正当な理由なく連絡を絶ち又は援助の条件を守らないなどの場合には、援助契約を解除することがあります。この場合、この案件について再度援助を申し込むことはできません。

※高齢者・障害者・ホームレス等に対する法律援助を御利用の場合は、上記限度額を超えた部分の実費を負担いただくことがありますが、それ以外は原則として、援助を受けた方に援助費用及び成功報酬金を負担いただくことはなく、また、保護費等の受領者は援助を受けた方（受給者）になります。

年　　月　　日　上記説明を受け了承しました。	
氏　名	印

〔書式〕援助申込書

日本弁護士連合会委託法律援助　利用申込書（高齢者等（生活保護関連））

法テラス　*記入された個人情報は、法テラス、日弁連及び弁護士会において管理し、日弁連委託法律援助事業にのみ使用します。

日本司法支援センター（＿＿＿＿＿＿＿＿）地方事務所長　殿

【注意】　*□は該当部分にチェックしてください。　*申込書は2枚一組です。2枚とも御提出ください。

申込日	年　　　月　　　日	申込番号（法テラスで記入）	－

- □　65歳以上である。　　□　障がいがある。　　□　ホームレス状態にある。
- ☑　その他精神的・身体的病気、施設入所中であること、安定した住居を有しない等のため、生活保護を自ら申請できない状況にある。
- □　適法な理由に基づかずに申請を拒絶された。

□　同一の弁護士による同一月内における本申込みと同一類型の援助申込件数が6件以上（本申込みを含む）

※この法律援助の利用申込みのきっかけは次のうちどのような経緯でしたか。
- □　弁護士会の法律相談　　□　法テラスの法律相談　　□　弁護士会等の生活保護等の110番　　□　自治体等の法律相談
- □　その他（具体的に御記入ください。　　　　　　　　　　　　　　　　　　　　　）

民事法律扶助制度について	□　利用不可　□　利用可能	※民事法律扶助制度が利用できる場合、法律援助事業は利用できません。御不明な場合は法テラス地方事務所に御確認ください。
当該案件での相談申込み	□　あり　（　□　特定援助対象者法律相談援助業務　□　日弁連委託援助業務による法律相談　）　　□　なし	

※既に委託法律援助による法律相談にかかる報酬が支払われており、当該法律相談に引き続いて代理援助等を受任する場合には、代理援助の報酬のうち、当該法律相談にかかる報酬額相当分は原則支払われません。

当事者	フリガナ		性別	□男　□女			
	氏名		生年月日（西暦）	年　　　月　　　日（　　歳）			
			国籍		在留資格　□あり　□なし		
			使用言語		語　通訳・翻訳　□あり　□なし		
	住所	〒　　　－		tel（　　）　　－			
	手取収入（配偶者との合計）	円	所持金	円	預金	円	
	生計を共にする家族（申込本人も含む人数）	人	保険金, 不動産その他合計300万円以上の資産　□無　□有				

*私は弁護士の費用等の援助を申込みます。援助内容及び援助条件等については、日本司法支援センター（以下「法テラス」といいます。）の決定に従います。援助を受けた弁護士費用等は、受任した弁護士にお支払いください。なお、援助については負担を求められることがあること、その場合には日本弁護士連合会（以下「日弁連」といいます。）又は弁護士会から請求されることを承諾の上、申込みます。また、提供する個人情報は、法テラス、日弁連及び弁護士会が法律援助事業の範囲内で利用し、受任弁護士、法テラス、日弁連及び弁護士会が共有することに、同意します。

　申込者

　　フリガナ
　　署　名

私は、本申込日現在の「日本弁護士連合会委託援助業務に関する契約条項」（https://member.nichibenren.or.jp/jikensyori_other/documentFile/keiyakujyoko_240401.pdf）の内容を確認し、これを承諾の上、本申込書を提出します。

弁護士	登録番号		フリガナ		印
	所属会	弁護士会	氏名		
	変更後の連絡先	※弁護士名簿の登録事項の変更を過去2か月以内に届け出られた方は、変更後の電話番号、FAX番号を御記入ください。 事務所の電話番号・FAX番号の変更日 → 【　　　年　　月　　日】 tel　　　　　　　　　fax			
	送金	□個人による受任（個人口座へ送金）　　□弁護士法人による受任（法人口座へ送金）　□法テラス常勤弁護士 □日弁連委託援助契約の締結が未了の場合は、同時に日弁連委託援助契約申込書を提出してください。			
	援助の内容（1つにチェックしてください）	生活保護申請	□生活保護に関する申請代理同行（同行しての交渉を含む） □審査請求　□再審査請求		

事情聴取の結果及び要件等について

		援助要件に関する弁護士の意見（第1から第4の要件を満たすと判断したもののみ申込みください。）
対象者の要件 （該当するものにチェックし、具体的状況を記入してください。）	第1の要件 （いずれかにチェックしてください）	☐　65歳以上である。 ☐　障がいがある（具体的な状況　　　　　　　　　　　　　　　） ☐　その他精神的・身体的病気、安定した住居を有しない等により自ら申請することができない ☐　ホームレス状態にある（いつからか、現在の状況：　　　　　　　　　） 　　（概要2に具体的に記載してください。） ☐　適法な理由に基づかずに申請を拒絶された。（概要2に具体的に記載してください。）
	第2の要件　受給に困難をきたしている具体的な理由等（*後記事案の概要2に記載してください。） 後記　事案の概要　2記載のとおり	
	第3の要件	法律相談による助言では解決できないこと ※法律相談による助言で解決できる場合は申込みできません。
	第4の要件 人道的見地からの緊急性を満たす具体的な理由	
資力要件 （下段は特段の事由がある場合のみ御記入ください。）	同居家族（本人含む）　　　　人　　本人及び配偶者の合計手取り月収　約　　　　　万円	
	特記事項	☐　家賃　・　☐　住宅ローン　負担　　　　　☐　医療費　・　☐　教育養育費　・　☐　その他負担 ☐　無　　☐　有　　　　　　　　　　　　　　☐　無　　☐　有 （　　　　　　　　　　　　　円／月）　　　（　　　　　　　　　　円／月）
弁護士が援助しなければならない具体的な必要性と相当性		

事案の概要（予定する援助内容を含めて御記入ください。書ききれない場合は適宜別の用紙に御記入ください。）
※　下記の各事項の記載に代えて、起案した保護開始申請書や意見書を添付していただいても結構です。
　　（その場合、申請書・意見書等に記載されていない事項のみ、本書に記載してください。）

1　申込者の置かれている状況の詳細

2　申込者が受給に困難をきたしている理由、又は申請を拒絶された場合には、拒絶理由と拒絶理由が違法と考える理由

3　今後予定している援助活動の具体的内容（できる限り弁護士作成の申請書又は意見書を添付してください。）

終結報告書の提出について	※援助案件終了から6か月以内に終結報告書の提出をお願いします。 　報告が度重なって懈怠された場合など、新たな申込みについて、援助不開始等となる場合がありますので、必ず提出してください。

〔書式〕個別契約書

申込番号

日本弁護士連合会委託援助個別契約書（一般）

申込者（以下「甲」という。）、受任者（以下「乙」という。）及び日本司法支援センター（以下「丙」という。）は、日本弁護士連合会委託援助業務に関し、以下のとおり契約（以下「本契約」という。）を締結する。

（契約内容）

第1条　甲は、次の案件（以下「援助案件」という。）を乙に対して委任し、乙は、これを受任した。

案件名：
相手方：
案件の内容：

2　丙は、日本弁護士連合会との間で定めた委託要綱（以下「委託要綱」という。）に従って乙の報酬及び費用の額を決定する。

（甲の誓約事項等）

第2条　甲は、次に掲げる事項を誓約する。

一　乙の援助案件処理に協力すること。
二　援助案件に関する資料の提出、説明その他の丙が定める援助の条件を誠実に履行すること。
三　氏名、住所その他の援助申込書に記載した事項について変更があった場合は、速やかに乙に届出ること。
四　援助案件の相手方等から受取るべき金銭等は、特別の事情のない限り乙を受領者とすること。
五　乙の報酬及び費用に関して丙が委託要綱に従って決定した甲の負担額及び支払方法に従うこと。
六　委託要綱に定める費用の限度額を超える援助案件の実費を甲が負担すること。

2　甲は、乙が本契約の内容及び援助案件の経過を丙、日本弁護士連合会及び乙の所属する弁護士会（以下「日弁連等」という。）に報告し、丙及び日弁連等が日本弁護士連合会委託援助業務に関してその情報を利用することに同意する。

（乙の誓約事項）

第3条　乙は、日本弁護士連合会委託援助業務に関する契約条項に従うほか、次に掲げる事項を誓約する。

一　丙が必要と認め、乙に対して援助案件の処理状況の報告を求めた場合に中間報告をすること。
二　相手方等から援助案件に関し金銭を受領したときは、甲に交付せず、丙の終結決定までの間、乙において保管すること。

（本契約の当然終了）

第4条　本契約は、次に掲げる事由によって終了する。

一　甲又は自然人たる乙が死亡したとき。
二　乙が弁護士、弁護士法人及び弁護士・外国法事務弁護士共同法人でなくなったとき。
三　弁護士法人及び弁護士・外国法事務弁護士共同法人たる乙が解散したとき。

（本契約の丙による解除）

第5条　丙は、次に掲げるいずれかの事由があるときは、個別契約を解除することができる。

一　甲が、正当な理由なく連絡を断ち又は援助の条件を遵守しないなど、本契約を誠実に履行せず、援助を継続することが適当でなくなったとき。

二　乙が書面により辞任を申し出て、丙がこれを承認したとき。
三　甲が書面により乙の解任を申し出て、丙がこれを相当と認めたとき。

（契約条項の措置に基づく解除）

第6条　丙は、乙が契約条項第19条及び第20条の措置を受けたときは、甲の同意を得て、本契約を解除する。

（契約終了後の処理）

第7条　丙は、前3条の規定により本契約が終了し、委託要綱に従って甲の負担金について決定したときは、その額及び支払方法について、甲に通知する。

2　甲は、第5条第1号により個別契約が解除された場合、当該案件につき丙に援助を申し込むことができない。

（終結時の決定事項等）

第8条　丙は、終結決定において、援助案件の内容、終結に至った経緯その他の事情を勘案して委託要綱に従い次に掲げる事項を決定する。

一　報酬及び費用の額
二　支払条件及び支払方法
三　甲の負担金

2　乙が第3条第2号により金銭を保管している場合は、前項の決定で定められた甲の負担金を精算し、その残金を甲に交付する。

（甲の報酬相当額の支払義務）

第9条　丙は、甲が次の各号のいずれかに該当する場合、乙の報酬に相当する金銭を甲に支払わせることができる。

一　丙の承認なく裁判所等へ解任届等を提出したとき。
二　乙の同意なき示談、和解、請求の放棄、認諾、訴えの取り下げ、訴えの取り下げへの同意等をしたとき。

（通知等に関する特約）

第10条　丙から甲に対する通知等は甲が届け出た住所に発信することによって到達したものとする。

（不服申立）

第11条　丙の援助案件に関する決定に対する不服申立ては、乙に限り行うことができ、甲は行うことができない。

（契約外事項）

第12条　甲、乙及び丙は、本契約書に定めなき事項については、法令に従って誠実に処理する。

（適用除外）

第13条　援助案件の契約内容が高齢者・障害者・ホームレス等に対する法律援助のときは、第2条第4号、第3条第2号及び第8条第2項の規定は適用しない。また、第9条の場合を除き、第2条第5号の乙の報酬に関する規定は原則適用しない。

　　　年　　月　　日

（甲）住所

　氏名　　　　　　　　　　　　　　　　　　　印

（乙）住所

　氏名（法人名）　　　　　　　　　　　　　印
　（法人受任の場合）担当弁護士名　　　　　印
　　　　　　　　　　（登録番号　　　　　　）
（丙）日本司法支援センター　　　地方事務所
　　所長　　　　　　　　　　　　　　　　　印

第3章 生活保護利用者の扶養・後見

3 裕福な親族がいると生活保護を利用することはできないか

Q 健康を害して働けなくなったことから、先日、福祉事務所の窓口に生活保護の相談に行きました。すると、担当者から「あなたの話では、経済的に裕福な親族がおられるようなので、まずは、その親族に相談してみてください。」と言われて、その場で、生活保護の申請をすることができませんでした。裕福な親族がいる場合、生活保護は利用できないのでしょうか。

A 扶養は生活保護の要件ではありません。
したがって、親子や兄弟姉妹など、民法上の扶養義務者が存在していたとしても、実際に、そのような扶養義務者からの扶養を受けることができない（あるいは、扶養を受けることができたとしても、最低生活費に満たない）場合には、生活保護を利用することができます。

解 説

1 親族の扶養に関する生活保護法の規定

生活保護法4条1項には、「保護は、生活に困窮する者が、その利用し得る資産、能力その他あらゆるものを、その最低限度の生活の維持

のために活用することを要件として行われる」と規定されており、また、同条2項には、「民法に定める扶養義務者の扶養及び他の法律に定める扶助は、すべてこの法律による保護に優先して行われるものとする」と規定されています。

保護の実施機関によっては、親族による扶養が保護の要件であるかのような説明を行うことがあり、その結果、生活保護を申請しようとした人が、生活保護の利用をあきらめるといった事態も生じています。

2　親族による扶養は生活保護の要件ではない

では、生活保護法4条2項の定める「民法に定める扶養義務者の扶養及び他の法律に定める扶助」がないことが生活保護を利用するための要件となるのでしょうか。すなわち、扶養義務者による扶養が得られる可能性があれば、生活保護を利用することができないのでしょうか。

この点、前記のとおり生活保護法4条1項が、利用し得る資産、能力を活用することを保護の「要件」としているのに対し、扶養義務者の扶養については「要件」とはせず、同条2項において、単に「保護に優先して行われるものとする」としています。そして、この「保護に優先して行われる」との規定の意味は、扶養と保護との間の事実上の順位の問題にすぎません。具体的には、仮に、保護がなされた後に、扶養義務者から扶養が行われた場合には、保護費に優先して利用者の生活費等に充当するべく、扶養義務者からの扶養の額を利用者の収入として認定し、その分だけ、利用者の保護費が減額されるという意味です。

これは、旧生活保護法（昭和21年制定）や、その前身である救護法（昭和4年制定）において、扶養義務者に扶養能力があるときは、まずは扶養義務者が扶養をしなければならないとして、扶養能力のある

第3章

扶養義務者の存在が生活保護の消極的要件となっていたものを改めたものです（詳しくは、前掲第１章３（４）「※民法上の扶養義務について」参照）。小山氏は、生活保護法による保護と民法上の扶養との関係について、これを保護を受ける資格に関連させて規定していた旧法と異なり、新法では、単に民法上の扶養が生活保護に優先して行われるべきだという建前を規定するに止めたものであることを説明した上で次のように解説しています。「一般に公的扶助と私法的扶養との関係については、これを関係づける方法に三つの型がある。第一の型は、私法的扶養によってカバーされる領域を公的扶助の関与外に置き、前者の履行を刑罰によって担保しようとするものである。第二の型は、私法的扶養によって扶養を受け得る筈の条件のある者に公的扶助を受ける資格を与えないものである。第三の型は、公的扶助に優先して私法的扶養が事実上行われることを期待しつつも、これを成法上の問題とすることなく、単に事実上扶養が行われたときにこれを被扶助者の収入として取り扱うものである。而して、先進国の制度は、概ねこの配列の順序で段階的に発展してきているが、旧法は第二の類型に、新法は第三の類型に属するものと見ることができるであろう。」（小山・生活保護119頁）。

　つまり、現在の生活保護法は、親族から扶養を受けられないことを保護開始の要件とはしていないのです。したがって、たとえ、扶養能力のある（お金持ちの）親族がいるとしても、現実に扶養を受けられない場合には、生活保護を利用することができます。

3　保護課長通知
　この点について、厚生労働省も「扶養義務者の状況や援助の可能性について聴取すること自体は申請権の侵害に当たるものではないが、『扶養義務者と相談してからではないと申請を受け付けない』などの

対応は申請権の侵害に当たるおそれがある」、「相談者に対して扶養が保護の要件であるかのごとく説明を行い、その結果、保護の申請を諦めさせるようなことがあれば、これも申請権の侵害にあたるおそれがあるので留意されたい」と注意を喚起しています（課長通知第9問2答、保護手帳408頁）。

4 未成熟の子に多額の財産がある場合、その世帯は 生活保護を利用することはできないか

 私には中学生の子がいますが、先日、その子が交通事故に遭い多額の損害賠償金を受け取りました。このことを市役所の担当者に話すと、「生活保護を一旦廃止するので、しばらくはお子さんの財産で生活し、財産が無くなったら再び相談に来てください。」と言われました。このような場合、生活保護は利用できないのでしょうか。

 子の財産が、交通事故の賠償金のような子の将来の生活費や介護費を前もって受け取ったような場合には、収入認定除外を受けることが考えられます。

解 説

　未成熟の子の財産が、当該子が交通事故等に遭って受け取った損害賠償金の場合、子が受け取った財産は、その子の生涯における生活を補償する財産としての性質を有します。したがって、このような財産が、世帯の収入として認定されて、世帯の生活費に費消されてしまうと、その子の将来の生活の不自由を支える資力が喪失してしまい、子にとって不都合な事態となります。

　そこで、子の受け取った財産について、収入認定除外を受けることが考えられます。

　すなわち、生活保護法4条は、生活保護の利用の前提として、利用者が資産、能力その他あらゆるものを活用することを要件としていますが（補足性の原理）、他方で、利用者の自立助長の観点から「次に掲げるものは、収入として認定しない」として、18種類の金銭や資金を

利用者の自立更生に利用できるように、収入として認定しない取扱いをしています（次官通知第8・3（3）、保護手帳381頁）。

前記次官通知第8・3（3）オにおいて、「災害等によって損害を受けたことにより臨時的に受ける補償金、保険金又は見舞金のうち当該被保護世帯の自立更生のために当てられる額」が定められています。

この、災害等によって損害を受けたことにより受け取る補償金や保険金については「直ちに生業、医療、家屋補修、就学等にあてられない場合であっても、将来それらにあてることを目的として適当な者に預託されたときは、その預託されている間、これを収入として認定しない」とされます（局長通知第8・2（4）、保護手帳390頁）。

また、その際の損害賠償金の預託先としては、社会福祉協議会や公益法人等が例示されていますが（問答集問8－50、別冊問答集339頁）、弁護士なども当然認められてしかるべきです。

なお、収入認定除外の取扱いを行うに際しては、当該世帯の自立更生に役立つか否かを審査するため必要なときには、自立更生計画を作成することになります（局長通知第8・2（5）、保護手帳391頁）。

このように、損害賠償金については、子の将来の医療費等に充てるため、公益法人や弁護士等に預託し、また必要に応じて自立更生計画を作成することによって、収入認定除外を受けることができます。保護の実施機関とよく協議をしましょう。

5　どのような事情があれば扶養照会を拒めるか

Q　病気で働くことができなくなりました。そこで、市役所に生活保護の相談に行ったのですが、担当者は、私の親族に扶養照会を行うとのことです。私には不仲な父と兄がおり、生活保護を利用すると知ると何を言われるかわかりません。父や兄に連絡されるくらいならば、このまま我慢します。扶養照会は必ず行わなければならないのでしょうか。

A　本問の場合、父と兄は扶養義務者に該当しますが、「扶養義務履行が期待できない者」に該当する場合には扶養照会をしなくてよいとされていますので、扶養能力の調査の際、父と兄とのこれまでの関係や、扶養が期待できない事情を説明した上で、扶養照会を控えるように求めてください。

解　説

1　生活保護法の定め

　生活保護法4条2項は、「民法に定める扶養義務者の扶養及び他の法律に定める扶助は、すべてこの法律による保護に優先して行われるものとする」と定めており、扶養義務者から扶養（仕送り等）が現実に行われた場合には、保護費に優先して利用者の生活費等に充当されることになります。

　そこで、保護の実施機関は、申請者が扶養を受けることができないのかを確認するために、扶養義務者に関する調査（扶養調査）を行うことになりますが、「扶養義務履行が期待できない」扶養義務者に対する直接照会（扶養照会）はしなくてよいことになっています。厚生労働省は、2021年2月26日、同年3月30日、相次いで保護課長通知を発出し、扶養照会に関する運用を改善しました。

2　扶養調査の手続の流れ

扶養調査は、以下の流れで行われます（別冊問答集143頁）。

（1）　扶養義務者の存否の確認

まず、要保護者からの申告や、また、必要に応じて要保護者の戸籍謄本等を確認することにより、要保護者の民法上の親族関係者の中から、扶養義務者に該当する者の現存を確認します（局長通知第5・1、保護手帳265頁）。

（2）　扶養義務者の扶養能力の確認

存在が確認された扶養義務者について、再び、要保護者から聴取する等の方法により、当該扶養義務者の職業や収入等を確認し、当該扶養義務者による「扶養の可能性」について調査します（局長通知第5・2（1）、保護手帳267頁）。

（3）　扶養調査（扶養照会を含む）

（2）の結果、「扶養義務履行が期待できない者」と判断された場合は、扶養照会は行う必要がありません。

「扶養義務履行が期待できる」と判断された扶養義務者のうち、①夫婦の一方や未成熟の子の親など生活保持義務関係にある者、②これ以外の親子関係にある者で扶養の可能性が期待される者、③過去に要保護者から扶養を受ける等特別の事情があり扶養能力があると推測される者、については、「重点的扶養能力調査対象者」として取り扱うことになります。この場合、当該扶養義務者が「実施機関の管内に居住する場合」には、実地に調査を行い、「実施機関の管外に居住する場合」には、回答期限を付して文書照会を行うこととされています（局長通知第5・2（2）、保護手帳269頁）。

「扶養義務履行が期待できる」扶養義務者のうち、「重点的扶養能力調査対象者以外の者」については、文書又は電話による扶養照会を行うこととされています（局長通知第5・2（3）、保護手帳269頁）。

　以上の手順をフローチャートで示すと以下のとおりです（別冊問答集144頁）。

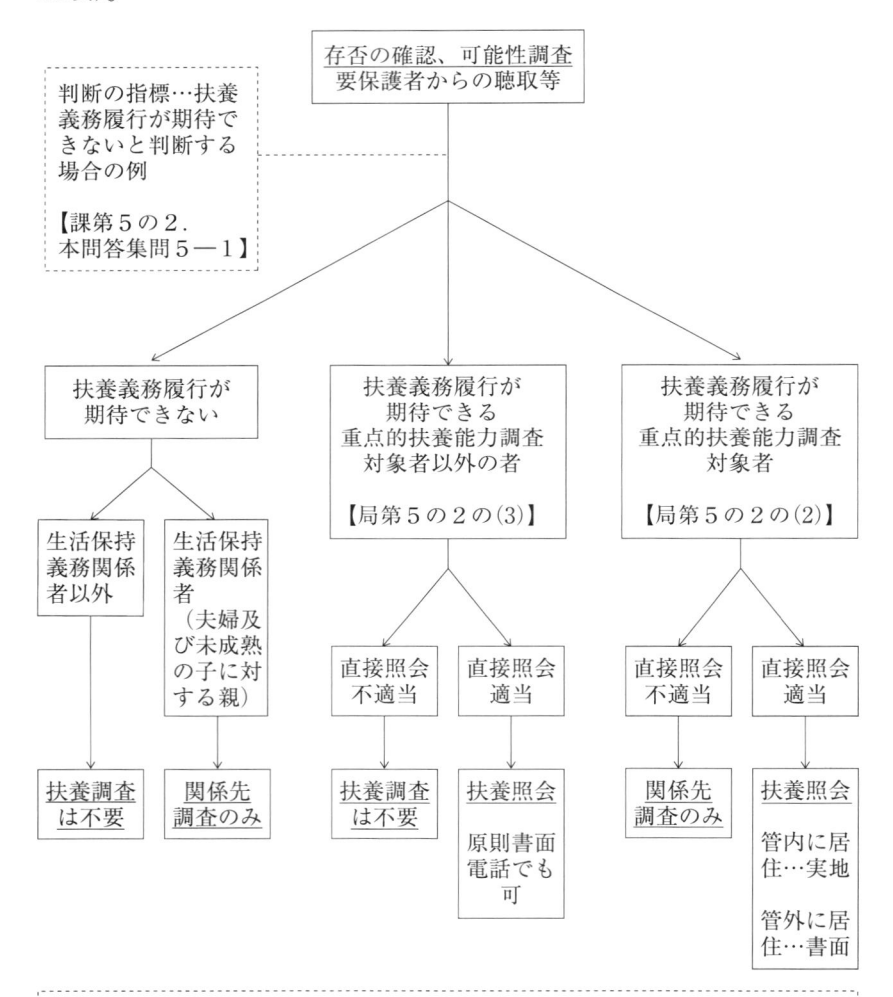

※　調査にあたっては、金銭的な扶養のほか、被保護者に対する定期的な訪問・架電、書簡のやり取り、一時的な子供の預かり等の精神的な支援の可能性についても確認する。

3　扶養照会が不要とされる場合―「扶養義務履行が期待できない者」とは

（1）　厚生労働省が示している具体例

厚生労働省は、その具体例を以下のとおり3類型に分けて例示しています（課長通知第5問2、問答集問5－1、別冊問答集146頁）。

① 当該扶養義務者が被保護者、社会福祉施設入所者、長期入院患者、主たる生計維持者ではない非稼働者（いわゆる専業主婦・主夫等）、未成年者、概ね70歳以上の高齢者など。

② 要保護者の生活歴等から特別な事情があり明らかに扶養できない者（例えば、当該扶養義務者に借金を重ねている、当該扶養義務者と相続をめぐり対立している等の事情がある、縁が切られているなどの著しい関係不良の場合等。なお、当該扶養義務者と一定期間（例えば10年程度）音信不通であるなど交流が断絶していると判断される場合は、著しい関係不良とみなしてよい。）

③ 当該扶養義務者に対し扶養を求めることにより明らかに要保護者の自立を阻害することになると認められる者（夫の暴力から逃れてきた母子、虐待等の経緯がある者等）

①は扶養義務者側の生活状況（収入や資産の状況）から、②は要保護者と扶養義務者との関係性から「扶養義務履行が期待できない」と判断される類型といえ、③は扶養照会をすることでトラブルや被害が想定される類型といえます。

特に、③の場合は「扶養の可能性が期待できないものとして取り扱うこと」とされ、扶養照会の禁止が明確にされています（課長通知第5問2）。

（2）　要は「扶養の可能性」がなければよいこと

厚生労働省が（1）で示した3類型は「あくまで例示であり」、直接当てはまらなくても「扶養義務履行が期待できない」と判断されればよ

いことに留意が必要です。厚生労働省も、「これらの例示と同等のものと判断できる場合」は同様の取扱いをしてよいことは当然とし、特に「②の類型への該当にかかる判断」については、柔軟に判断するための指針を示しています。

　したがって、本問のように交流が完全に断絶していなくても、親族間の関係性や当該扶養義務者の生活状況から扶養義務履行が期待できないと判断されるのであれば扶養照会をする必要はありません。

4　扶養照会を拒絶する意思を尊重した運用が必要であること

　2の扶養の可能性調査において、「要保護者が扶養照会を拒んでいる場合等においては、その理由について特に丁寧に聞き取りを行い、照会の対象となる扶養義務者が『扶養義務履行が期待できない者』に該当するか否かという観点から検討を行うべき」とされています（問答集第5「扶養義務者の存否の確認と扶養能力の調査」(2)、別冊問答集143頁）。

　本問末尾で示した「扶養照会に関する申出書」の書式を利用し、扶養義務者ごとに「扶養義務履行が期待できない」具体的事情をあらかじめ記載したうえで生活保護申請時に提出することで、通常は不要な扶養照会を阻止することができます。

　しかし、そもそも、民法上の扶養義務は、扶養義務者が負うものであり、要扶養者が持つ一身専属権としての「扶養請求権」は、要扶養者が特定の関係にある扶養義務者に扶養の請求をした時に初めて発生すること（判例・通説）からしても、扶養を求めるかどうかは本来的に要扶養者の自由です。したがって、扶養照会は、「申請者が事前に扶養請求の意思を表明し、かつ、明らかに扶養義務の履行が期待できる場合」に限り行う旨、早急に厚生労働省通知を改正することが求められています。

〔書式〕扶養照会に関する申出書

年　　　月　　　日

扶養照会に関する申出書

＿＿＿＿＿＿＿＿＿＿＿＿＿福祉事務所長　殿

氏　名　＿＿＿＿＿＿＿＿＿＿＿＿

1　私には、以下の扶養義務者がいますが、扶養照会は、しないでください。

〈実在する扶養義務者（同居していない親族）と私との関係〉（✓をつけてください）

□婚姻関係にある配偶者　□中学３年以下の子の親（離婚した元配偶者等）

□父　□母　□子　□祖父　□祖母　□孫　□兄弟姉妹

2　1の詳細と扶養照会をして欲しくない具体的理由は別紙のとおりです。

3　なお、私には、仕送りしてくれる可能性が高い「おじ・おば、甥・姪」はいません。

＊＊＊

以下の場合、福祉事務所は扶養照会をしてはならないことになっています【別冊問答集問５－１】。

①　夫の暴力から逃れてきた母子、虐待等の経緯がある者、その他当該扶養義務者に対し扶養を求めることにより明らかに要保護者の自立を阻害することになると認められる者【課長通知第５問２③】

以下の場合、福祉事務所は扶養照会をしなくてよいことになっています【別冊問答集問５－１】。

② 　当該扶養義務者が被保護者、社会福祉施設入所者、長期入院患者、主たる生計維持者ではない非稼働者（家庭の主婦など）、未成年者、概ね70歳以上の高齢者、これらと同様と認められる者【課長通知第5問2①】

③ 　当該扶養義務者に借金を重ねている、当該扶養義務者と相続をめぐり対立している、縁が切られている等の著しい関係不良、一定期間（例えば10年程度）音信不通、その他要保護者の生活歴等から特別な事情があり明らかに扶養ができない者【課長通知第5問2②】

④ 　上記のほか、扶養義務履行（仕送り）が期待できない者

　この申出書は、生活保護を申請するあなたの扶養照会についての意向を明確にするためのものです。それぞれの親族が仕送りしてくれる可能性があるかどうかを、別紙のシートにご記入の上、セットで福祉事務所職員にご提出ください。

氏名：

＜親族の名前と間柄＞	1	2	3	4	5	6
同居していない親族のお名前						
この親族とあなたとの関係（1枚目の1を参照）						

▷ ＜扶養照会をやめて欲しい理由＞当てはまるものに、✓か○をつけてください（複数回答可）。

				1	2	3	4	5	6
別冊問答集問5の1	課長通知第5	問2③	A	（この親族から）暴力や虐待を受けたことがある					
			B ※	Aの他、この親族に扶養を求めることが、明らかに自分にとって有害である					
		問2①	C	被保護者（生活保護利用者）である					
			D	施設入所者である					
			E	長期入院患者である					
			F	主婦・失業中など、主な稼ぎ手でない					
			G	未成年者である					
			H	だいたい70才以上の高齢者である					
		問2②	I	この親族にお金を借りている					
			J	この親族と相続トラブルがある					
			K	縁が切れていて、著しく関係が悪い					
			L	一定期間（例えば10年程度）音信不通					
			M ※	その他、明らかに援助してもらえない事情がある					
			N ※	A～M以外の理由で仕送りが期待できない					

▷ ＜※B・M・Nの具体的事情。その他、特に伝えておきたいこと＞

	※B、M、Nに✓をつけた方は、その具体的事情をお書きください。					

6　家を出て行った父を扶養するように福祉事務所から求められたら

　私が幼い頃、母と私を残して家を出て行った父が、最近、生活保護の申請をしたようで、突然、市役所から私宛に父の扶養に関して問合せがありました。私は父を扶養しなければならないのでしょうか。

　本問の場合、父が家族を棄てて出て行った経緯、残された家族の生活や、家族の気持ちを伝え、意に添わない場合には、扶養を断ることができます。

解　説

1　民法の親族間の扶養義務の規定

　生活保護法4条2項は、民法に定める扶養義務者の扶養は、生活保護法による扶養に優先して行われる旨規定しています。

　そして、親族間の扶養義務関係について定める、民法877条1項は、「直系血族及び兄弟姉妹は、互いに扶養をする義務がある」と規定しており、直系血族すなわち親と子は、相互に扶養義務を負う関係となります。

　市役所からの問合せは、これらの法律上の規定に基づき、父の親族に対して、父の扶養が可能であるかを問い合わせるものです。

2　民法の定める扶養義務の性質

　民法の定める扶養義務については、夫婦間及び親の未成熟の子に対する関係では、生活保持義務関係といわれています。生活保持義務とは、扶養義務者が文化的な最低限度の生活水準を維持した上で、余力

がある場合に、自身と同程度の生活を保障する義務とされています（局長通知第5・2(5)ア、保護手帳270頁）。

　これに対して、本問のような、生活保持義務関係にある者を除く直系血族や、兄弟姉妹の間の関係については、生活扶助義務関係といわれています。生活扶助義務とは、生活保持義務と異なり、扶養義務者が社会通念上それらの者にふさわしいと認められる程度の生活を損なわない限度で、被扶養者の生活を保障すればよい義務とされています（局長通知第5・2(5)イ、保護手帳270頁）。

3　民法の定める扶養義務の履行手続

　ところで、前記のような民法上の扶養義務の履行手続について、民法879条は、「扶養の程度又は方法について、当事者間に協議が調わないとき、又は協議することができないときは、扶養権利者の需要、扶養義務者の資力その他一切の事情を考慮して、家庭裁判所が、これを定める」と規定しています。

　すなわち、法は、親族間の扶養義務の履行手続については、なるべく国家による介入を控え、まずは当事者間の協議に委ねることとし、当事者間の意思を尊重する仕組みをとっています。

　本問のような場合でも、まずは当事者の意思が尊重されるべきであるといえ、父との間の従前の経過を説明して、父を扶養する気持ちがない旨を担当者に伝えるべきでしょう。

4　扶養の可能性が期待できない場合

　ところで、そもそも、扶養義務者に一定以上の収入があれば、いかなる場合であっても、例えば、要保護者のこれまでの家族に対する不当な仕打ちなどが存したとしても、これらを不問にした上で、扶養を行わなければならないのでしょうか。

　この点、厚生労働省の通知でも、「要保護者の生活歴等から特別な事情があり明らかに扶養ができない者」などについては、扶養の可能性が期待できないものとして扶養照会自体が不要であるとされています（課長通知第5問2答2、保護手帳268頁）（詳細は前掲Q5参照）。

　したがって、本問のように長年音信不通で、実質的な家族関係の実態を全く欠く場合には、扶養ができない事情があることを伝えて、扶養を断っても差し支えないと考えられます。

7　生活保護利用者は成年後見制度を利用できるか

 　近くに住む弟は長年生活保護を利用していますが、最近、認知症が進んでお金の管理ができなくなってきました。このままでは心配なので、姉である私が、弟の成年後見人になって保護費を管理してやりたいと思っていますが、生活保護利用者であっても成年後見制度を利用することができるでしょうか。

A 　利用できます。ただし、成年後見人等の援助者は、家庭裁判所が本人にとって最も適任な人を選びますので、必ずしもあなたが選ばれるとは限りません。

解　説

1　成年後見制度とは

　成年後見制度は、精神上の障がいにより社会生活において必要とされる物事の判断能力（「事理弁識能力」といいます。）が不十分な人について、その精神障がいの程度に応じて、成年後見人、保佐人、補助人が付き、本人を援助することを目的とする制度です（民7～19）。

　このように成年後見制度は、精神上の障がいにより事理弁識能力が不十分な人を保護するための制度ですので、生活保護を利用する人でも、例えば、認知症にかかった場合など精神上の障がいにより事理弁識能力が不十分となった場合は、成年後見制度を利用することができます。

　成年後見制度の利用手続は、援助が必要な本人、配偶者、4親等内の親族、市区町村長などが、本人の住所地を管轄する家庭裁判所に審判を申し立てます（民7、家事手続117①・別表1①、精神51の11の2など）。

申立てがあると、家庭裁判所が、最も適任だと思われる人を、本人の判断能力に応じて成年後見人、保佐人、補助人として選ぶことになります（民843①・876の2①・876の7①）。

　なお、申立てに当たっては、一定の書類（申立書、戸籍関係や所定の診断書など）や費用が必要になります。これについては、家庭裁判所に行き、必要書類等の一覧表をもらって確認してください。

2　成年後見人等の責任

　成年後見人、保佐人、補助人として選ばれた人は、家庭裁判所の監督の下で、その権限の範囲内において、本人の気持ちを尊重しつつも、本人に代わってその財産を適切に維持し、管理しなければなりません。仕事の内容としては、財産目録を作成して家庭裁判所に提出し、財産の管理や契約の締結などの法律行為を行います。仕事の結果については、家庭裁判所に書面で報告し、家庭裁判所の指示を受けることになります。また、成年後見人から請求すれば、家庭裁判所の判断により、本人の財産から報酬が支払われます。したがって、成年後見人等に選ばれた場合は、たとえ身内であっても、あくまで仕事として他人の財産を預かって管理するという自覚をもって取り組む必要があります。

3　家族が成年後見人になれるか

　本問のような場合では、申立人（本問では質問者）が成年後見等の審判の申立てをするときに、申立書に成年後見人等の候補者として自分の名前を書いておくと、家庭裁判所により申立人が成年後見人等の援助者として選ばれる可能性はあります。しかし、他の人が成年後見人等に選ばれることもあります。というのも、成年後見人等の仕事は、一定の責任を伴いますし、家庭裁判所に対して書面を提出したりしなければなりません。したがって、本人が必要とする援助の内容などに

よっては、申立人以外の人（弁護士、司法書士、社会福祉士など）が選ばれることもあります。

4　成年後見人等の報酬

　本問において、質問者以外の弁護士等が成年後見人等に選ばれた場合、裁判所が成年後見人等に対して本人の財産から支払うべき報酬額を決定します。

　もっとも、本問のように被後見人となる人が生活保護を利用している場合は、報酬を支払うことができないことが十分考えられますが、報酬の支払能力は、後見開始の要件ではありませんので、この点を心配して申立てを躊躇する必要はありません。

　なお、そのような場合に備え、市町村等の自治体では「成年後見制度利用支援事業」を行っています。この支援事業は、経済的事情により成年後見制度が利用困難である人のために、成年後見人等の報酬等の必要となる経費の一部について、助成する制度です。この支援事業は、本来誰が申し立てても利用できることになっています。ただし、実際には自治体によっては、財政難を理由として、市区町村長が成年後見等を申し立てる場合に限って助成を認める自治体もありますので、あらかじめ調べておくとよいでしょう。

　現実には、無報酬で生活困窮者の後見業務を担っている専門家後見人も少なくないので、「後見扶助」など国が専門家後見人の報酬を支給する制度の創設が望まれます。

8　未成年の子だけの世帯は生活保護を利用できるか

　私は高校生の子ども2人を持つシングルマザーですが、夫と死別して以来生活保護を利用しています。最近体調がすぐれず病院に行ったところ末期のがんで余命は半年といわれました。私の両親は近くに住んでいますが、両親は年金暮らしでとても子どもたちを引き取って生活できるだけの余裕はありません。私に万が一のことがあった場合、子どもたちだけで生活保護を利用することはできるでしょうか。

　また、私の両親が子どもたちを引き取って養育してくれる場合はどうでしょうか。

　未成年の子どもだけで日常生活を営むことができる場合には、生活保護が利用できます。ただし、児童福祉法により保護される場合には、そちらが優先されることになります。また、お子さんたちをあなたのご両親が引き取ってくれた場合は、ご両親の世帯収入が最低生活費に満たないときには、生活保護を利用できます。

解　説

1　生活保護の利用と年齢

　生活保護の利用できる要件として、成人（満18歳以上）でなければならないことはありません。

　したがって、未成年の子だけの世帯であっても、生活保護を利用することは法律上可能です。

　なお、本問の子どもらの場合は、遺族基礎年金、遺族厚生年金の受領が可能と思われますので、生活保護以外でも一定の所得保障がなされます。

2　児童福祉法が適用される場合

　もっとも、未成年の子といっても、成人に近い子から乳幼児まで幅があり、児童福祉法に基づいて保護される子については、そちらが優先されます。

　児童福祉法では、「児童」とは、満18歳に満たない者とされており、さらに「児童」の中でも、乳児（満1歳に満たない者）、幼児（満1歳から小学校就学の始期に達するまでの者）、少年（小学校就学の始期から満18歳に達するまでの者）と分かれています（児福4①）。そして、児童福祉法に基づき、保護を受けるべき「児童」に該当する子のうち、児童養護施設等の児童福祉施設に入所する場合は、児童福祉法に基づいて国が費用を負担することになりますので（児福49の2）、生活保護を利用する必要はありません。

　本問の場合でも、高校生の子2人で協力して、日常生活を送ることができるのであれば、子2人を世帯として生活保護を利用することができます。他方、子2人が児童養護施設等の児童福祉施設に入所する場合には、児童福祉法に基づいて保護されることになりますので、生活保護を利用する必要はありません。

3　両親が引き取る場合

　近くに住む祖父母が子2人を引き取って養育する場合は、その4名で1つの世帯として認定されます。そして、その世帯で生活保護基準よりも余裕のある生活が送れる場合、すなわち、世帯収入が4人世帯としての最低生活費を上回る場合には、生活保護は利用できません。反対に、祖父母が子2人を引き取ることによって、生活が困窮し、世帯収入が4人世帯としての最低生活費を下回る場合には、生活保護を利用することができます。

9　引きこもりの子が同居している世帯は生活保護を利用できるか

　私たちは70代の夫婦です。40歳の息子と同居していますが、息子はいわゆる引きこもり状態で長い間仕事に就いていません。私たちの年金収入は、国民年金のため夫婦合わせて月11万円程度しかなく、これまでは、私や妻がパートやアルバイトをして得た収入を足して何とか生活してきました。しかし、最近は体力も衰え、パートやアルバイトに行くのが困難になってきました。このままでは生活していくこともできませんし、私たちに何かあったときの息子の将来も心配です。私たちは、生活保護を利用することはできるでしょうか。

　息子さんに稼働能力がないのであれば、生活保護が利用できます。息子さんに障がいがある場合は、その障がいの程度によっては、障害者加算等があります。

　また、特に障がいや疾病がなくても長期の引きこもり状態であれば、すぐに就労することは期待できないため、一旦生活保護を利用し、その後に「引きこもり」からの脱却のための支援施策を活用していくことになると思います。

解　説

1　世帯単位の原則と稼働能力

　生活保護法10条は、生活保護の要否や程度を判断する場合の単位として世帯を原則とすること（世帯単位の原則）を定めています（後掲Q10参照）。

　本問のケースでは、子と両親の3人世帯として生活保護を利用する

ことができそうです。

　ただ、子の年齢が40歳で稼働年齢層に含まれますので、子に稼働能力がある場合には、その活用を求められます（生保4①）。

　子は引きこもり状態とのことですが、引きこもりになった経緯や現在の心身の健康状態等具体的事情によっては、稼働能力がないと評価できる場合もあると思われますので、生活保護を申請する際には、それらの具体的事情を実施機関に対して十分に説明することが大切です。

2　子に障がいがある場合

　子に障がいがある場合は、その程度によっては、稼働能力がないこととなりますので、前記のとおり、世帯3人で生活保護が利用できます。現在、障害認定を受けていなくても、軽度の知的障がい、精神障がい、発達障がいなどがあり、そのために職場への適応が困難で引きこもりになっている場合も少なくありませんので、生活歴を詳しく聴き取り、障害認定につなげる支援が有益です。障害認定を受ければ、様々な生活面、就労面の支援を受けることができ、生活保護の適用も受けやすくなります（なお、発達障がい独自の手帳はありませんが、発達障害者支援法に基づく発達障害者支援センターの支援を受けることができ、障がいの内容に応じて、精神保健福祉手帳や療育手帳を取得できる場合があります。）。

　また、一定の身体障がい者（身体障害者1級〜3級）又は精神障がい者（1級及び2級）については、健常者の人よりも最低生活費が余分にかかりますので、障害者加算がされます（生活保護基準別表第1第2章2、保護手帳296頁）。加算の額は、障がいの程度、居住地、在宅か施設かなどによって異なります。さらに、重度の身体障がい者（1級及び2級）又は精神障がい者（1級）で、日常生活の全てについて介護を

必要とする場合には、別途重度障害者加算がなされます。さらには同一世帯の者が介護する場合（家族介護料）と、介護人をつける場合（他人介護料）の支給を受けることもできます。

3　稼働能力の不活用と世帯分離

　他方、本問のように子が、稼働能力があるにもかかわらず、収入を得るための努力をしないなど保護の要件を欠くといえる場合には、原則として、生活保護を利用できないこととなります。

　ただし、本問のように引きこもり状態が長期にわたる場合は、すぐに就労することが困難であると思われます。そのため、生活保護を利用し、その上で引きこもりから脱却するための支援プログラムなどを活用することが必要です。

　また、子において保護の要件を欠くといえる場合であっても、両親が真にやむを得ない事情によって保護を要する場合には、子だけを世帯分離し、両親2人を1つの世帯として生活保護を利用することは可能です（局長通知第1・2（1）、保護手帳229頁）。なお、どのような場合に稼働能力を活用していないと判断すべきかについては、後掲Q75を参照してください。

| 第4章 | 夫婦関係（内縁・別居・離婚等）と生活保護 |

10　内縁関係の夫婦が生活保護を利用する場合どのように扱われるか

　私たちは内縁の夫婦ですが、仕事がなく生活できないので、生活保護の利用を考えています。内縁の夫婦が生活保護を利用する場合、どのように取り扱われるのでしょうか。

　内縁の夫婦であっても、生計を一にしている限り、法律上の夫婦と同様、１つの世帯として生活保護を利用することになります。

第４章

解　説

1　世帯単位の原則と内縁の夫婦

　生活保護法10条は、生活保護の要否や程度を判断する場合の単位として世帯を原則とすること（世帯単位の原則）を定めています。これは、日常の生活は、通常、世帯を基準として営まれていることから、生活保護を必要とする生活の困窮についても、世帯全体に現われることによります。

　そこで、同一の住居に居住し、生計を一にしている者は、原則として、同一世帯員とされます（次官通知第１、保護手帳228頁）。

　ここでいう「世帯」とは、主に生計の同一性に着目して、社会生活

上、現に家計を共同にして消費生活を営んでいると認められる1つの単位をいいます（問答集第1、別冊問答集27頁）。

　そうすると、内縁関係の夫婦であっても、夫婦として同居し、共同生活をしているという実態があれば、社会生活上、現に家計を共同にして消費生活を営んでいると認められます。

　したがって、内縁関係の夫婦は、1つの世帯として生活保護を利用することができますので、生活保護費も夫婦2人分で算定されることとなります。この場合、内縁の夫、妻のいずれからも生活保護申請ができます。

2　内縁の夫婦が同居していない場合

　内縁の夫婦が同居していない場合であっても、同一世帯として認定することが適当であるときは、世帯としても認められます（次官通知第1、保護手帳228頁）。例えば、内縁の夫が出稼ぎに出ているとか、病院に入院しているなどの場合は、やむを得ない事情によって同居していないが、それが一時的なものであって一定の時期が来れば、同居することが予定されていることから、同居していないとしても、同一の生計を営んでいるものであり、同一世帯として認められます（問答集第1、別冊問答集27頁）。

3　生活保護利用中の内縁関係

　他方で、単身で生活保護を受けていた人が、内縁関係となって、内縁の夫又は妻と同居を始めた場合は、生活保護利用時と世帯の内容が変化していますし、同居の相手方に何らかの収入があることも考えられます。したがって、その場合は、速やかに実施機関に届出してください（生保61）。同居の相手方の収入状況等によって、保護費が増減する場合もありますし、相手方の収入が夫婦を基準とした最低生活費を

超える場合は、生活保護の利用が廃止されることもあり得ます。

　また、内縁の夫婦として生活保護を利用していたが、内縁関係を解消して、単身生活になった場合も、前記と同様に、速やかに実施機関への届出が必要となります。その場合は、世帯が1人となるため、保護費も減少することになりますが、速やかに届出しないと、後で本来保護費を減額すべき時期以降の保護費のうち減額すべきであった額の返還を求められることになります（生保63）。このような場合でわざと届出しなかったときは、不正受給と扱われ、返還すべき保護費を徴収されることになります（生保78）。

11　DV夫から避難して生活保護を利用することはできるか

Q　夫からDVを受けており、離婚したいのですが、夫は離婚に応じてくれません。夫から逃げたいのですが、これまで専業主婦をしてきたため、経済力もありません。そこで、生活保護を利用することはできるでしょうか。

A　あなたが、夫から逃げて生活していくための住居を確保できているのであれば、その住居において生活保護を利用することが可能です。住居を用意できない場合でも、配偶者暴力相談支援センター（DVセンター）、警察等関係機関に暴力被害相談などを行った事実がある場合で、安全確保のために転居が必要と認められる場合には、敷金等の転居費用が支給されます。

解　説

1　世帯の認定

　生活保護は「世帯」を基準としてその要否及び程度が決定されるのが原則です（世帯単位の原則）（生保10）。そして、夫婦は、原則として同一世帯に属していると判断されます（問答集問1－1、別冊問答集28頁）。そのため、DV等の被害にあった妻が、婚姻状態のまま夫から逃げてきたという場合、当該夫婦は、同一世帯と認定され、妻のみで生活保護を利用することはできないのではないかという点が問題となります。

　世帯の認定について、「生活保護法による保護の実施要領について」によれば、「同一の住居に居住し、生計を一にしている者は、原則とし

て、同一世帯員として認定すること。なお、居住を一にしていない場合であっても、同一世帯として認定することが適当であるときは、同様とすること」と規定されています（次官通知第1、保護手帳228頁）。

　そして、DV等の被害者である妻が、婚姻状態のまま、加害者である夫から逃げてきたという場合、それが一時的なものであって、妻が夫の元へ帰来する可能性がある場合には、「同一世帯として認定することが適当であるとき」に当たり、当該夫婦は同一世帯と認定されることになります。これに対して、妻の避難が一時的なものではなく、離婚を前提としているような場合には、もはや「同一世帯として認定することが適当である」とはいえませんから、妻と夫は別世帯として認定されることになります。

　この点、配偶者からの暴力の防止及び被害者の保護等に関する法律（以下「DV防止法」といいます。）8条の3も、福祉事務所は、生活保護法等の法令の定めるところにより、被害者の自立を支援するために必要な措置を講ずるよう努めなければならないと規定しており、DV等の被害者が単独で生活保護を利用できることを前提としています。

　なお、DV等の被害者が、知人宅に避難したという場合には、当該被害者と避難先の知人とが同一世帯になるのではないかという点も問題となります。

　この点、前記次官通知によれば、「同一の住居に居住し、生計を一にしている者は、原則として、同一世帯員として認定すること」とされていますが、生活保護制度における「世帯」の概念は、主として「生計の同一性」に着目したものであり、居住が同一か否かは、生計の同一性を判断するための目安にすぎません（問答集第1、別冊問答集27頁）。したがって、当該被害者が、今後も知人と生計を同一にしていくということであれば、その被害者と知人は同一世帯と認定されることにな

りますが、一時的に知人宅に避難したにすぎないという場合には、別世帯と認定されることになります（その場合、知人宅を「現在地」として生活保護を利用することになります。）。

2　転居費用について

　「生活保護法による保護の実施要領の取扱いについて」によれば、「離婚（事実婚の解消を含む。）により新たに住居を必要とする場合」には敷金等の転居費用が支給されるものとされています（課長通知第7問30答15、保護手帳344頁）。

　しかしながら、実務上、ここでいう「離婚（事実婚の解消を含む。）により新たに住居を必要とする場合」とは、既に離婚が成立している場合を意味し、婚姻状態のまま離婚するために別居するという場合を含まないという解釈がなされています。

　したがって、DV等の被害者が夫から逃げるために婚姻状態のまま別居するという場合は、原則として転居費用は支給されず、まず婦人ホーム等のDV保護施設で保護し、その後、生活保護に移行するという運用がされてきました（その場合、DV保護施設からの転居費用は支給されます（課長通知第7問30答5、保護手帳344頁、問答集問7－104答（3）、別冊問答集251頁）。）。

　もっとも、DV等の被害者である妻が、離婚（事実婚の解消を含みます。）を前提として、夫から避難するために、新たに住居を必要とする場合で、婦人相談所（現在は女性相談支援センター）が自ら行う又は委託して行う一時保護の施設等に入所できない事情があり、かつ、配偶者暴力相談支援センター（DVセンター）、警察等関係機関からの要請があった場合には、転居費用が支給されていました。2013年度からは、さらに要件が緩和され、前記の機関に暴力被害の相談をした実績があり、安全確保のために転居が必要であると認められる場合にも敷金等

が支給されることになりました（問答集問7−104−2、別冊問答集252頁）。

　なお、DV等の被害者が、一時的に知人宅に避難したという場合、その知人宅からの転居費用については、「住宅が確保できないため、親戚、知人宅等に一時的に寄宿していた者が転居する場合」（課長通知第7問30答13、保護手帳344頁）に該当するものとして、転居費用が支給される場合があります。

3　実施責任について

　DV等のケースでは、DV防止法に基づいて女性相談支援センターが自ら行う又は委託して行う一時保護の施設に入所している者については、他に居住地がない限り、居住地がない者とみなし、原則として当該施設所在地を所管する保護の実施機関が保護の実施責任を負い、現在地保護を行うこととされています（局長通知第2・12（4）イ、保護手帳241頁）。

　また、DV等の被害者が、親族や知人の家に一時的に避難しているという場合には、その知人宅等を所管する保護の実施機関が実施責任を負い、現在地保護を行うことになります。

　また、DV等の被害者が、自ら新たな住居を用意した場合には、その住居を所管する保護の実施機関が実施責任を負います。

4　扶養能力調査の方法

　「夫の暴力から逃れてきた母子等当該扶養義務者に対し扶養を求めることにより明らかに要保護者の自立を阻害することになると認められる者であって、明らかに扶養義務の履行が期待できない場合」は扶養義務者に対する直接照会（扶養照会）は禁止されており（前掲Q5参照）、「まず関係機関等に対し照会を行い、なお扶養能力が明らかにならないときは、その者の居住地を所管する保護の実施機関に書面を

もって調査依頼を行うか、又はその居住地の市町村長に照会すること」
とされており（局長通知第5・2（2）アただし書、保護手帳269頁、課長通知第
5問2答1、保護手帳268頁）、DV等の加害者に対する直接照会を避ける
配慮がなされています。

12　離婚するために配偶者と別居する場合、離婚前に生活保護制度で転居費用が支給されるか

 夫と離婚するために別居しようと考えていますが、転居費用がありません。生活保護制度を利用して、敷金等の転居費用を支給してもらうことはできるでしょうか。

 あなたが、夫からDV等の被害にあっているなど特別な事情がない限り、離婚前に別居のための転居費用を支給してもらうことはできません。

解　説

1　敷金等の転居費用が支給される場合

「被保護者が転居に際し、敷金等を必要とする場合」（局長通知第7・4（1）カ、保護手帳341頁）については、「生活保護法による保護の実施要領の取扱いについて」（昭38・4・1社保34厚生省社会局保護課長通知）に限定列挙されているところ、「離婚（事実婚の解消を含む。）により新たに住居を必要とする場合」が挙げられています（課長通知第7問30答15、保護手帳344頁）。

2　「離婚（事実婚の解消を含む。）により新たに住居を必要とする場合」の意義

実務上、「離婚（事実婚の解消を含む。）により新たに住居を必要とする場合」とは、既に離婚又は事実婚の解消が成立している場合を意味し、離婚を前提に婚姻状態のまま別居する場合は含まれないという解釈・運用がなされています。

したがって、離婚を前提に婚姻状態のまま別居する場合は、原則と

して、生活保護制度によって敷金等の転居費用を支給してもらうことはできません。

　しかしながら、既に離婚が成立して別居する場合と、離婚を前提に別居する場合とでは、新たに住居を必要とする必要性に差異はありませんから、このような実務運用には問題があると考えられます。

3　DV等のケースの場合

　例外的に、被保護者がDV等の被害を受け避難するために、離婚（事実婚の解消を含みます。）を前提として新たに住居を必要とする場合には、女性相談支援センターが自ら行う又は委託して行う一時保護の施設等に入所できない事情があり、かつ、配偶者暴力相談支援センター（DVセンター）、警察等関係機関からの要請があった場合には、「離婚（事実婚の解消を含む。）により新たに住居を必要とする場合」に含まれるものとして、敷金等の転居費用が支給されるものとされています。また、2013年度から、配偶者暴力相談支援センター（DVセンター）、警察等関係機関に暴力被害相談などを行った事実がある場合で、安全確保のために転居が必要と認められる場合にも敷金等の転居費用が支給されるようになりました（問答集問7－104－2、別冊問答集252頁）。

　詳しくは、前掲Q11を参照してください。

13　配偶者との離婚を前提に別居して実家で生活している場合、生活保護は利用できるか

　　夫と離婚するつもりで別居しながら、現在離婚調停中です。私は現在、両親が住んでいる実家で生活しているのですが、生活保護を利用することはできるでしょうか。

　　あなたが一時的に実家に帰っているにすぎず、すぐに新たな住居を探して出て行くということであれば、あなたのみで生活保護を利用することができますが、今後も、両親と同居し、生計を同じくして生活していくという場合には、あなたのみで生活保護を利用することはできません。

　また、あなたが、夫から十分な婚姻費用をもらっていたり、両親から十分な扶養を受けている場合には、生活保護を利用することはできません。

解　説

1　世帯の認定

（1）　世帯単位の原則

　生活保護は「世帯」を基準としてその要否及び程度が決定されるのが原則です（世帯単位の原則）（生保10）。

　したがって、妻が夫と別居し、実家で両親と暮らしているという場合、①妻と夫が「世帯」を異にしている場合であり、かつ、②妻と両親も「世帯」を異にしている場合でなければ、原則として、妻のみで生活保護を利用することはできません。

（2）　夫との関係

　世帯の認定について、「生活保護法による保護の実施要領について」

によれば、「居住を一にしていない場合であっても、同一世帯として認定することが適当であるとき」は原則として同一世帯と認定することとされています（次官通知第1、保護手帳228頁）。

　夫婦は、原則として同一世帯に属していると判断されますが、夫が妻以外の者と同棲し、妻と別居している期間が相当長期にわたっている場合など、夫婦関係の解体が明白である場合には、世帯を異にしていると判断されることになります（問答集問1－1・問1－7～1－9、別冊問答集28・33～35頁参照）。

　したがって、夫婦が離婚を前提に別居しているというだけでは同一世帯に属しているものと判断される可能性が高いですが、夫婦関係の解体が明白であるといえる事情があれば、その夫婦は別の世帯であると認定されることになります。この点、実務では、別居している夫婦の一方が離婚調停等を申し立てている場合などには、別世帯と認定される傾向にあります。

（3）　両親との関係

　前記次官通知によれば、「同一の住居に居住し、生計を一にしている者は、原則として、同一世帯員として認定すること」とされています（次官通知第1、保護手帳228頁）。

　したがって、実家に帰った妻が、その後も両親と同居し、生計を同一にして暮らしていくという場合は、妻と両親は同一世帯と認定され、妻のみで生活保護を利用することはできません。

　もっとも、生活保護制度における「世帯」は、主として「生計の同一性」に着目した概念であり、居住が同一か否かは、生計の同一性を判断するための目安にすぎませんから（問答集第1、別冊問答集27頁）、妻と両親が明らかに生計を異にしていると認められる場合には、妻と両親が別世帯と認定される可能性があります。その場合、妻と両親の生計が同一か否かは、消費物資の共同購入の有無、炊事の共同及び家具

什器の共同使用等の有無などの諸要素を勘案して判断されることになります（問答集問 1 － 3 、別冊問答集29頁）。

　また、妻が、一時的に実家に帰っているにすぎず、すぐに新しい住居へ引っ越すという場合には、妻と両親に生計の同一性は認められませんから、別世帯と認定される場合もあります。そして、その場合、「住宅が確保できないため、親戚、知人宅等に一時的に寄宿していた者が転居する場合」（課長通知第 7 問30答13、保護手帳344頁）に該当するものとして、実家から新たな住居への転居費用が支給されることがあります。

　ところで、「生活保護法による保護の実施要領について」によれば、「要保護者が自己に対し生活保持義務関係にある者がいない世帯に転入した場合であって、同一世帯として認定することが適当でないとき（直系血族の世帯に転入した場合にあっては、世帯分離を行わないとすれば、その世帯が要保護世帯となるときに限る。）」には、同一世帯に属していると認定されるものでも、世帯分離して差し支えないとされています（局長通知第 1 ・ 2 (2)、保護手帳229頁）。

　したがって、妻が夫と別居して実家に帰ったことで妻と両親の 3 人世帯が要保護世帯となり、妻は両親の年金収入で相当期間面倒を見てもらっていたが、実家が手狭で妻が引っ越す必要があるというような場合には、「同一世帯として認定することが適当でないとき」に当たるものとして、妻と両親は世帯分離され得ることになります。その場合、「世帯人員からみて著しく狭隘であると認められる場合」（課長通知第 7 問30答11、保護手帳344頁）、あるいは、「住宅が確保できないため、親戚、知人宅等に一時的に寄宿していた者が転居する場合」（課長通知第 7 問30答13、保護手帳344頁）に該当するものとして、実家から新たな住居への転居費用が支給されることがあります。

　なお、妻と両親が同一世帯と認定される場合、妻のみで生活保護を利用することができなくても、要件を満たせば、妻と両親の3人世帯として生活保護を利用することは可能です。ただ、その場合、両親が自動車を所有できなくなる等の不利益が生ずることがあり得ます（生活保護利用中の自動車保有については、後掲Q42参照）。

2　扶養義務との関係

（1）　扶養義務

　夫婦間の扶助義務（民752・760）や、親子間の扶養義務（民877①）は生活保護に優先するとされていますから（生保4②）、実家で暮らしている夫婦の一方が、既に配偶者や両親から最低生活費を超える婚姻費用や経済的援助を受けていたりする場合には、生活保護を利用することができません。

　また、扶養を受けていない場合でも、生活保護の実施機関から、扶養を受けるよう指示されることがあり得ます。

　しかし、生活保護法4条2項は、扶養を生活保護の要件としているわけではありませんので（課長通知第9問2答、保護手帳408頁）、扶養義務者がいるからといって、それだけで生活保護が利用できなくなるわけではありません。現に扶養（仕送り）がなされた場合に収入認定されて、その分だけ保護費が減額されるにとどまります（前掲Q3参照）。

（2）　夫との関係

　夫婦間の扶助義務は、扶養することがその身分関係の本質的不可欠要素と考えられていることから、扶養義務者が自己の生活を切り下げても要扶養者の生活を自己の生活として保持しなければならない生活保持義務であるとされています。

　このように夫婦は、生活保持義務関係にあるとされているため、扶養義務者である夫に扶養能力があるにもかかわらず、これに応じない

という場合には、家庭裁判所に対して婚姻費用の支払を求める調停等の申立てをするよう指示・指導される場合があります（生保27①・62①）。

（3）　両親との関係

　成熟した子（未成熟の子とは中学3年以下の子をいうとされているので、中学校を卒業すれば成熟した子として扱われるものと考えられます（局長通知第1・1（3）、保護手帳228頁）。）に対する両親の扶養義務は、扶養義務者がその者の社会的地位にふさわしい生活を成り立たせた上でなお余裕があれば援助すれば足りるという生活扶助義務にすぎません。

　したがって、本来であれば、両親に経済的余裕がなければ、実家に帰ってきた妻（両親にとっては子）を扶養する必要はないはずです。

　しかしながら、妻が世帯分離によって生活保護を利用できるのは、「要保護者が自己に対し生活保持義務関係にある者がいない世帯に転入した場合であって、同一世帯として認定することが適当でないとき（直系血族の世帯に転入した場合にあっては、世帯分離を行わないとすれば、その世帯が要保護世帯となるときに限る。）」とされているため（局長通知第1・2（2）、保護手帳229頁）、両親に、妻と両親の3人世帯分の最低生活費を超える収入や財産がある場合には、世帯分離が認められません。そのため妻は生活保護を利用することができず、事実上、両親に扶養義務を強制するのと同様の結果となっているのが現状です。

14　別居中の配偶者が離婚に応じない場合、生活保護は利用できるか

　　夫と離婚するつもりで別居中ですが、夫は、離婚に応じてくれません。離婚が成立していなくても、生活保護を利用することはできるでしょうか。

　　別居期間が相当長期間にわたっていたり、あなたが離婚調停を申し立てているという場合であれば、夫婦であっても別の世帯と認定される可能性が高いですから、生活保護を利用することは可能です。ただし、あなたが、夫からの婚姻費用をもらっていたり、パートによる収入があり、それらの収入の合計額が保護基準を超えている場合には、生活保護を利用することはできません。

解　説

1　世帯の認定

　生活保護は「世帯」を基準としてその要否及び程度が決定されるのが原則です（世帯単位の原則）（生保10）。

　世帯の認定について、「生活保護法による保護の実施要領について」によれば、「居住を一にしていない場合であっても、同一世帯として認定することが適当であるとき」は、原則として同一世帯と認定することとされています（次官通知第1、保護手帳228頁）。

　そして、夫婦は、原則として同一世帯に属していると判断されますが（問答集問1－1、別冊問答集28頁）、夫が妻以外の者と同棲し、妻と別居している期間が相当長期にわたっている場合など、夫婦関係の解体

が明白である場合には、世帯を異にしていると判断されることになります（問答集問1−1・問1−7〜1−9、別冊問答集28・33〜35頁）。

　したがって、夫婦が離婚を前提に別居しているというだけでは同一世帯に属しているものと判断される可能性が高いですが、夫婦関係の解体が明白であるといえる事情があれば、その夫婦は別の世帯であると認定されることになります。実務では、別居している夫婦の一方が離婚調停等を申し立てている場合などには、別世帯と認定される傾向にあります。

2　夫婦間の扶助義務との関係

　夫婦間の扶助義務（民752・760）は生活保護に優先するとされていますから（生保4②）、妻が別居している夫から保護基準を超える婚姻費用を受け取っている場合には、生活保護を利用することができません（なお、夫から婚姻費用を受け取っていない場合や、婚姻費用の額が保護基準に満たない場合であっても、妻にパート等による収入があり、その収入と夫から受け取っている婚姻費用の額の合計額が保護基準を超える場合には、生活保護を利用することはできません。）。

　また、夫婦間の扶助義務は、扶養することがその身分関係の本質的不可欠要素と考えられていることから、扶養義務者が自己の生活を切り下げても要扶養者の生活を自己の生活として保持しなければならない生活保持義務であるとされています。

　したがって、扶養義務者である夫に扶養能力があるにもかかわらず、これに応じないという場合には、家庭裁判所に対して婚姻費用の支払を求める調停等の申立てをするよう指示・指導される場合があります（生保27①・62①）。

　もっとも、生活保護法4条2項は、扶養を生活保護の要件としているわけではありませんので（課長通知第9問2答、保護手帳408頁参照）、現

に仕送り等がなされない限り、生活保護の利用に影響はありません。

　なお、扶養義務者である夫が、扶養能力があるにもかかわらず婚姻費用を支払わないという場合、都道府県又は市町村の長から、婚姻費用相当額を徴収される可能性があります（生保77①）。

15　夫が愛人と同棲し別居中の場合、生活保護を利用することはできるか

　２年前に夫が家を出て行き、愛人と同棲しています。夫は私に生活費をくれません。私だけで生活保護を利用することはできるでしょうか。

　あなたと夫がいずれも夫婦同居生活を再開し、生計を同一にして暮らしていく意思を有しているなどの特段の事情がない限り、あなたのみで生活保護を利用することは可能です。

解　説

1　世帯の認定

　生活保護は「世帯」を基準としてその要否及び程度が決定されるのが原則です（世帯単位の原則）（生保10）。夫婦が別居しているとしても、離婚が成立していない以上、同一世帯と認定されるのではないかという点が問題となります。

　世帯の認定について、「生活保護法による保護の実施要領について」によれば、「居住を一にしていない場合であっても、同一世帯として認定することが適当であるとき」は、原則として同一世帯と認定することとされています（次官通知第1、保護手帳228頁）。

　そして、夫婦は、原則として同一世帯に属していると判断されますが（問答集問1－1、別冊問答集28頁）、夫が妻以外の者と同棲し、妻と別居している期間が相当長期にわたっている場合など、夫婦関係の解体が明白である場合には、世帯を異にしていると判断されることになります（問答集問1－1・問1－7〜1－9、別冊問答集28・33〜35頁）。

　例えば、妻の入院中に、夫が愛人と同居するようになり、妻の生活費の負担もしなくなったので、妻が入院している病院を管轄する保護の実施機関に生活保護を申請したが、保護の実施機関は、妻、夫及び愛人を同一世帯として扱い、妻の居住地は夫の住所地にあるとして、保護申請を却下したケースの処分取消訴訟においては、生活保護法19条の「居住地」とは、「人の客観的な居住事実の継続性またはその期待性が備わっている場所」であるが、人が現にその場所で起居していなくとも、他の場所における起居が一時的な便宜のためであって、いわゆる帰来性のある場合には、帰来する場所が居住地に含まれるとしつつも、本事案では、①入院が長期にわたり、いつ退院できるか定かでなく、②夫婦の婚姻関係が実質的に破綻しているため、将来夫の住所地に復帰することも期待できず、③その他に将来居住すべき場所も定まっていない状況にあるから、妻には居住地がなく、また、妻と夫は生計及び居住の同一性をいずれも失っているから世帯が同一であるともいえないとして、却下決定を取り消しました（東京地判昭47・12・25判時690・17）。

　なお、前記判決は、入院中の病院が「現在地」になるとして、入院中の病院を管轄する保護の実施機関に管轄を認めました。

2　夫婦間の扶助義務との関係

　別居している夫が愛人と同棲している場合であっても、夫の妻に対する扶助義務（民752・760）がなくなるわけではありません（なお、夫の愛人に対する扶養義務はありません。）。

　そして、夫婦間の扶助義務は、扶養することがその身分関係の本質的不可欠要素と考えられていることから、扶養義務者が自己の生活を切り下げても要扶養者の生活を自己の生活として保持しなければならない生活保持義務であるとされています。

　したがって、扶養義務者である夫に扶養能力があるにもかかわらず、これに応じないという場合には、家庭裁判所に対して婚姻費用の支払を求める調停等の申立てをするよう指示・指導される場合があります（生保27①・62①）。

　しかし、生活保護法 4 条 2 項は、扶養を生活保護の要件としているわけではありませんので（課長通知第 9 問 2 答、保護手帳408頁参照）、扶養義務者に扶養能力がない場合や扶養能力があっても現に扶養していない場合などには、生活保護を利用することができます。

16　夫婦の一方が長期の出稼ぎや単身赴任に行っている場合、残った世帯員は生活保護を利用できるか

　夫が1か月を超える出稼ぎへ行っているのですが、残された妻と子のみで、生活保護を利用することはできるでしょうか。

　一般に出稼ぎ者と出身世帯員は同一世帯として扱われることとされていますので、原則として、残った世帯員のみで生活保護を利用することはできません。

　もっとも、出稼ぎ先が不安定で実態がつかみにくい場合で、仕送りの額も他の出稼ぎ者に比べて概ね妥当とみられるときなど、「やむを得ない」と判断される場合には、出稼ぎ者と出身世帯員を別世帯として取り扱い、出稼ぎ者からの仕送り額を収入認定するという運用がなされています。

解　説

1　問題の所在

　生活保護法10条は、「保護は、世帯を単位としてその要否及び程度を定めるものとする。但し、これによりがたいときは、個人を単位として定めることができる」と規定しています（世帯単位の原則）。

　そこで、夫婦の一方が長期間の出稼ぎに行っているため別居状態にあるという場合に、出稼ぎ者と出身世帯員を別の「世帯」として扱い、出身世帯員のみで生活保護を利用することができるのかという点が、ここでの問題です。

2　出稼ぎの意義

　出稼ぎとは、生計を一にする世帯の所在地を離れて、特定又は不特定期間、他の土地で就労、事業等のために仮の独立生活を営み、目的達成後その世帯に帰ることが予定されている状態をいい（課長通知第１問４答、保護手帳228頁参照）、単身赴任も含まれます。

3　出稼ぎ者がいる場合の世帯の認定

　世帯の認定については、「居住を一にしていない場合であっても、同一世帯として認定することが適当であるとき」は、原則として、同一世帯員として認定することとされており（次官通知第１、保護手帳228頁）、「出かせぎしている場合」は、「居住を同一にしていないが、同一世帯に属していると判断すべき場合」に当たるとされています（局長通知第１・１（１）、保護手帳228頁）。

　したがって、夫婦の一方が長期の出稼ぎに行っている場合であっても、出稼ぎ者と出身世帯員は同一世帯と認定されることになりますから、出稼ぎ者と出身世帯員を別世帯として扱い、出身世帯員のみで生活保護を利用することはできないのが原則です。

4　出稼ぎ者がいる場合の最低生活費の認定

　出稼ぎ等により１か月を超える期間他の世帯員と所在を異にする世帯員については、所在を異にするに至った日の翌日から再び所在を一にするに至った日の前日まで他の世帯員とは別に一般生活費を計上することとされています（局長通知第７・２（１）オ・ク・コ、保護手帳280頁）。

　例えば、父（45歳）、母（40歳）、長男（13歳）、長女（８歳）の４人家族が島根県松江市（２級地−１）で同居している場合の一般生活費

は、次のとおりですが、

　　第1類　（43,640円＋43,640円＋45,820円＋43,200円）×0.66
　　　　　＝116,358円
　　第2類　48,900円
　　合　計（一般生活費の額）　165,260円（10円未満切り上げ）

父が、大阪府大阪市（1級地－1）へ1か月を超える出稼ぎへ行っている場合の生活扶助費は、次のとおりとなります。

　　第1類　（46,930円＋43,640円＋45,820円＋43,200円）×0.66
　　　　　＝118,529円
　　第2類　27,790円（1級地－1・1人世帯）＋44,730円（2級地－
　　　　　1・3人世帯）＝72,520円
　　合　計（一般生活費の額）　191,050円（10円未満切り上げ）

5　出稼ぎ者がいる場合の収入認定

　出稼ぎ者がいる場合の収入認定については、出稼ぎに要する一般生活費又は住宅費の実費については、真に必要やむを得ないものに限り、必要な最小限度の額を認定して差し支えないこととされています（次官通知第8・3（5）ア、保護手帳403頁）。

　そして、出稼ぎに要する費用につき控除を行う場合は、一般生活費又は住宅費の実際必要額から、当該者の最低生活費として認定された一般生活費の額を差し引いて得た額を必要経費として認定することとされています（局長通知第8・4（1）、保護手帳403頁）。

6　出身世帯員と出稼ぎ者を別世帯と認定できる場合

　前記のように、出稼ぎ者がいる世帯の場合、居住の場所を異にしていても同一世帯として認定することとなっているので、その世帯の保護の決定は、出稼ぎ者を含めて基準生活費を算定し、出身世帯員の収入のほか、出稼ぎ者の収入についても、勤労控除その他の各種控除と必要経費を控除して扶助額を算定するのが原則です。

　もっとも、出稼ぎに要する費用は、一般生活費及び住宅費の実際必要額を認めることとなっているので、出稼ぎ者が、出稼ぎ先で得た収入からその実際必要額を引いた残額が仕送りになると解すれば、出稼ぎ者と出身世帯員を別世帯として扱っても、前記原則どおりの方式と同じ扶助額となります。

　そこで、出稼ぎ先が不安定で実態がつかみにくい場合で仕送りの額が他の出稼ぎ者の場合に比べておおむね妥当とみられるときなど、やむを得ない場合には、出稼ぎ者を別世帯として扱い、仕送りの収入認定を厳正に行うことで処理する運用がなされています（問答集問1－14・問8－85、別冊問答集38・357頁）。

　なお、夫が出稼ぎに行っている間に夫婦関係が実質的に解体した場合など、出稼ぎ者が出身世帯に帰来することが客観的に期待できないような場合には、出稼ぎ者と出身世帯員は別世帯として取り扱われることになると考えられます。

17　夫婦の一方が長期入院しているため別居している場合、生活保護を利用できるか

　妻が長期間にわたって入院しており、今後も引き続き入院することになりそうです。

　この場合、妻だけが単身世帯として生活保護を利用することができるでしょうか。

　夫婦の一方が病院に入院している場合は、その入院期間が長期間にわたる場合であっても、原則として、入院患者と出身世帯員が同一世帯として扱われることになります。したがって、原則として、入院患者だけが単身世帯として生活保護を利用することはできません。

　もっとも、疾病の治療のための別居以外に夫婦関係の解体を意味する他の事由が存する場合には、入院患者と出身世帯員が別世帯として認定され、入院患者だけが単身世帯として生活保護を利用することができます。

解　説

1　問題の所在

　生活保護法10条は、「保護は、世帯を単位としてその要否及び程度を定めるものとする。但し、これによりがたいときは、個人を単位として定めることができる」と規定しています（世帯単位の原則）。

　そこで、夫婦の一方が長期間入院しているため別居状態にあるという場合、当該入院患者と出身世帯員を別の「世帯」として取り扱い、入院患者のみの単身世帯として生活保護を利用することができるのかという点が、ここでの問題です。

2　長期入院患者がいる場合の世帯の認定

　世帯の認定については、「居住を一にしていない場合であっても、同一世帯として認定することが適当であるとき」は、原則として、同一世帯員として認定することとされており（次官通知第1、保護手帳228頁）、「病気治療のために病院等に入院又は入所（介護老人保健施設への入所に限る。）している場合」は、「居住を一にしていないが、同一世帯に属していると判断すべき場合」に当たるとされています（局長通知第1・1（5）、保護手帳228頁）。そして、入院期間が長期にわたる場合であっても、入院期間の長短のみをもって世帯の認定を変更すべきではないとされています（問答集問1-4、別冊問答集31頁）。

　したがって、夫婦の一方が長期入院しているために別居状態となっている場合であっても、当該夫婦は同一世帯と認定されることになりますから、当該入院患者のみの単身世帯として、生活保護を利用することはできないのが原則です。

3　例外的に入院患者が別世帯として扱われる場合

　もっとも、①出身世帯員が1人でその者が死亡した場合、②夫婦間に離婚手続がとられ、かつ、それが偽装でないことが明らかな場合、③夫婦間に全く音信が途絶え、入院患者が出身世帯に帰来することが期待できないような場合など、疾病の治療のための別居以外に夫婦関係の解体を意味する他の事由が存する場合には、入院患者と出身世帯員は別世帯として認定されるものとされています（問答集問1-4～1-6、別冊問答集31・32頁）。

　例えば、妻の入院中に、夫が愛人と同居するようになり、妻の生活費の負担もしなくなったので、妻が入院している病院を管轄する保護の実施機関に生活保護を申請したが、保護の実施機関は、妻、夫及び愛人を同一世帯として扱い、妻の居住地は夫の住所地にあるとして、

保護申請を却下したケースの処分取消訴訟においては、生活保護法19条の「居住地」とは、「人の客観的な居住事実の継続性またはその期待性が備わっている場所」をいい、人が現にその場所で起居していなくとも、他の場所における起居が一時的な便宜のためであって、いわゆる帰来性のある場合には、帰来する場所が居住地に含まれるとしつつも、本事案では、①入院が長期にわたり、いつ退院できるか定かでなく、②夫婦の婚姻関係が実質的に破綻しているため、将来夫の住所地に復帰することも期待できず、③その他に将来居住すべき場所も定まっていない状況にあるから、妻には居住地がなく、また、妻と夫は生計及び居住の同一性をいずれも失っているから世帯が同一であるともいえないとして、却下処分を取り消しました（東京地判昭47・12・25判時690・17）。

　なお、入院患者と出身世帯員を別世帯として認定する場合、当該入院患者に対する生活保護の実施責任は、当該入院患者が入院している病院の所在地を所管する保護の実施機関（現在地保護）になります（前掲東京地判昭47・12・25参照）。

4　世帯分離

　夫婦の一方が長期入院している場合に、当該夫婦が同一世帯と認定される場合であっても、「出身世帯に自己に対し生活保持義務関係にある者が属している長期入院患者等であって、入院又は入所期間がすでに1年をこえ、かつ、引き続き長期間にわたり入院又は入所を要する場合（世帯分離を行わないとすれば、その世帯が要保護世帯となる場合に限る。）」であって、「その者を出身世帯員と同一世帯として認定することが出身世帯員の自立助長を著しく阻害すると認められるとき」には、当該入院患者を世帯分離して保護することが認められています（問答集問1−5、別冊問答集31頁、局長通知第1・2(5)イ、保護手帳230頁）。

　したがって、夫婦の一方が1年を超える期間入院しており、引き続き長期間入院を要するような場合で、夫婦を同一世帯とすれば要保護世帯となる場合であり、入院患者を世帯分離すれば出身世帯員が生活保護を利用する必要がなくなるような場合には、世帯分離が認められることになります。

18　生活保護利用者に対して婚姻費用や養育費を請求できるか

Q　現在、離婚を前提に夫と別居中です。夫に対して婚姻費用を請求したいのですが、夫は生活保護を利用しています。この場合、生活保護利用者である夫に対して婚姻費用を請求することはできるでしょうか。

また、夫が離婚後も生活保護を利用している場合、夫に対して養育費を請求することができるでしょうか。

A　生活保護利用者は、「健康で文化的な最低限度の生活」を維持するために必要な費用しか受給していませんから、そもそも婚姻費用や養育費を負担することができないのが通常です。生存権を保障した憲法25条やその具体化法たる生活保護法の趣旨・目的に照らせば、原則として、生活保護利用者の生活を最低生活費以下に引き下げてまで、生活保護利用者に対し、婚姻費用や養育費を請求することはできないと考えるべきでしょう。

解　説

1　婚姻費用分担義務や養育費支払義務の法的性質

　婚姻費用とは、夫婦間における共同生活保持のために必要な費用をいい、夫婦が、その資産、収入その他一切の事情を考慮して分担すべきものです（民760）。そして、婚姻費用の分担は、民法752条の夫婦間の扶助義務の履行としての性格を有しているところ（大阪高決昭44・5・23判タ247・328）、この夫婦間の扶助義務は、扶養することがその身分関係の本質的不可欠要素と考えられていることから、扶養義務者が自己

の生活を切り下げても要扶養者の生活を自己の生活として保持する義務（生活保持義務）であるとされています。

　また、養育費（民766①・877①）の支払も、親の子に対する扶養義務の履行としての性格を有しており、親の未成熟子（「中学3年以下の子」をいうとされています（局長通知第1・1（3）、保護手帳228頁）。）に対する扶養義務については生活保持義務であるとされています。

2　生活保持義務と生存権保障の関係

　前記のとおり、配偶者に対する婚姻費用分担義務や、未成熟子に対する養育費支払義務は、扶養義務者の生活に余裕があるときに扶助するというもの（いわゆる生活扶助義務）ではなく、生活保持義務であるとされています。この点を重視すれば、生活保護利用者であっても、その生活費を削って要扶養者の生活を保持させるために婚姻費用や養育費の負担を免れることはできないとも考えられます。

　一方、生活保護制度は、生存権を保障した憲法25条を受けて、生活困窮者に対し「健康で文化的な最低限度の生活」を保障する制度ですから（生保1）、「最低限度の生活」を維持するための生活保護費から、婚姻費用や養育費を支払わせることは、生活保護制度の趣旨・目的に反するとも考えられます。

　また、生活保持義務の内容についても、近時は、扶養義務者が、自己の健康で文化的な最低限度の生活を維持した上で、なお経済的余力がある場合に、その限度で、要扶養者の生活を保持すれば足りるとする見解が有力となっています。

　このような見地からは、生活保護利用者に対しては、婚姻費用や養育費を請求することはできないと考えられます。

　裁判例でも、「いわゆる生活保持義務は、子の生活を維持することが、同時に自己の生活を維持することになるという親子の本質的な在り方と必然的共同生活性を基礎として認められるものであるから、離婚に

より子と共同生活をしなくなった親については、自己の生活を最低生活費以下に引き下げてまで、子の監護費用を分担すべきことを期待することはできない」としたもの（東京家審昭37・7・23判タ135・102）や、「親の未成熟子に対する扶養義務は、いわゆる生活保持の義務として、親が未成熟子に対して自己と同程度の生活を保持できるようにする義務であると解されている。しかしながら、現在の日本には生活保護法という法律があり、同法は、国民に最低限度の生活を保障することを目的とし、その最低限度の生活を営むに必要な生活費を、各人の性別・年齢別・世帯構成別・所在地域別等の事情を考慮して、生活保護基準額として定め、生活保護基準額に満たない収入しかない者に対しては、公的扶助としてその不足分を与えることを定めている。同法の目的及び趣旨からすると、生活保護基準額に満たない収入しかない親は、たとえ自己の未成熟子に対してであっても、扶養すべき義務がなく、したがって、未成熟子を現に監護養育している他方の親が、未成熟子の養育費を全額負担しなければならなくなったために生活保護基準に基づく最低生活を維持できなくなったときは、生活保護法に基づく公的扶助を受けるしかないものと解さざるを得ない」としたもの（大阪家審昭57・5・29家月35・10・85）があります。

3　強制執行の可否

　仮に、生活保護利用者に婚姻費用や養育費の支払義務を認めたとしても、生活保護利用者は、通常、財産を所有していませんし、生活保護費は差押禁止債権とされていますので（生保58）、強制執行をすることはできません。

　また、生活保護費が預金口座に振り込まれて預金債権になっていても、当該預金原資のほとんどが生活保護費であることが明らかな場合は、同様に強制執行は許されないと解されます（詳しくは、後掲Ｑ59を参照してください。）。

19　生活保護を利用すると親権者に指定されにくくなるか

Q　夫との離婚を考え、子どもを連れて別居しているのですが、子どもの親権をめぐって夫との間で争いがあります。生活が苦しいので生活保護を利用しようと考えているのですが、生活保護を利用すると親権者に指定されにくくなるのでしょうか。

A　父母の一方が生活保護利用者であるという事情は、父母の経済力という意味で判断の一要素になることはありますが、生活保護を利用しているというだけで親権者に指定されにくくなるということはありません。

解　説

1　親権者指定の判断基準

　親権者指定審判（民819⑤、家事手続別表2⑧）を行う際の判断基準について、法は何ら規定しておらず、子の利益・福祉の観点から裁判官の裁量によって親権者が指定されることになります。

　具体的には、父母の側の事情（性格、監護意欲と能力、子に対する愛情の程度、経済力、生活環境、親族等の援助の可能性など）と、子の側の事情（子自身の意向、年齢、性別、心身の状況、兄弟姉妹関係、現状における適応状況、新しい環境への順応性など）を総合的に考慮して、子の利益・福祉の観点から、父母のいずれが親権者として適格かが判断されることになります。

　なお、親権者の指定に当たっては、現実に形成された親子の心理的な結び付きが重視され、子に対する遺棄や放置などの特段の事情の無

い限り、現実に子を監護養育している者が優先される傾向にあります（神戸家審昭37・10・9判タ145・81、大阪家審昭47・9・7家月25・9・91、東京高判昭56・5・26判時1009・67など）。

　また、子が低年齢の場合には、母親の愛情と監護が重要であるとの考慮から、母親が優先される傾向にあります（静岡家沼津支審昭40・10・7判タ198・199、札幌高決昭40・11・27判タ204・195、東京高判昭56・4・27判タ447・127など）。

　また、親権者指定審判においては15歳以上の子については、その子の陳述を聴かなければならないものとされていますし（家事手続169②）、15歳未満であっても子の意思が尊重される傾向にあります（新潟家審昭42・10・25判タ232・243など）。

2　生活保護利用者であることの親権者指定審判への影響

　親権者の指定は、前記のとおり、子の利益・福祉の観点から、父母側の事情と子の側の事情を踏まえた総合的判断によって決せられるものです。したがって、父母の一方が生活保護利用者であるという事情は、父母の経済力という判断の一要素として考慮されることはあっても、生活保護を利用しているというだけで親権者に指定されにくくなるということはありません。

　審判例でも、「物質生活の豊さに優って親権者や同胞との間の強い情愛の絆と親権者に対する信頼感を基礎とする精神的に安定和合した家族環境こそ最も大事なものである」と述べて、生活保護利用者である母親より経済力で優る父親からの親権者変更申立てを棄却した例があります（鳥取家米子支審昭43・9・17判タ239・306）。

20　生活保護を利用している元配偶者に養育費の減額を請求できるか

Q　私は、離婚後、子どもらの養育費を毎月支払っています。一方、元妻は、現在、生活保護を利用して生活しています。このような場合、生活保護を利用している元妻に対し、養育費の減額を請求することはできるのでしょうか。

A　生活保護を利用していることのみを理由に養育費の減額を請求することはできません。

　　もっとも、養育費に関する合意時に予想ないし前提とされ得なかった事情の変更が生じた場合には、いわゆる事情変更の原則によって養育費の減額が認められる場合があります。

解　説

1　生活保護と扶養義務の関係

　養育費の支払義務は、親の子に対する扶養義務（民877①）の履行としての性格を有しています。

　そして、生活保護法4条2項は、「民法に定める扶養義務者の扶養及び他の法律に定める扶助は、すべてこの法律による保護に優先して行われるものとする」と規定しています。

　したがって、養育費の支払は、生活保護の利用よりも優先されますので、要扶養者が生活保護を利用していることを理由に、養育費の減額を請求することはできません。

2　事情変更の原則

　要扶養者が生活保護を利用していることとは別個の問題として、養

育費に関する合意時に予測ないし前提とされ得なかった事情の変更が
生じた場合には、事情変更の原則、あるいは民法880条の適用ないし類
推適用により、養育費の減額が認められることがあります。

　例えば、養育費に関する合意時と比べて、養育費支払義務者の収入
が著しく減少した場合や、養育費支払義務者に新たな家庭ができ、再
婚後の家庭の生活費を確保せねばならない等、生活状況が大きく変化
したことが明らかであるような場合には、養育費の減額が認められる
ことがあります（東京家審平2・3・6家月42・9・51、山口家審平4・12・
16家月46・4・60等参照）。

21　協議離婚により資産の全てを財産分与した者は生活保護を利用することはできるか

　妻と離婚した際、それまで夫婦で居住していた家屋等の資産を全て妻に財産分与しました。その場合、生活保護を利用することはできるでしょうか。

　生活保護の申請時に現に資産がない以上、生活保護を利用することは可能です。

解　説

1　問題の所在

　生活保護法4条1項は、生活困窮者が、利用し得る資産、能力その他あらゆるものを、その最低限度の生活の維持のために活用することを、生活保護利用の要件としています（保護の補足性）。

　そこで、協議離婚に際して、全ての資産を財産分与した者は、資産の活用の要件を欠くものとして、生活保護を利用することができないのではないかという点が、ここでの問題です。

2　財産分与と資産の活用

　協議離婚に伴い資産の全てを財産分与した場合であっても、現に資産を保有していない以上、生活保護の申請時に「利用し得る資産」はありません。

　そして、生活保護法は無差別平等の原理を定めていますから（生保2）、現に利用し得る資産がない以上、生活保護の要件に欠けることはなく、生活保護を利用することは可能と考えるべきでしょう。

　なお、実施機関によっては、生活保護利用前に財産分与した資産を取り戻すよう指導・指示されることがあるかもしれません。しかし、生活保護利用前に財産分与を完了している以上、そのような指導・指示は違法ですから、従う必要はありません。

3　生活保護利用者が資産を全て財産分与した場合

　生活保護利用中の夫婦が協議離婚することになり、夫婦の一方が、もう一方に対して、保有を認められていた居住用家屋や家財道具等の資産を全て財産分与したという場合、生活保護法4条1項の資産の活用の要件を欠くものとして、生活保護が停止又は廃止されることになるのかという点が問題となります。

　この点、協議離婚に伴い資産の全てを財産分与したとしても、そのことが直ちに生活保護法4条1項の要件を欠くものとして生活保護の停止又は廃止に結び付くわけではありません。

　例えば、長期入院中であり当分社会復帰が望めない夫が、妻と協議離婚するに際し、妻が子を扶養することを条件として、妻子の生計を維持するために、それまで夫婦が居住していた家屋や家財道具等の資産を財産分与したような場合には、生活保護法4条1項の要件を欠くことにはならないと考えられます（問答集問10−21、別冊問答集396頁）。

　なお、前記問答集問10−21によれば、「離婚に伴う財産分与に当たって、法第4条第1項の要件を欠くところがあると判断される場合には、直ちに保護の停止又は廃止をすることはできないので、甲に対して乙から相応の分与を受ける（事実上取り戻すことになる）ように積極的に指導すべきであり、〔実施機関から、被保護者に対し、当該財産を取り戻すよう指示・指導がなされたにもかかわらず、〕これに甲が誠意を示さない場合には法第62条第3項の規定に基づき保護の停止を行わざるを得ないこともなかにはあろう」とされていますが、生活保護利用

者が、保有を認められていた資産を財産分与したことをもって、「法第
4条第1項の要件を欠くところがあると判断される」ことは、ほとん
どあり得ないと思われます。

4　偽装離婚の場合

　以上に対して、当該離婚が、生活保護費を不正に受給する目的で偽
装離婚したものと明らかに認められる場合には、離婚前と生活実態が
変わらないものとして取り扱われることに加え、詐欺罪（刑246）や、生
活保護法85条に基づく罰則の対象となり得ることになります（問答集
問10−21、別冊問答集396頁）。

22　生活保護利用中に離婚しても、引き続き生活保護を利用できるか

　　　　現在、世帯で生活保護を利用していますが、妻が未成年の子どもを引き取り、離婚することになりました。私の月収が約16万円、妻は無職で、離婚後には私が妻に養育費として月2万円を払う約束をしています。離婚してから双方とも生活保護を利用できるでしょうか。

　　　　無職の元妻と未成年子の「世帯」は、あなた（元夫）から養育費を得たとしても生活保護が認められる状況にあると判断されます。

　しかし、あなたの方の「世帯」は、単身世帯としては最低生活費を上回る収入があるため、生活保護は受けられません。

解　説

1　問題の所在

　生活保護法10条は、「保護は、世帯を単位としてその要否及び程度を定めるものとする。但し、これによりがたいときは、個人を単位として定めることができる」と規定しています（世帯単位の原則）。

　そこで、夫婦が離婚して世帯を別にした場合、各世帯についてそれぞれ生活保護の要件を充たすか否かという点が、ここでの問題です。

2　世帯別の要否判断

　本問の場合、離婚の後、無職の元妻と未成年子が同一世帯で生活することになります。この世帯の収入としては、元夫の養育費月額2万円が認定されることになりますが、養育費の額が元妻と未成年子の世

帯の最低生活費を上回ることはあり得ません。

　したがって、元妻と未成年子の世帯は、生活保護を利用することができます。

　一方、元夫は単身世帯となりますが、月収が約16万円あり、単身世帯としての最低生活費を上回る収入があるため、生活保護を利用できないことになります。

3　養育費が支払えなくなった場合

　本問で、もし元夫が後日、収入が12万円に減少してしまい、養育費月額2万円を払うと最低生活費を割り込むことになった場合は、どうなるでしょうか。

　養育費（民766①・877①）の支払は、親の子に対する扶養義務の履行としての性格を有しており、親の未成熟子に対する扶養義務は扶養義務者が自己の生活を切り下げても要扶養者の生活を自己の生活として保持する義務（生活保持義務）であるとされています。

　ただし、生活保持義務の内容について、近時は、扶養義務者が自己の健康で文化的な最低限度の生活を維持した上で、なお経済的余力がある場合に、その限度で、要扶養者の生活を保持すれば足りるという見解が有力となっています。

　このような見地から、仮に約定の養育費を支払えば最低生活費を下回る収入しかなくなってしまうような場合には、元夫は約定の養育費の支払をする必要はないと解するべきです。また、元妻の世帯にとっては、養育費支払が減額されれば、収入認定されるべき収入が減少するのですから生活保護費が増額されることになります（関連して前掲Q18を参照してください。）。

23　離婚後の当座の生活のために生活保護を利用できるか

　　夫と離婚して未成年の子どもを養育することになりました。 私は無職だったため、これから就労先を探さねばなりません。 夫婦財産がほとんどなく、離婚解決金を30万円だけもらえましたが、新居への引っ越しで全部なくなりました。

この場合、就労先から給料がもらえるようになるまで、生活保護を利用することはできるでしょうか。

A　　生活保護は、「世帯」を単位としてその要否及び程度が定められるところ、離婚後の世帯では無資力なのであれば、生活保護が利用できます。

解　説

1　問題の所在

生活保護法10条は、「保護は、世帯を単位としてその要否及び程度を定めるものとする。但し、これによりがたいときは、個人を単位として定めることができる」と規定しています（世帯単位の原則）。

そこで、夫婦が離婚して世帯を別にしたことで無資力者のみの世帯となった者について、生活保護の要件を充たすか否かという点が、ここでの問題です。

2　世帯別の要否判断

本問の場合、無職のまま離婚した者の世帯には収入がなく、資産もないことから、生活保護を利用することができます。

　なお、就労先を得て勤労収入を得るようになっても、収入を一定の算定手続により「収入認定」した結果、認定された収入が世帯の最低生活費に満たなければ、生活保護はその不足分を支給する形で継続されます。

24　離婚後も元配偶者との同居を余儀なくされている場合、別居するために生活保護を利用できるか

Q　夫と離婚したのですが、夫婦財産では新居に引っ越すお金がなかったため、まだ同居を続けざるを得ません。この場合、私は生活保護を申請して、引越費用と生活費の支給を受けることができるでしょうか。

A　離婚手続後も同居を継続して家計が同一である場合には、同一の世帯と判断され、元夫と元妻の収入の合計が世帯の最低生活費を超えるときには生活保護は利用できません。

　しかし、元夫と元妻が条件さえ整えばいつでも別居するつもりで家計を別にしているという場合には、別世帯と認定されますから、元妻は生活保護を申請し、引越費用と生活費の支給を受けることができます。

解　説

1　問題の所在

　生活保護法10条は、「保護は、世帯を単位としてその要否及び程度を定めるものとする」と規定しています（世帯単位の原則）。

　そこで、夫婦が離婚したが事情により同居を継続している場合、元夫婦が同一の「世帯」となるのか、それとも別々の「世帯」となるのかがここでの問題です。

2　世帯の認定について

　世帯の認定について、「生活保護法による保護の実施要領について」

には、「同一の住居に居住し、生計を一にしている者は、原則として、同一世帯員として認定すること」と規定されています（次官通知第1、保護手帳228頁）。

　そこで、離婚手続をとったとはいえ、未だに同居を解消していない元夫婦の場合には、元夫婦で同一世帯と判断されるのではないかという点が問題となります。

　この点、生活保護制度における「世帯」の概念は、主として「生計の同一性」に着目したものであり、居住が同一か否かは、生計の同一性を判断するための目安にすぎません（問答集第1、別冊問答集27頁）。

　したがって、元夫婦が、法律婚を解消した後も生計を同一にしていくということであれば、両名は同一世帯と認定されることになりますが、条件さえ整えばいつでも別居するつもりで家計も別にしているという場合には、別世帯と認定されることになります。

　ただ、実際問題として、まだ元夫と同居中であるとすると、家賃や水道光熱費の負担などで完全に「家計が別」であることを立証するのは困難であると思われます。そのため、実家や友人宅などへ一旦身を寄せた上で、そこを現在地として生活保護を申請するのがスムーズでしょう。

3　転居費用について

　「生活保護法による保護の実施要領の取扱いについて」によれば、「離婚（事実婚の解消を含む。）により新たに住居を必要とする場合」には敷金等の転居費用が支給されるものとされています（課長通知第7問30答15、保護手帳344頁）。

　したがって、本問の元妻が夫と別世帯であると認定される場合には、転居費用の支給を受けて引っ越しをすることができます。

第5章 子どもと生活保護

25　婚外子を妊娠していると、生活保護を利用することができないのか

1　私は独身ですが、ある男性の子を身ごもっています。知人から、法律上の結婚によらずに、子どもを妊娠した場合は、生活保護の利用ができないという話を聞きましたが、その男性からの援助は期待できそうもありません。私にはほかに援助してくれる人がおらず、子どもが生まれると当面は働くことができません。生活保護を利用することはできないのでしょうか。

2　また、現在既に生活保護を利用している場合、結婚していないのに妊娠すると、生活保護が廃止されてしまうのでしょうか。

婚外子を妊娠していることは、生活保護を利用するための妨げには全くなりません。

むしろ、妊産婦加算により、保護費の額が増えます。また、出産費も支給されます。

解　説

1　無差別平等の原理

生活保護法は、無差別平等の原理を定め（生保2）、保護を要する状態に立ち至った原因の如何を問わず、現に困窮してさえいれば生活保

護を適用すべきこととしています。

　したがって、婚外子を妊娠していても、もちろん生活保護を利用できます。また、当然のことながら、現に生活保護を利用している人が婚外子を妊娠しても、そのために生活保護が打ち切られるということはありません。

2　妊産婦加算

　婚外子を妊娠した場合も、法律上の結婚をして妊娠した場合と同じく、妊産婦加算が受けられますので、むしろ保護費の額が増えます。例えば、1級地及び2級地の場合、妊娠6か月未満の妊婦については9,130円、妊娠6か月以上の妊婦については1万3,790円、産婦については8,480円加算されます（生活保護基準別表第1第2章・1（1）、保護手帳294頁）。

3　出産費

　また、出産費も支給されます（生活保護基準別表第6、保護手帳349頁）。詳しくは、後掲Q26を参照してください。

4　行政による不当な私生活への干渉

　ところで、京都府宇治市のケースワーカーが、生活保護を申請した母子世帯の女性に対し、異性と生活することを禁止したり、妊娠出産した場合は生活保護に頼らないことを誓わせたりする誓約書に署名させていて、問題になったことがあります。

　このケースワーカーは、生活保護の申請者に対し、「妊娠・出産した場合は、生活保護を打ち切る」「母子世帯には異性と生活することを禁じる」などと記載された誓約書に署名させていたそうです。もちろん、このような私生活への干渉は、許されるものではありません。

第5章

26　生活保護利用者に出産費用・中絶費用は支給されるか

私は、生活保護を利用中に妊娠しました。出産費用は支給されますか。

また、人工妊娠中絶をする場合、中絶費用は支給されるのでしょうか。

出産費用は支給されます。

また、人工妊娠中絶をする場合も、医療扶助として、中絶費用が支給されます。

解　説

1　出産費の支給とその基準額

「出産」は疾病ではないので、生活保護利用者が出産する場合、医療扶助ではなく出産扶助として、出産費が支給されます（生保11①六）。出産扶助の内容は、①分べんの介助、②分べん前及び分べん後の処置、③脱脂綿、ガーゼその他の衛生材料です（生保16）。

出産費の基準額として、31万1,000円以内の額が支給されるとされています（生活保護基準別表第6・1、保護手帳349頁）。

ただし、「他法他施策」を優先させる（生保4②）ことから、まずは児童福祉法36条による「助産施設」（保健上必要があるにもかかわらず、経済的理由により、入院助産を受けることができない妊産婦を入所させて、助産を受けさせることを目的とする施設）を利用することとなります。生活保護利用者が助産施設において分べんする場合、自己負担はありません。分娩費などは助産制度で支給されますが、「衛生材料費」と「文書料」（出生証明書）は、助産制度では支給されませんの

で、出産扶助が適用されます。

2　入院に伴う加算

　病院、助産所など施設において出産する場合、通常、入院することになりますが、入院（8日以内の実入院日数）に要する必要最小限度の額が、基準額に加算されます（課長通知第7問46答、保護手帳350頁）。ここでいう「必要最小限度の額」というのは、医療扶助において認められる入院に係る費用（入院基本料等）について8日以内の実入院日数に基づき算定した額の範囲内の必要最小限度の額とされています。

3　衛生材料費加算

　衛生材料費を必要とする場合は、6,000円（令和6年4月1日以降は6,100円）の範囲内の額が加算されます（生活保護基準別表第6・3、保護手帳350頁）。衛生材料費とは、例えば、ガーゼや脱脂綿や包帯などといった衛生材料にかかる費用のことをいいます。

4　出産予定日の急変などの場合

　出産予定日が急に変わって、予定していた病院で出産するいとまがない場合、予定していた病院が満床で利用できなくなってしまった場合、予約していた医師や助産師の都合で他の病院で出産せざるを得なくなった場合、怪我や病気で入院している間に出産した場合などのように、真にやむを得ない事情により、出産に要する費用が基準額（前記のとおり、31万1,000円以内（生活保護基準別表第6・1、保護手帳349頁））では足りないことになった場合には、36万1,000円の範囲内で必要な額が認定されます（局長通知第7・7（1）、課長通知第7問47答、保護手帳350・351頁）。

5　双子の出産の場合

　双子の出産の場合には、出産費は、基準額の2倍の額の範囲内で認定されます（局長通知第7・7（2）、保護手帳350頁）。

6　異常分べんの場合

　異常分べんの場合については、医療扶助が適用されることがあります。例えば、異常分べんという見込みで入院し、実際に異常分べんであった場合、異常分べんに伴う入院料や医師が行った処置、手術等については、全て医療扶助が適用されます（問答集問7−127、別冊問答集267頁）。

7　人工妊娠中絶

　人工妊娠中絶をする場合、通常は、医療扶助によって中絶費用が支給されています。ただ、妊娠4か月以上の場合の人工妊娠中絶においては、正常分べんの場合と同様に、助産師による分べん介助などの世話が行われる場合があり、その場合には、必要な範囲内において出産扶助が適用されます（問答集問7−128、別冊問答集271頁）。

27　子どもを高校に就学させる場合、教育費は支給されるか

Q　私の世帯は、生活保護を利用しています。娘が高校に進学したいと言っています。私も、娘の将来のため、高校に進学させてやりたいと思っています。娘を高校に進学させるための費用は支給されるのでしょうか。

A　高校に就学し卒業することが世帯の自立助長に効果的と認められる場合については、就学しながら、保護を受けることができます。この場合、生業扶助として、高等学校等就学費が支給されます。

解　説

1　高等学校等就学費

　現行法上、「教育扶助」は義務教育に伴う経費を支給するものと定められているため（生保13）、小学校・中学校については教育扶助が支給されますが、高校に就学する経費は教育扶助の対象となりません。

　しかし、一般世帯における高校進学率が97.3%（平成15年度）に達し、2004（平成16）年の福岡市学資保険訴訟最高裁判決においても、「近時においては、ほとんどの者が高等学校に進学する状況であり、高等学校に進学することが自立のために有用であるとも考えられる」（最判平16・3・16判時1854・25）との判断が示されたことを受けて、「生業扶助」（生保17）の「技能修得費」の一環として、高等学校等就学費が支給されることとなりました（問答集第7・5（3）、別冊問答集278頁）。すなわち、高等学校等就学費は、高等学校等に就学し卒業することが世帯の自立助長に効果的であると認められる場合について、支給されま

すが（局長通知第7・8（2）イ（ア）、保護手帳358頁）、現在の日本の社会状況に鑑みれば、通常は、「世帯の自立助長に効果的である」という条件を満たすと考えてよいでしょう。

　ただし、その額は、公立高校相当額分に限られます。そのため、よりお金のかかる私立高校に進学する場合は、別途、不足分をどう補うかを考えなければなりません。なお、私立高校に進学する場合の授業料と入学金については、次のとおりとされています。

（1）　授業料

　就学支援金（国の制度）により最大で年間39万6,000円（所得に応じて支給額が変わります。）が補助されます。これを上回る部分が自己負担となりますが、保護者の負担を軽減する制度が自治体によって設けられている場合があります。大阪府では授業料支援補助金が上乗せされるため、就学支援金・授業料支援補助金を合わせて年間63万円を上限に補助金が交付されます。さらに、大阪府内の対象校の場合、63万円を超える授業料については、年収目安800万円未満の世帯については学校が負担することになり、当該世帯の保護者等の負担はありません。

（2）　入学金

　残念ながら入学金については、補助制度はあまりありません。奨学金や母子福祉資金などで貸付けを受ける必要があります。

2　高等学校等就学費の給付対象となる学校

　高等学校等就学費の給付対象となる学校は、次のとおりです（局長通知第1・3、保護手帳233頁）。

①　高等学校（全日制・定時制・通信制）

②　中等教育学校の後期課程

③　高等専門学校

④　特別支援学校の高等部（別科を除きます。）

⑤　高等学校等での就学に準ずるものと認められる専修学校及び各種学校（外国人学校も含みます。）

　ただし、⑤については、修業年限が3年以上で、かつ普通教育科目を含む就業時数がおおむね年800時間以上である教育課程に就学する場合に限られます（課長通知第1問7答、保護手帳233頁）。

3　高等学校等就学費の内容

　高等学校等就学費としては、次のものが支給されます（生活保護基準別表第7・1、保護手帳352頁）。

①　基本額（学用品費や通学用品費など）：月額5,300円

②　教材代：正規の授業で使用する教材の購入に必要な額（実費支給）

③　授業料：都道府県立の高等学校における授業料以内の額

④　入学料：都道府県立の高等学校における入学料以内の額

⑤　入学考査料：3万円以内

⑥　通学のための交通費：通学に必要な最小限度の額

⑦　学習支援費（年間上限額）：8万4,600円以内

4　修学旅行費

　修学旅行費については、残念ながら、給付対象とはされていません。修学旅行費については、生活福祉資金等による貸付金や、修学旅行のために充てることを目的とした親戚等からの恵与金、若しくは高校生本人のアルバイト収入等によって賄うとされています（問答集問7－147、別冊問答集283頁）。しかし、そのような手段がとれない場合も多く、各自治体が実施している就学援助制度も高校生は対象外なので、問題があります。

5　中学校を卒業して年月が経過している場合

　なお、中学校を卒業して数年以上経過しているような場合においては、働いて収入を得るべき状況にあることが多いため、通常は、高等学校等就学費の給付対象にはなりません。ただし、やむを得ない事情によって現に就労していない場合等において、ただちに仕事に就くよりも高等学校等へ就学することが確実に世帯の自立助長に資すると見込まれる場合は、高等学校等就学費の給付が認められることがあります（問答集問7−154、別冊問答集288頁）。

　このように、前記問答集は中学校を卒業して数年以上経過しているような場合に高等学校等就学費の給付が認められるための要件を厳格にしていますが、中卒資格では就労の範囲が限定されるので、貧困の連鎖防止の観点から柔軟な取扱いが求められます。

28 高校生のアルバイト収入を授業料や大学進学費用に充てられるか

 1 私の世帯は生活保護を利用していますが、娘が高校に進学したいと言っています。しかし、私立なので授業料などが高く、保護費だけでは支払うことができません。

娘は、頑張ってアルバイトをして、その収入で授業料の不足額を支払うと言っていますが、これは認められるのでしょうか。また、将来、大学等への進学をめざしたとき、アルバイトや奨学金の収入を学習塾代や受験料等に充てることはできるでしょうか。

2 私の世帯は生活保護を利用していますが、高校生の娘がクラブ活動費の足しにしていたアルバイト収入を申告していませんでした。そのことが発覚し、不正受給であるとして、返還を求められています。返さなければならないのでしょうか。

A 高校就学中のアルバイトや奨学金の収入は、私立高校における授業料の不足分や公立・私立高校の修学旅行費又はクラブ活動費に充てられる費用については、就学のために必要な費用として、収入認定しません。したがって、アルバイト収入で授業料の不足額を支払うことができますし、修学旅行費を積み立てることもできます。学習塾費等、受験料、入学金、前期授業料といった大学等への進学のための経費についても、順次、収入認定除外が認められるようになってきています。

ただし、高校就学中のアルバイト収入も申告する必要がありますので、必ず申告してください。申告をしないで後で発覚すると、

申告漏れに故意性がある場合には、全額返さなければいけません
が、故意性がない場合には、返還免除が比較的柔軟に認められま
す。

解　説

1　問題の所在

　高校へ就学するための費用は、生業扶助として、公立高校相当額分
だけ支給されますので、私立高校へ進学する場合、授業料が足りなく
なることがあります。修学旅行費やクラブ活動費などは、公立・私立
を問わず足りなくなることがあります。また、現在、生活保護を利用
しながら大学等に就学することは認められていませんので（後掲Q29
参照）、大学等に進学するための塾代や受験料も当然支給されません。
それを補おうとして高校生の子が頑張ってアルバイトをしたり、奨学
金を借りたりして得たお金が、もしそのまま収入として認定され、そ
の分だけ保護費を減らされてしまうと、結局、不足分を補えなくなっ
て困ってしまいます。

　しかし、アルバイト代や奨学金を以下の費用に充てる場合には、収
入認定から除外することとされています。近時は、学習塾費、受験料、
入学料、前期授業料など大学等への進学のために必要な費用について
の収入認定除外が順次認められてきています。

2　高等学校等に就学している者の収入を収入認定除外できる場合

（1）　高等学校等就学費の支給対象とならない又は賄いきれない経費

私立学校における授業料の不足分、修学旅行費、クラブ活動費（学

習支援費を活用しても不足する分)、学習塾費等がこれに当たります（次官通知第8・3(3)ク(ア)、課長通知第8問58、保護手帳381〜382頁)。

　学習塾費等の範囲は、学習塾等の入会金、授業料（家庭教師の月謝を含みます。)、講習会費、学習塾等で使用している教材費、模擬試験代、学習塾への交通費です（問答集問8−41−3、別冊問答集330頁)。

　給付型奨学金については「恵与金」として扱い、当該経費に充てた上でなお余剰金が生じた場合は、これを高等学校等就学費に充てることになっています（課長通知第8問60、保護手帳393頁)。

(2)　就労や早期の保護脱却に資する経費の収入認定除外

　就労や早期の保護脱却に資する経費とは、以下のとおりです（次官通知第8・3(3)ク(イ)、課長通知第8問58−2、保護手帳381〜383頁)。

① 　自動車運転免許等の就労に資する技能を修得する経費（技能修得費の給付対象となるものを除きます。)

② 　就労に資する資格を取得することが可能な専修学校、各種学校又は大学に就学するために必要な経費（事前に必要な受験料（交通費、宿泊費など受験に必要な費用を含みます。) 及び入学料や前期授業料等に限ります。)

③ 　就労や就学に伴う転居費用

④ 　国若しくは地方公共団体により行われる貸付資金又は国若しくは地方公共団体の委託事業として行われる貸付資金の償還金

⑤ 　就職活動に必要な費用

⑥ 　海外留学に必要な費用

　具体的な「自立更生計画」を保護の実施機関が事前承認しているとともに、本取扱いにより生じた金銭を別に管理すること及び定期的な報告を行うことが可能と認められることが必要とされています。具体的には、どのような費用を積み立てるのかを記した「自立更生計画書」を提出しておく必要があります。また、専用の口座を作り積み立てて

いかなければなりません。途中で他のことに使ってしまうと控除が取り消され、返還金が発生することになるので注意が必要です。なお、列記されている前記6つの目的の間なら、積み立てたお金の使途の変更も可能です。例えば、大学進学の費用として積立てを認められていたが、進学費用に使うのではなく、運転免許の取得費用にまわすということもできます。

（3）　具体例

高校就学中のアルバイト収入も、勤労収入の一種ですから、基礎控除や20歳未満控除も適用できます。

例えば、親子2人世帯で、高校生の子がアルバイトで3万円の収入を得ているとすると（親がそれを超える勤労収入を得ていて、1級地の場合）、基礎控除が1万5,000円、20歳未満控除が1万1,600円ですから（次官通知第8・3（4）別表、保護手帳398・402頁）、残りの3,400円を私立高校における授業料の不足分や修学旅行費やクラブ活動費などに充てることになれば、収入認定は0円となり、保護費は減額されません。

3　申告は必要

以上の前提として、生活保護利用者は、世帯の収入について届出する義務があります（生保61）から、生活保護利用世帯の高校生にアルバイト収入が発生したときは、必ずケースワーカーに申告してください。生活保護利用世帯の高校生がアルバイト収入を申告せずに隠していた場合、生活保護法78条により保護費の返還を求められることがありますので、注意しなければなりません。

4　申告漏れの場合

（1）　生活保護法63条適用と78条（不正受給）適用の効果の違い

申告をしなくて、後で発覚した場合、不正受給による返還（生保78）

となるか、急迫の場合等に保護を受けた場合の返還（生保63）となるか、という問題があります。

　生活保護法78条が適用となった場合、収入を得るための必要経費を除いて全額が返還（費用徴収）の対象となるのに対し、生活保護法63条が適用となった場合は、返還免除が比較的柔軟に認められるため（問答集問13－5、別冊問答集399頁）、どちらの扱いとなるかは当事者にとって大きな利害があります。

（2）　生活保護法63条と生活保護法78条の区別の基準

　生活保護法63条と78条の区分についての一般論としては、「受給者に不当に受給しようとする意思がなかったことが立証される場合で届出又は申告をすみやかに行わなかったことについてやむを得ない理由が認められるとき」などには生活保護法63条によることが妥当であるとし、「届出又は申告について口頭又は文書による指示をしたにもかかわらずそれに応じなかったとき」や「届出又は申告の内容等の不審について説明等を求めたにもかかわらずこれに応じず、又は虚偽の説明を行ったようなとき」などには生活保護法78条によることが妥当であるとされています（問答集問13－1、別冊問答集427頁）。そして、就労収入の申告漏れについて、「世帯員が申告義務を承知していながら就労収入を故意に申告しなかったケースについて、世帯員の就労を世帯主が知らなかったことを理由に法第63条を適用することは、法第61条により被保護者に課せられている申告義務を曖昧にし、さらに不正受給を誘発するおそれがあるから不適切」とされています（「社会・援護局関係主管課長会議資料」平23・3・3厚生労働省社会・援護局保護課自立推進・指導監査室）。そうすると、収入申告漏れに「故意性」があったかどうかという点が重要な判断基準ということになります。

（3）　保護課長通知の問題性

　ところが、厚生労働省社会・援護局保護課長は、「生活保護費の費用

返還及び費用徴収決定の取扱いについて」(平24・7・23社援保発0723第1)
と題する通知において、「保護の実施機関が被保護世帯に対して行っ
た収入申告書の届出義務等に関する説明が不十分であり、又は説明を
行ったとしても、ケース記録等に記録せず、説明を行ったことを挙証
する資料がないなどの理由により、本来、法第78条を適用すべき事案
にもかかわらず、法第63条を適用しているという不適切な実態が一部
自治体にあることが指摘されている」、「未成年である世帯員について
も、稼働年齢層であれば当然に保護の実施機関に対し申告の義務はあ
るので、申告を怠っていれば原則として法第78条の適用とすべきであ
る」という見解を明らかにしました。これを受け、高校生のアルバイ
ト収入の未申告について、一律に生活保護法78条を適用して全額返還
命令を出している実施機関が少なからず見受けられます。

　しかし、裁判例においても、「生活保護制度の悪用と評価できるよう
な悪質性」があって初めて法78条を適用すべきものとされていること
からしても(神戸地判平30・2・9(平28(行ウ)30))、高校生が収入申告
の必要性を認識できないまま、結果的にそのアルバイト収入の申告を
漏らしてしまった場合に、「不実の申請その他不正の手段」(生保78)と
いえるのかについては、大いに疑問があります。とりわけ、福祉事務
所から高校生のアルバイト収入も申告義務があるという説明がきちん
となされていなかった場合や、申告義務の説明だけがされて、上記2
で述べた収入認定しない取扱いなどについてきちんと説明されず、そ
のため申告しても保護費が減額されない場合が多いことを未成年者が
理解できていなかったような場合には、不正受給(生保78)だと決め付
けるべきではありません。前記課長通知は、「収入申告の義務につい
て説明を行う際、世帯主以外に稼働年齢層の世帯員(高校生等未成年
を含む)がいる世帯については、当該世帯員本人の自書による署名等
の記載を求めること」としており、こうした署名がなされていない場

合には説明が不十分であったことの根拠となり得るでしょう。

　実際、修学旅行費や大学受験料などに使った高校生のアルバイト料を「不正受給」とした処分は「原告にとって酷」であるとして取り消した横浜地裁平成27年3月11日判決（賃社1637・33）や、高校生に支給された給付型奨学金を収入認定した事案について、使途によっては収入認定除外される可能性があることを助言・調査する義務違反があるとして国家賠償を命じた福島地裁平成30年1月16日判決（賃社1708・35）などが相次ぎました。

　そのため、厚生労働省も、「提出された収入申告書と課税調査等の結果が相違している状況であっても、不正受給の意思の有無の確認に当たっては、世帯主及び世帯員の病状や…家庭環境等も考慮すること」と注意を促すに至っています（「『生活保護費の費用返還及び費用徴収決定の取扱いについて』の一部改正について」（平30・3・30社援保発0330第7））。

29　生活保護を利用しながら子どもを大学に通わせる ことは可能か

　母子家庭で収入が少なく、長年生活保護を利用して生活してきました。来年子どもが高校を卒業するのですが、なんとか大学に行かせたいと考えています。子どもも大学に行きたいと言っています。どうにかならないでしょうか。

　子どもが大学等に進学すると、生活保護の利用からはずされてしまいます。しかし、様々な制度を利用して大学に進学することは可能です。

解　説

1　現在の運用

　高等学校については、生業扶助として、授業料、交通費、学用品費が給付されるようになりました。しかし、大学については、生活保護を利用しながら進学すること（「世帯内就学」といいます。）は、現在の運用上認められていません。これは、大学・短大に限らず、専門学校についても同様です。大学・短大・専門学校等への進学率（2022年3月末）は、一般世帯（過年度卒を含みます。）では83％に達しているのに対し、生活保護利用世帯では上昇傾向とはいえ42％と一般世帯の約半分にとどまっています。大卒者と高卒者では顕著な賃金格差が生じていることからしても、貧困の再生産を阻止するために、生活保護を利用しながら大学等での就学を可能とするように運用の改善がなされるべきです。

　なお、独立行政法人高齢・障害・求職者雇用支援機構や都道府県等

が実施している公共職業訓練については、生活保護を利用しながら就労に向けて技術等を身に付けるために職業訓練校に通うことができます。このような職業訓練校の多くでは授業料は無償であり、教材費等の実費を負担するのみで通うことができます。

2　世帯分離と進学・就職準備給付金

　現在、生活保護世帯の子が大学や専門学校に進学すると、生活保護を利用している親の世帯から、進学する子を切り離す「世帯分離」がされます。現実に別居する必要はありませんが、進学する子の分の生活扶助は減額され、その子は医療扶助の利用もできなくなります。なお、従前は住宅扶助費も減額されていましたが、今は、現に同居している限り、住宅扶助費は維持されます。

　ただし、平成30年6月からは、生活保護世帯から大学・短大・専門学校等に進学する子どもに対して、転居する場合には30万円、現在の自宅から通学する場合には10万円の「進学準備給付金」が支給されるようになりました（生保55の5）。なお、令和6年4月、同年以降に卒業する高校生については、就職する場合にも同様の給付金が支給される法改正がなされました（進学・就職準備給付金）。

3　奨学金の利用

　その上で子については、各大学が用意している入学金・授業料の減免措置、独立行政法人日本学生支援機構をはじめとする各種奨学金制度の利用、アルバイトをして生活費や就学に必要な費用を得ることになります。

　かつて、日本学生支援機構の奨学金は、全て貸与型奨学金で、全体の約70%が有利子の「第2種」となっており、延滞すると年10%もの延滞金が発生するなど、利用者にとっての負担の大きさが社会問題と

なりました。

　こうした批判を受けて、国は、令和４年度から住民税非課税世帯等の低所得世帯を対象とし、給付型奨学金や授業料・入学金の免除又は減額を内容とする「高等教育の就学支援新制度」を創設しました。令和６年度からは、３人以上の多子世帯や私立理工農系学部に通う学生等の中間層へ支援を拡大していますので、文部科学省HP等で最新情報をご確認ください。

4　教育支援資金の貸付制度

　都道府県社会福祉協議会による教育支援資金の貸付制度を利用することもできます。当該貸付制度では授業料だけではなく、一定の限度はありますが入学金に充てるための一時金の貸付制度も用意しています。

　これらの貸付制度を生活保護利用中に利用した場合でも、生活保護実施機関の事前の承認を得た上で借入れをし、実際に就学資金として利用する場合には、収入として認定しない扱いとされています（局長通知第８・２（３）イ（ウ）、保護手帳386頁）。

　借入れ一般についての詳細は後掲Ｑ56を参照してください。

5　学資保険の利用

　18歳を満期とする学資保険は保有が認められていますので、これを大学や専門学校への入学のために使うことは可能です。ただし、18歳を超える年齢を満期とする学資保険の保有は認められませんので、注意が必要です（問答集問３−30、別冊問答集136頁）。

6　保護費をやり繰りして貯めた預貯金の利用

　最高裁判所が子の高校進学のための学資保険について、「生活保護

法の趣旨目的にかなった目的と態様で保護金品等を原資としてされた貯蓄等は、収入認定の対象とすべき資産には当たらないというべきである」（最判平16・3・16判時1854・25）と判断していますので、生活保護費を原資とする預貯金で子を大学に進学する目的で貯めていたものについても、これと同様に保有を認めるべきです。たとえ世帯分離をして、別世帯となった子のために預貯金を使用することになったとしても、生活保護法63条による返還や収入認定の対象とすべきではありません。

　そこで、次のいずれにも該当する場合、保護費のやり繰りによって生じた預貯金等は、その使用目的が生活保護の趣旨目的に反しないものとして、保有が認められます（課長通知第3問18－2答、保護手帳246頁）。

①　具体的な就労自立に関する本人の希望や意思が明らかであり、また生活態度等から卒業時の資格取得が見込めるなど特に自立助長に効果的であると認められること

②　就労に資する資格を取得することが可能な専修学校、各種学校又は大学に就学すること

③　当該預貯金等の使用目的が、高等学校卒業後、専修学校、各種学校又は大学に就学するために必要な経費（事前に必要な入学料等に限ります。）に充てるものであること

④　やり繰りで生じる預貯金等で対応する経費の内容や金額が、具体的かつ明確になっているものであって、原則として、やり繰りを行う前に保護の実施機関の承認を得ていること

　また、前記のうち、④の承認がない場合でも、当該預貯金等が以下の全てに該当する場合には、生活保護の趣旨目的に反するものではないとして、これを収入認定しないとされています（問答集問3－25－2、別冊問答集132頁）。

　㋐　保護開始時に保有していたものでないこと

　㋑　不正な手段（収入の未申告等）により蓄えられたものでないこと

　㋒　使用目的が前記③に該当することが客観的に証明されること

30　母子生活支援施設に入所していても生活保護を利用できるか

 　　　夫からの暴力がひどく、子どもとともに夫の元から避難して、母子生活支援施設で生活しています。アルバイトをしていますが、収入は少なく、生活保護の利用を考えています。これを施設の職員に話すと、生活保護を受けることはできないと言われました。母子生活支援施設に入所していると生活保護を利用することはできないのでしょうか。

A 　　　母子生活支援施設に入所しながら、生活保護を利用することはできます。

解　説

1　母子生活支援施設への入所

　母子生活支援施設で生活していることを理由として、生活保護の利用が認められないことはありません。要件が満たされれば生活保護を利用するに当たって何の問題もありません。

2　住民票は不要

　生活保護法は、実際の居住地と住民票上の住所地との一致を生活保護開始の要件とはしていません。そのため、生活保護を利用するに当たって、現に生活している場所である母子生活支援施設に住民票を移す必要はなく、住民票の記載から、生活している場所を夫等に知られることはありません。ただし、生活保護の申請をすると、福祉事務所から扶養義務者（夫）に対して、扶養照会が行われます（局長通知第5・

1、保護手帳265頁）。これによって、居住地が夫に判明するおそれがあります。そこで、ＤＶ被害を受け、そこから避難して生活保護を利用する場合には、必ずＤＶ被害を受けていることを福祉事務所に説明して、夫へ扶養照会がされないように交渉する必要があります（詳しくは、前掲Ｑ11を参照してください。）。

3　退所時

　母子生活支援施設を出て、アパート等を借りて住む場合には、「法令又は管理者の指示により社会福祉施設等から退所するに際し帰住する住居がない場合（当該退所が施設入所の目的を達したことによる場合に限る。）」（課長通知第７問30答５、保護手帳344頁）に該当しますので、必要な敷金や引っ越し代等の支給を受けることができます。

4　一部施設での実務上の取扱い

　しかしながら、現実には、一部の母子生活支援施設において、そこで生活する入所者に対して、生活保護を利用することができない旨の説明がされることがあります。また、一部の福祉事務所においても、母子生活支援施設を居住地とする生活保護の申請に対して却下する扱いをしているようです。

　しかし、他の要件を満たしているにもかかわらず、実質的に母子生活支援施設に入所していることのみを理由として、生活保護の申請を却下することは、明らかに違法です。

31　養育費の支払があった場合、生活保護費が減額されるのか

Q　離婚して、働きながら子どもと生活していましたが、収入が少なく生活保護の利用を考えています。離婚する時に元夫は月額３万円の養育費を支払う約束をし、元夫からは毎月養育費が支払われています。生活保護を申請する時には養育費の支払を受けていることを申告する必要があるのでしょうか。また、養育費が支払われていれば生活保護費は減額されてしまうのでしょうか。

A　養育費の支払がある場合、それを申告する必要があります。養育費の支払があれば収入として認定されて生活保護費が減額されることになりますが、養育費を一定の目的に使用する場合には、収入認定除外の対象となり、生活保護費は減額されません。

解　説

1　養育費が実際には支払われていない場合

　たとえ養育費の取決めをしていても、実際に支払がなされない限り、収入として認定されることはありません。そのため、生活保護費が減額されることはありません。

2　養育費の支払がある場合

　一方で養育費の支払が実際にあった場合には、将来にわたって収入認定がされることになります。その結果、支払われる生活保護費は減額されることになります。

　ただし、支払われた養育費を次の目的で支出する場合においては、収入認定除外することが認められています。そこで、支払われた養育費を何に幾ら使いたいかを記載した「自立更生計画書」を作成して、福祉事務所と交渉して、収入認定除外を求めることができます。なお、いずれについても、次のとおり上限額は必要な金額とされています（課長通知第8問40答（2）、保護手帳392頁）。

①　養育費が幼稚園等での就園に充てられる場合における、入園料及び保育料その他就園のために必要と認められる最小限度の額

②　養育費が義務教育就学に充てられる場合における、塾の費用、参考書・問題集の購入、通学用自転車、修学旅行費、クラブ活動で必要な費用など、就学に伴って社会通念上必要と認められる用途に充てられる最小限度の実費額

③　養育費が高等学校等での就学に充てられる場合における、授業料、学用品、修学旅行、クラブ活動、参考書、問題集、通学費用等、入学の支度及び就学のために必要と認められる最小限度の額で生業扶助として支給されない部分に限る。

　これらは、養育費の支払を受ける場合に限らず、勤労収入がある場合にも同様です。

　ただし、養育費の支払を受けていることを保護の実施機関に申告せずに養育費を費消した場合には、生活保護法63条に基づく生活保護費の返還や、同法78条に基づく徴収の対象となりますので、注意が必要です。

3　過去の養育費がまとまって支払われた場合

　養育費の支払が遡ってされたことで、まとまった支払がされた場合は、生活保護費の支給が停止されたり、廃止されたりすることがあります。具体的には、「当該世帯における臨時的な収入の増加、最低生活

費の減少等により、一時的に保護を必要としなくなった場合であって、以後において見込まれるその世帯の最低生活費及び収入の状況から判断して、おおむね6か月以内に再び保護を要する状態になることが予想されるとき」には停止され、「当該世帯における収入の臨時的な増加、最低生活費の臨時的な減少等により、以後おおむね6か月を超えて保護を要しない状態が継続すると認められるとき」には廃止されます。停止又は廃止される場合で、まとまった養育費の支払のあった日の属する月が、保護の停止又は廃止を決定した日の属する月の前々月以前であるときは、養育費の支払のあった日から前々月までの間にかかる保護の費用について、生活保護法63条又は同法78条の規定により費用を徴収されます（課長通知第10問12答、保護手帳428頁）。

32　生活保護を利用したら親権者を変更しなければならないか

　　　夫と離婚して、働きながら子どもを育てていましたが、職がなくなり、生活保護を利用するようになりました。

離婚後、養育費も支払わず、子どもと会ったこともない元夫ですが、私が生活保護を利用するようになったことをどこかで知ったのか、「生活保護を利用するなんて子どもがかわいそうだ。親権を渡せ。」と言ってきました。生活保護を利用すると子どもの親権を元夫に渡さなければならないのでしょうか。

　　　生活保護を利用していても子どもの親権者を変更する必要はありません。

解　説

1　親権者変更制度

　離婚の際には、未成年の子の親権者を両親の一方に定めることになります。その場合であっても、後から親権者を変更することができ、「子の利益のため必要があると認めるときは、家庭裁判所は、子の親族の請求によって、親権者を他の一方に変更することができる」と定められています（民819⑥）。ただし、親権者を変更するためには、両親の協議によるだけではなく、必ず家庭裁判所の調停、審判を経る必要があります（家事手続39・244・別表2⑧）。

2　親権者変更調停、審判における家庭裁判所の判断

　親権者変更の調停、審判において、家庭裁判所が重視するのは、そ

れまで継続して実際に監護してきたとの事実と、その監護の実態となります。当事者双方が同意している場合を除いて、それまで母子が一緒に暮らしていた生活状態があるのに、その生活状態を敢えて変更しなければならないだけの理由があるのかどうか、を家庭裁判所は親権者の変更の調停、審判において審理します。例えば、子が母親からの虐待を繰り返し受けていた場合などがそれに当たります。

　生活保護を利用しており、多少経済的に苦しかったとしても、その他に理由がなければ、それだけで親権者の変更が認められる可能性は低いと考えられます。本問のような場合、子の生活が経済的に苦しいのであれば、父親としては親権者の変更を求めるのではなく、まずは養育費を支払うべきです。

　なお、生活保護を利用している場合、継続的に安定した収入が得られていますので、親権者であり続けることにとって肯定的な評価を得られる可能性もあります。

第6章　生活保護利用中の資産保有

33　生活保護を利用すると生命保険は解約しなければ
ならないか

Q　医療費保障の特約の付いた生命保険を契約していま
す。生活保護を利用するに当たって、この生命保険は解
約しなければならないのでしょうか。

A　生活保護の利用に当たって、原則として生命保険契約
の保有は認められていません。しかし、貯蓄的性格を有
さない危険対策を目的とする保険で、解約返戻金、保険
料が一定以下であれば、保有することが認められています。

解　説

1　生活保護申請時

　生活保護の申請時に生命保険を契約している場合、当該生命保険に
解約返戻金が出るのであれば、原則として、解約して解約返戻金を生
活費等に支出した後でなければ生活保護の利用を認めない扱いとされ
ています。ただし、解約返戻金が少額であり、かつ、保険料額が当該
地域の一般世帯との均衡を失しない場合に限り、生活保護利用開始後
に保険金又は解約返戻金を受領した時点で生活保護法63条により返還
することを条件に、生活保護の利用を開始してもよいとされています
（課長通知第3問11答、保護手帳255頁）。

　ここでいう「解約返戻金が少額」であるかどうかの判断は、医療扶助を除く最低生活費のおおむね３か月程度以下が目安とされています。また、「保険料額の当該地域の一般世帯との均衡」の判断については、医療扶助を除く最低生活費の１割程度が目安とされています（問答集問３−24答（２）、別冊問答集129頁）。

　これは、保険は「万一の場合に備える」という保障的性格に意味があり、日常の生活費の不足を補うために保険を中途で解約することは、むしろ例外とされており、保険解約返戻金は「資産」とはいっても、払戻しを当然に予定している預貯金とはかなり性格を異にしているので、少額の解約返戻金まで活用を求めるのは社会通念上適当ではないと考えられること、また解約はかえって保護廃止後の世帯の自立更生に支障を生じるおそれがあること、が根拠となっています。したがって、危険対策を目的としない貯蓄的性格が強い養老保険等の保有は認められません（問答集問３−24答、別冊問答集129頁）。

　生活保護申請時には、解約返戻金や保険料の金額にかかわらず、全ての生命保険を解約するように指導されることが多いようですが、前記のとおり危険対策を目的とする保険で、解約返戻金や保険料の金額が一定金額以下であれば、保有が認められるとされているので簡単に諦める必要はありません。

2　生命保険金又は解約返戻金が支払われた場合

　生活保護申請時に生命保険契約の維持が認められたとしても、生活保護利用開始後に保険金又は解約返戻金が支払われた場合においては、生活保護申請時の解約返戻金の額に相当する金額は、生活保護法63条に基づく返還の対象となりますので、返還する必要があります。入院等により発生した保険金も同様に収入認定の対象となります。「保険金、その他の臨時的収入」については、受領のための必要経費

を除き、8,000円を超える額が収入として認定されます（次官通知第8・3（2）エ（イ）、保護手帳380頁）。しかし、臨時的に受ける保険金のうち「当該世帯の自立更生のために当てられる額」については、収入認定の除外対象とされ、保護費の減額はされませんので（次官通知第8・3（3）オ、保護手帳381頁）、「自立更生計画」を立てて交渉することが必要です。

3　解約返戻金の設定のない生命保険

なお、解約返戻金が設定されていない生命保険については、前記と異なり「資産」性が問題となる余地はありませんので、保険料が生活保護費から支払うことのできる妥当な金額であれば、生活保護申請時に解約しなければならないことにはなりません。また、解約返戻金が設定されていない生命保険から、生活保護利用開始後に保険金が支払われた場合、前記2で述べたことと同様です。

4　生活保護利用中の保険契約

生活保護利用中であっても、生活保護費をやり繰りして、生命保険を契約することは可能です。その場合の保険料は、生活保護申請前から生命保険を契約していた場合と同様に、医療扶助を除く最低生活費の1割程度が目安となります。また、当該生命保険契約に基づいて保険金、解約返戻金が支払われた場合、前記2で述べたことと同様です。

5　別世帯の者が契約者となっている生命保険

生活保護の利用を考えている世帯の者を被保険者として、別世帯の者が生命保険を契約している場合、これについて解約するように指導されることがありますが、当該生命保険は、別世帯の者の財産ですから、生活保護の利用開始に当たって、解約する必要はありません。

当該生命保険契約に基づいて、入院給付金や死亡保険金などが支払

われた場合、別世帯の者がそれら保険金の受取人であれば、生活保護の利用において、収入認定や生活保護費の返還の対象となることはありません。一方、生活保護利用世帯の者が当該保険金の受取人となっている場合には、支払われる入院給付金や死亡保険金は収入認定の対象となります。また、支払われる保険金の金額により、「一時的に保護を必要としなくなった場合であって、以後において見込まれるその世帯の最低生活費及び収入の状況から判断して、おおむね6か月以内に再び保護を要する状態になることが予想されるとき」には生活保護費の支給が停止され、「当該世帯における収入の臨時的な増加、最低生活費の臨時的な減少等により、以後おおむね6か月を超えて保護を要しない状態が継続すると認められるとき」には生活保護が廃止されます（課長通知第10問12答、保護手帳428頁）。

34　学資保険はどのように取り扱われるのか

　　将来子どもに必要な学費等のことを考えて、子どもが生まれたときから学資保険の保険料を支払ってきました。最近、仕事がなくなって収入がなくなったことから、生活保護の利用を考えています。生活保護を利用するためには、学資保険を解約しなければならないのでしょうか。

　　生活保護の利用に当たって、原則として学資保険契約の保有は認められていません。しかし、解約返戻金や保険料が一定以下の学資保険契約については、保有することが認められています。

解　説

1　最高裁判例

　生活保護利用者が支給される生活保護費を積み立てた学資保険の満期保険金について、福祉事務所が満期保険金の一部を収入として認定して行った生活保護費減額変更処分に対して、最高裁判所は、「生活保護法の趣旨目的にかなった目的と態様で保護金品等を原資としてされた貯蓄等は、収入認定の対象とすべき資産には当たらないというべきである。」として、福祉事務所が行った生活保護費減額変更処分の取消しを命じました（最判平16・3・16判時1854・25）。

2　実務上の運用

　これを受けて、厚生労働省は、それまで生活保護の開始時において保有することが認められていなかった学資保険について、次の3つを条件に保有を認めるよう実務上の取扱いを変更しました（課長通知第3

問19答、保護手帳255頁）。

① 満期金の受取時期が15歳満期又は18歳満期の学資保険であること

② 世帯内の子の就学に要する費用にあてることを目的としたものであること

③ 保護開始時における解約返戻金の金額が50万円以下であること

　これによって、学資保険契約を解約することなく、生活保護を利用することが可能となりました。生活保護利用開始後においては、生活保護費をやり繰りして保険料を支払うことになります。また、生活保護利用中に新たに学資保険を契約することもできます。

　学資保険は、子の学資にあてられることが客観的に推定されることを根拠として、保有が認められますので、18歳を超える時期を満期とする学資保険の保有は認められていません。これは、18歳未満の時期に一時金を受け取ることができる内容の学資保険であっても同様です（問答集問3－30、別冊問答集136頁）。

3　満期金が支払われた場合

　生活保護の利用以前から契約している学資保険の満期金が、生活保護利用開始後に支払われた場合、又は同様の学資保険を生活保護利用開始後に解約した場合においては、①生活保護利用開始時における解約返戻金見込額と、②満期金又は実際に支払われる解約返戻金額から生活保護利用開始時における解約返戻金見込額を控除した金額、に分けて考える必要があります。

　まず、①生活保護利用開始時における解約返戻金見込額については、生活保護法63条による返還対象となります。しかし、就学において必要な経費ではあるものの生業扶助費（高等学校の入学費、入学考査料、授業料、教材費、交通費、学用品費（生活保護基準別表第7・1、保護手帳352頁参照））として支給されない費用（修学旅行費、クラブ活動費、私

立高校における公立高校との授業料差額分など）に充てる場合については、返還する必要がありません。

　そして、②満期金又は実際に支払われる解約返戻金額から生活保護利用開始時における解約返戻金見込額を控除した金額については、収入認定の対象となり、生活保護費の減額の対象となります。しかし、これについても、使用目的が生活保護の趣旨目的に反しないのであれば、収入認定の除外対象として取り扱われる場合があります（課長通知第3問20答、次官通知第8・3（3）オ、保護手帳255・381頁）。

　どちらについても、返還対象又は収入認定から除外されるように、積極的に保護の実施機関と交渉すべきです。

35　現金や預貯金は全て使い切らないと生活保護を利用することはできないか

Q 仕事がなくなり、就職活動をしていますが、新しい仕事が見つかりません。今まで貯金を切り崩して生活してきましたが、残りが30万円ほどになってしまいました。先行きが不安なので、生活保護を利用しながら就職活動をして、新しい仕事が見つかれば生活保護の利用を止めたいと考えています。再就職した後のことを考えると、貯金を手元に残しておきたいのですが、使い切らないと生活保護を利用することはできないのでしょうか。

A 現在の運用では、最低生活費の1か月分を超える預貯金を保有していた場合には生活保護を利用することが認められません。最低生活費の半額から1か月分の預貯金がある場合には、その金額が収入認定され、その分生活保護費が減額されますが、生活保護を利用することができます。

解　説

1　生活保護申請時の取扱い

　最低生活の内容として所有を容認するのに適しない資産は原則として処分のうえ、最低生活の維持のために活用させること（次官通知第3、保護手帳242頁）とされています。そのため、現在の運用では、生活保護申請時に最低生活費の月額を上回る預貯金を保有している場合には、生活保護の利用開始は認められず、まず預貯金を使って生活するように求められます。また、生活保護申請時に最低生活費月額を下回る預貯金を保有している場合には、生活保護の利用開始自体は認められま

すが、預貯金のうち、最低生活費（生活・住宅扶助基準額）の半額を超える部分については収入として認定され、生活保護開始月の生活保護費が減額されます。一方で預貯金のうち、最低生活費の半額以下の部分については、収入認定されることはなく、生活保護の申請においては、存在しないものとして取り扱われます。

　これは、一般（低所得）世帯の家計消費実態において消費支出に占める家計上の繰越金の割合がおおむね5割程度であることから、保護利用世帯にも、その程度の預貯金保有を認めるというものです。

2　前記取扱いの問題点

　前記のように、生活保護利用開始時にわずかな預貯金しか認められないと、次の生活再建が困難となることからすると、生活保護利用開始時にも一定程度の預貯金の保有は認められるべきです。社会保障審議会に設置された生活保護制度の在り方に関する専門委員会も平成16年12月15日付けの報告書の中で、「例えば新破産法にかんがみ、最低生活費の3ヶ月分までは保有可能とすることも考えられる。」と指摘しているところですが、収入認定による保護の停廃止の場合の基準に準じて、せめて最低生活費の6か月分までは保有可能とすべきです。

36　万が一に備えて生活保護費を少しずつ蓄えてもよいか

Q　数年前から、万が一の出費に備えて、生活を切り詰めて毎月の生活保護費の中から少しずつ預金をしており、現在、保護費を積み立てた預金が20万円ほどあります。この預金はそのまま保有していても問題ないでしょうか。また、今後も引き続き保護費の中から少しずつ積立てを続けてもよいでしょうか。

A　生活保護費のやり繰りによって生じた預貯金については、当該預貯金の使用目的が、生活保護の趣旨目的に反しない限り保有することができます。したがって、万が一の出費に備えてこの預金をそのまま保有することは問題ありません。また、今後引き続き積立てを続けることも預金残高が高額になりすぎない限り問題ありません。

解　説

1　問題の所在

　生活保護は、「生活に困窮する者が、その利用し得る資産、能力その他あらゆるものを、その最低限度の生活の維持のために活用すること」を要件として行われるものとされています（生保4①）。また、生活保護は、「その者の金銭又は物品で満たすことのできない不足分を補う程度において行う」ものとされています（生保8①）。

　一般的な用語の問題として、預貯金が、生活保護法4条1項の「資産」、同法8条1項の「金銭又は物品」に含まれることについては争いのないところですが、その原資が生活保護費である場合にも同様に理

解してよいのかという点が、本問の問題点です。

2　生活保護費を原資とする預貯金の取扱いについて

（1）　裁判例

　この点が争われた裁判例として加藤訴訟（秋田地判平5・4・23判時1459・48）があります。事案は、慢性のリューマチと胃潰瘍により稼働できないため、生活保護（障害年金との併給）を受けていた原告が、妻も病弱であったことから将来の入院介護の費用に充てるため、生活保護費（及び障害年金）を切り詰めて少しずつ預貯金を行いその金額が81万円余になっていたところ、これを発見した保護の実施機関が将来の葬祭費用等に充てるべき45万円余を控除した27万円余について収入認定した上で、保護費を減額する保護変更処分などをしたことから、この保護変更処分の取消し等を求めたものです。

　原告の請求に対し裁判所は、「生活保護費のみ、あるいは、収入認定された収入と生活保護費のみが源資となった預貯金については、預貯金の目的が、健康で文化的な最低限度の生活の保障、自立更生という生活保護費の支給の目的ないし趣旨に反するようなものでないと認められ、かつ、国民一般の感情からして保有させることに違和感を覚える程度の高額な預貯金でない限りは、これを、収入認定せず、被保護者に保有させることが相当で、このような預貯金は法4条、8条でいう活用すべき資産、金銭等には該当しないというべきである。」とした上で、前記81万円余の預金について、「その目的も生活保護費を支給した目的に反するものとはいえず、また、その額も国民一般の感情からして違和感を覚えるほど高額のものでないことは明らか」であるなどとして、原告の請求を認め、保護の実施機関の行った保護費を減額する保護変更処分などを取り消す判断をしました（この判決は、被告が控訴せず一審で確定しています。）。

　また、直接には、学資保険の満期保険金の一部を収入認定したことの適否が争われた、中嶋学資保険訴訟（最判平16・3・16判時1854・25）において、最高裁判所は、「生活保護法の趣旨目的にかなった目的と態様で保護金品等を原資としてされた貯蓄等は、収入認定の対象とすべき資産には当たらない」と述べています。

（2）　厚生労働省の立場

　このような裁判所の判断の後、厚生労働省も、平成17年3月31日付の社会・援護局保護課長通知（社援保発0331001）により、「生活保護法による保護の実施要領の取扱いについて」（昭38・4・1社保34厚生省社会局保護課長通知）の一部を改正し、「第3問18答」を新たに設けて、生活保護費のやり繰りによって生じた預貯金について、「その使用目的が生活保護の趣旨目的に反しないと認められる場合については、活用すべき資産には当たらないものとして、保有を容認して差しつかえない。」との立場を明確にしました（課長通知第3問18答、保護手帳245頁）。

　もっとも、前記問答においては「保有の認められない物品の購入など使用目的が生活保護の趣旨目的に反すると認められる場合には、最低生活の維持のために活用すべき資産とみなさざるを得ない」とも述べていますので、福祉事務所から理由を尋ねられたときには、保護費を積み立てている理由をきちんと説明することが大切です。

　なお、福祉事務所によっては、保護費をやり繰りした預貯金であっても、一定の金額を超える場合には収入認定する扱いをしているようです。しかしそのような機械的な取扱いは、前記裁判例や課長通知の趣旨に反していますので、万が一そのような扱いを受けた場合には弁護士に相談するなどして対応すべきです。

37　障害基礎年金を受け取ることになると生活保護はどうなるのか

Q　生活保護を利用していますが、交通事故のため重い後遺障害を負い、障害基礎年金を受給することになりました。また、障害者手帳の交付も受ける予定です。利用している生活保護はどのようになるのでしょうか。

A　障害基礎年金の受給額が収入として認定され、その額だけ生活保護の支給額は減額されます。また、最低生活費の認定に当たり、障がいの程度に応じて、加算が受けられることも考えられます。

解　説

1　年金と収入認定

　障害基礎年金を受給した場合、生活保護の実施機関は年金を定期収入として認定し、年金の受給額の分だけ生活保護費が減額されることになります。

　年金を受給しているにもかかわらず、それを実施機関に申告しなかった場合は、「被保護者が、急迫の場合等において資力があるにもかかわらず、保護を受けた」として生活保護法63条に基づく返還請求を受けたり、場合によっては、不正受給として生活保護法78条に基づく徴収請求を受けたりすることがありますので、年金を受給することになった場合は速やかに申告するようにしてください。

2　障害者加算について

　障がいがある方は、障がいによって最低生活を営むのに健常者に比

べてより多くの費用を必要とすることになります。加算は、そのための特別の需要に着目して基準生活費を上積みする制度です（加算によってはじめて加算のない人と実質的に同じ水準の生活が保障されることになります。）。障がいの状況（程度）及び地域に応じて、最低生活費に加算がなされることになります。在宅者の場合の障害者加算の金額は次のとおりとなっています（生活保護基準別表第1第2章・2、保護手帳296頁）。

	㋐に該当する者	㋑に該当する者
1 級地	2万6,810円	1万7,870円
2 級地	2万4,940円	1万6,620円
3 級地	2万3,060円	1万5,380円

㋐　身体障害者福祉法施行規則別表第5号の障害等級表1級若しくは2級又は国民年金法施行令別表1級の障害該当者

㋑　前記障害等級表3級又は国民年金法施行令別表2級の障害該当者

38　インターネットでのライブ配信において「投げ銭」を受け取った場合

 Q　生活保護を利用していますが、時間があるときにインターネットのライブ配信をしており、ときどき視聴者から「投げ銭」を受け取ることがあります。受け取った「投げ銭」は、収入として福祉事務所に報告しなければならないのでしょうか。

A　「投げ銭」が現金又は現金と同様に使用できるものであれば、保護の実施機関に対し、届出をする必要があります。

解　説

1　「投げ銭」とは何か

　元来、「投げ銭」とは、路上において大道芸や音楽を演奏する者などに対し、観客が投げ与える金銭をいいますが、インターネット上における「投げ銭」は、インターネット上で配信している動画、音声等の情報に対し、その視聴者がオンラインで送金することです。運営サイトによって具体的なシステムが異なりますが、配信者が受け取った「投げ銭」は、現金又は現金と同様の交換価値を持つポイントとして使用することができます。

2　収入に当たるか

　「投げ銭」を現金ではなく、ポイントで受領していても、ポイントは「現金と同様に使用できるものは現金と同様に取り扱うもの」とされていますので（問答集問8－29－2、別冊問答集318頁）、社会通念上収入

として認定することを適当としないもののほかは、全て収入として認定されることとなります。

　そして、その収入が、就労に伴う収入のうち「農業以外の自営収入」（次官通知第８・３（１）ウ、保護手帳376頁）に当たる場合は、ネット接続料金、通信費等、ライブ配信のための費用は、必要経費として収入認定から除外してもらうことができ、必要経費を除いた金額に基礎控除額表が適用されます。また、「その他不安定な就労による収入」（次官通知第８・３（１）エ、保護手帳377頁）に当たる場合には、月額１万5,000円を超える額が収入として認定されます。

3　収入の届出

　よって、「投げ銭」であっても、現金又は現金と同様に使用できるポイントを受け取った場合は、保護の実施機関に対し、速やかに届け出なければなりません（生保61）。仮に、そのような届出をせず、保護費を受領した場合、いわゆる不正受給として、生活保護法78条に基づき、保護費の徴収を求められる場合があります。

39　商品購入時のポイントの付与

　　　　生活保護利用者です。スーパーマーケットやコンビニ
エンスストアで食材などを購入する場合、ポイントをも
らうことがあり、時折、たまったポイントで買い物をす
ることがあります。もらったポイントは、福祉事務所に報告しな
ければならないのでしょうか。

　　　　当該店舗や企業の割引やサービスの一環として付与さ
れるポイントについては、収入には認定されませんので、
保護の実施機関に対して届出をする必要はありません。

解　説

1　商品購入時に付与されるポイント

　スーパーマーケットやコンビニエンスストア等の販売店で商品を購
入する場合、購入金額に応じてポイントが付与されることがあります。
そのポイントは、その販売店のみならず、別の店舗での買い物の際に
現金と同様に商品の購入代金に充てることができます。

2　収入として認定されるのか

　商品の購入の際に付与されるポイントが、店舗や企業の割引やサー
ビスの一環としての性格を有するものであれば、収入には認定されま
せん（問答集問8−29−2、別冊問答集問318頁）。

　しかし、例えば、インターネットで買い物をした際に「抽選で○○
名に50000ポイントを進呈」などのような、一定の契約をする際の特典
として高額のポイントが一部の購買者に抽選で付与される場合は、「他
からの仕送りや贈与等の性格を有するもの」であるとされる可能性が

あり、社会通念上収入として認定することを適当としないもののほか
は、全て収入として認定されることとなります（別冊問答集318頁）。

3　ポイントが相当額たまった場合

　割引の性格を有するポイントであっても、長期間にわたってためる
などした結果、その保有金額が相当額に至った場合、生活保護費を原
資とする預貯金と同様の扱い（前掲Q36参照）をされるおそれがあり
ますので注意が必要です。

40　持ち家があると生活保護は利用できないか

Q　昨年勤めていた会社をリストラされてしまいましたが、不況のため再就職先が見つからず、預金も底を突いてしまいました。自宅の土地・建物は私の所有ですが、これを手放さないまま生活保護を利用することは可能でしょうか。

A　自宅の土地・建物の処分価値が利用価値に比べて著しく大きくなければ、原則としてこれらを手放さなくとも生活保護を利用することができます。ただし、あなたが65歳以上である場合には、生活保護を利用する前に、まず各都道府県の社会福祉協議会による「要保護世帯向け不動産担保型生活資金」(リバースモーゲージ)の利用を求められることがあります。

解　説

1　持ち家の保有

　生活保護法4条1項は、利用し得る資産を最低限度の生活の維持のために活用することを保護を利用するための要件としています。そのため、生活保護を利用するためには、持ち家についても売却して生活費に充てる必要があるのではないかとの疑問が生じ得ます。しかし、生活保護を受けるために一律に持ち家を処分しなければならないとすれば明らかに不合理です。

　この点、厚生労働省の通知においても、「当該世帯の居住の用に供される家屋」(局長通知第3・2(1))及び「当該世帯の居住の用に供される家屋に付属した土地」(局長通知第3・1(1)ア)については、いずれも「処分価値が利用価値に比して著しく大きいと認められるもの」を除

き「保有を認めること」としており、原則として自宅を保有すること
を認めています（局長通知第3・1・2、保護手帳242・243頁）。「処分価値が
利用価値に比して著しく大きいと認められる」場合には、自宅の保有
が認められないことになりますが、その判断に際しては、「処分価値が
利用価値に比して著しく大きいと認められるか否かの判断が困難な場
合は、原則として各実施機関が設置するケース診断会議等において、
総合的に検討を行うこと。」（局長通知第3・5、保護手帳245頁）として慎
重な扱いがなされることになっています。また、厚生労働省は、ケー
ス診断会議等の検討に付する目安として、「当該実施機関における最
上位級地の標準3人世帯の生活扶助基準額に同住宅扶助特別基準額を
加えた値におおよそ10年を乗じ」て算出した額等を示しています（課
長通知第3問15答、保護手帳248頁）。ちなみに、2024年1月現在の大阪市
における標準3人世帯（33歳男、29歳女、4歳子）の生活扶助基準額
は15万4,670円（冬季加算5／12を含み、その余の加算を含まない。）、
住宅扶助特別基準額は5万2,000円であり、これを合計すると20万
6,670円となり、この値の10年分を計算すると2,480万400円となりま
す。したがって、処分価値が2,480万円程度までの物件であればケー
ス診断会議等に付されるまでもなく保有を認められるものと考えてよ
いことになります。なお、この目安はあくまでケース診断会議等の検
討に付するか否かの目安ですので、自宅の価値が前記で算出した額を
超える場合でも、直ちに処分価値が利用価値に比して著しく大きいと
判断されるわけではありません（課長通知第3問16答、保護手帳249頁参照）。

2　要保護世帯向け不動産担保型生活資金の貸付けについて
（1）　制度の内容
　2007年（平成19年）4月1日以降、持ち家を有する人が次の要件に
当てはまる場合、生活保護を受ける前に、まず各都道府県の社会福祉

協議会による「要保護世帯向け不動産担保型生活資金」を求める扱いがなされています（「要保護世帯向け不動産担保型生活資金の生活保護制度上の取扱い及び保護の実施機関における事務手続について」平19・3・30社援保発0330001、平21・7・28発社援0728第9別紙（生活福祉資金貸付制度要綱）第4・4）。

① 本人（及び配偶者）が65歳以上であること
② 居住用不動産の資産価値が500万円以上であること
③ 居住用不動産に賃借権等の利用権や抵当権等の担保権が設定されていないこと

　要保護世帯向け不動産担保型生活資金とは、生活保護申請者及び現に生活保護を利用している人について、前記の要件に当てはまる場合、自宅に担保権を設定して、生活資金として毎月一定の金額（当該世帯の生活扶助費の1.5倍の額から世帯の収入充当額を差し引いた額）を貸し付け、限度額（戸建ての場合は土地建物の評価額の7割、マンションの場合は評価額の5割）に達した段階で貸付けを終了する（その後生活保護に移行する）という制度です。通常、不動産を担保に融資を受ける場合、融資時に融資額全額を借り入れてそれを分割で返済していくのに対し、この制度では、一定額ずつの借入れをして返済時に一括で返済するので通常の場合とは逆になっていることから、「リバースモーゲージ」と呼ばれています。この制度の導入により、持ち家を有している人が前記要件に当てはまる場合には、まず前記制度を利用して貸付限度額まで借入れを行った後にようやく生活保護を受けられるという扱いに変わりました。また、現在生活保護を利用している人の場合には、前記制度の利用を求められ、前記制度の利用を前提に一旦生活保護が廃止される扱いになりました。

（2）　厚生労働省の通知
　厚生労働省は、要保護世帯向け不動産担保型生活資金の利用を拒む

世帯に対しては、「資産活用を恣意的に忌避し、法第4条に定める保護の受給要件を満たさないものと解し、1　生活保護受給中の者については、所要の手続を経て、保護を廃止し、2　新規の保護申請者については、保護申請を却下することとされたい」としています（課長通知第3問21答、保護手帳256頁）。

　また、平成23年には、「年金制度及び不動産等の資産の活用の徹底等について」という通知を出し、会計検査院より「不動産担保型貸付資金制度の活用を含めた不動産等の資産の活用について、一部の実施機関において不十分な事案が見受けられ、是正改善を行うべきとの指摘を受けた」として、「一層適正な処理にあたられるよう管内実施機関に対し周知徹底いただくようお願いします。」として、本制度の利用の徹底が図られました（平23・3・31社援保発0331第3）。

（3）　問題点

　この制度は、生活保護利用者の生前に何の援助もしていない扶養義務者が保護利用者の土地・建物を相続するのは国民の理解を得られないとして導入されたものです。しかし、実際には、推定相続人が存在しない場合や実際に扶養義務を果たしている相続人がいる場合であってもこの制度を利用しなければならず、制度導入の理由とはかけ離れた運用がなされています。また、扶養義務の履行確保の方法については、生活保護法77条が用意されており、あえて、要保護世帯向け不動産担保型生活資金の利用を強制する必要はないはずです。本来、居住用不動産は原則として保有が容認されているにもかかわらず、65歳以上の高齢者に限って、借金を事実上強制するという、このような制度に正当性はないと解さざるを得ません。日本弁護士連合会も、2006年（平成18年）10月6日に行った「貧困の連鎖を断ち切り、すべての人の尊厳に値する生存を実現することを求める決議」提案理由第6の中で、国がこの制度を導入しようとしていることに対し、「生活保護適用

の要件を充たす場合には、まず第一次的に生活保護が適用されるべき
であって、生活保護を抑制する目的で融資制度が利用されてはならず、
そのような弊害を生じない制度設計が必要である。」と指摘している
ところであり、このような制度は一刻も早く廃止されなければなりま
せん。

3　住宅ローンが残っている場合について

　以上は、住宅ローンが残っていない場合の取扱いであり、住宅ロー
ンが残っている場合には取扱いが異なりますので、詳しくは後掲Q41
を参照してください。

41　ローン完済前の住宅を所有していると生活保護は利用できないか

Q　会社をリストラされ、再就職先がなかなか見つかりません。自宅マンションは持ち家ですが、住宅ローンが残っており支払えない状態です。預貯金も底を突きこのままでは生活できないので、保護の実施機関に相談に行ったところ、ローン完済前の住宅を所有したままでは生活保護は受けられないと言われました。どうしたらよいでしょうか。

A　原則として、ローン完済前の住宅を所有したまま生活保護を利用することはできませんが一律に利用できないわけではありません。ローンの支払を繰り延べている場合や、ローンの残存返済期間が短く、支払額も少額である場合には利用可能ですので、状況を十分に説明して生活保護申請を行うべきです。

解　説

1　厚生労働省の通知

　ローン完済前の住宅保有者から生活保護申請があった場合の取扱いについて、厚生労働省は、「生活保護法による保護の実施要領の取扱いについて」（昭38・4・1社保34厚生省社会局保護課長通知）において、「ローンにより取得した住宅で、ローン完済前のものを保有している者を保護した場合には、結果として生活に充てるべき保護費からローンの返済を行うこととなるので、原則として保護の適用は行うべきではない。」としています（課長通知第3問14答、保護手帳256頁）。他方、「生活保護問答集について」（平21・3・31厚生労働省社会・援護局保護課長事務連絡）

においては、「ローンの支払いの繰り延べが行われている場合、又は、ローン返済期間も短期であり、かつローン支払額も少額である場合」には、ローン完済前の住宅の保有を認め生活保護を適用して差し支えないとしています（問答集問3－9、別冊問答集120頁）。

　つまり、厚生労働省の見解においても、ローン完済前の住宅を保有する人の生活保護利用を一切認められないわけではなく、ローンの支払を繰り延べている場合や、ローンの返済期間が短期で支払額も少額である場合には、生活保護の利用を認めてよいとされています。

2　住宅の保有を維持する場合

　前記のように、厚生労働省の見解によっても、ローンの返済期間が短期で支払額も少額である場合には、生活保護を利用することが可能です。どの程度の期間、金額であれば生活保護の利用が可能かについては、具体的な基準が示されているわけではありませんので、地域の住宅事情や、世帯の状況などを総合的に考慮して事案に応じて判断されることになると思われます。なお、この点について、東京都生活保護運用事例集では、「目安としては、例えば、期間は5年程度、金額は月毎の支払額が世帯の生活扶助基準の15％以下程度、ローンの残額が総額で300万円以下程度が考えられるが、個別事例ごとに慎重に判断すべきであろう。」としています（「生活保護運用事例集」（東京都福祉保健局生活福祉部保護課）問3－11）。

3　住宅の保有を維持しない場合

　住宅ローンの支払ができず、住宅を手放さざるを得ない場合については、生活に充てるべき保護費からローンの返済を行うことにはなりませんので、厚生労働省の見解に照らしても、生活保護の利用を拒まれる理由はありません。実務上も、このような場合にはローン完済前

の住宅の保有を継続することが困難であることを示す資料（例えば、不動産売買委託書や指示書、破産申立書、債務整理を受任した弁護士や司法書士による事情説明など）の提出を受けることにより生活保護の利用を認める取扱いがなされていることが多いようです。なお、このようなケースでは、保護開始後、実際に転居せざるを得なくなった時点で、「家主が相当の理由をもって立退きを要求し、〔中略〕やむを得ず転居する場合」（課長通知第7問30答14、保護手帳344頁）に当たるものとして、転居費用の支給を受けることができます。詳しくは、後掲Q54を参照してください。

42　生活保護利用中は自動車やオートバイを持つことはできないか

　　夫が急な病気で亡くなりました。私には、5歳と1歳の子どもがいますが、今の私の収入だけでは子どもたちを食べさせていくことができません。当面は生活保護を利用しながら仕事を増やすなどして生活の立て直しを図りたいと考え、保護の実施機関に相談に行ったところ、「自動車を持っていると生活保護を受けることはできない。」と言われました。私が所有しているのは結婚前に購入した古い軽自動車ですが、保育園の送迎や通勤に利用しており、手放してしまうと仕事を続けていくことは困難です。生活保護を受けるにはどうしても自動車を手放さなければならないのでしょうか。

　また、50ccの原動機付自転車も持っているのですが、生活保護を受けるためには、これも手放さなければならないのでしょうか。

A　　自動車については、原則として保有は認められていませんが、本問のようなケースでは保有を認められる可能性があります。

　50ccの原動機付自転車であれば、自賠責保険及び任意保険に加入し保険料を含む維持費が捻出可能であるなどの要件を満たせば、保有が認められます。

解　説

1　自動車について

（1）自動車の有用性

　今日、自動車は基本的な生活用品として広く普及しています。自動

車の普及率は、1964年には複数世帯で7％でしたが、2014年には単身世帯72.8％、複数世帯84.3％となり（全国消費実態調査）、2021年には全国77.9％、首都圏以外82.4％に達しています（日本自動車工業会「乗用車市場動向調査」）。

　また、自動車は、通勤・通学・通院や就職活動の際の移動の手段であるばかりでなく、日常の買い物や、子ども・高齢者・障がい者の送迎、知人・友人との交流、その他、日常生活の様々な場面において極めて有用性の高い物品です。

　生活保護法の目的は、健康で文化的な最低限度の生活の保障と自立の助長にあり（生保1）、生活用品は、保有率が当該地域の全世帯の70％程度であれば「一般世帯との均衡を失することにならない」とされ保有を認められています（課長通知第3問6答(2)、保護手帳250頁）。現在、一般世帯に広く普及しておりその有用性も高い自動車については、事業用品としてのみならず生活用品としても、原則として保有を認めるのが本来のあり方であるといえます。

　日本弁護士連合会も、「生活保護における生活用品としての自動車保有に関する意見書」（平22・5・6日本弁護士連合会）において、厚生労働省に対し、「〔現行の通知を廃止して〕処分価値が小さい（例えば当該世帯の最低生活費の6ヶ月分までなど)生活用品としての自動車は、ローン返済中のものも含め、原則として保有を認めるものとする旨の通知をなすこと」との意見を述べています。

（2）　実際の運用

　しかし、厚生労働省は、事業用品としての自動車については、「当該事業が事業の種別、地理的条件等から判断して当該地域の低所得世帯との均衡を失することにならないと認められる場合には、保有を認めて差し支えない。」とするものの、生活用品としての自動車については、「単に日常生活の便利に用いられるのみであるならば、地域の普及率

の如何にかかわらず、自動車の保有を認める段階には至っていない。」
とし（問答集問3−14、別冊問答集122頁）、原則として保有を認めず、以下
のような限られた場合にのみ例外的に保有を認める立場をとっていま
す。

　前記（1）で述べた観点からは、このような通知類の内容自体に大き
な問題があります。また、その点は措くとしても、実際の運用では、
厚生労働省の通知の要件を満たすにもかかわらず、一律に自動車保有
を認めない扱いをしている実施機関も少なくありません。そこで、仮
に実施機関から自動車の保有を認めないと言われたとしても、すぐに
あきらめるのではなく、以下の要件を満たすのではないか、あるいは、
要件は満たさないとしても真に保有を認める必要があるのではないか
を十分に吟味することが必要です。そして、保有要件を満たす場合に
は、その類型に応じて、要件ごとに具体的事実を記載した「自動車保
有に関する申立書」を提出するなどして、保有を認めるよう交渉しま
しょう（生活保護問題対策全国会議編「厚労省通知徹底活用・Q＆A自動車を持
ちながら生活保護を利用するために」（https://665257b062be733.lolipop.jp/
210713carQ&A.pdf））。

　　ア　通勤のための自動車保有
　通勤用の自動車については、生活保護の利用者が、
①　障がい者である場合
②　公共交通機関の利用が著しく困難な地域に居住している場合
③　公共交通機関の利用が著しく困難な地域にある勤務先に通勤する
　場合
④　深夜勤務等の業務に従事している場合
のいずれかに該当する場合であって、自動車による以外に通勤する方
法が全くないか極めて困難であり、かつ、その保有が社会的に適当と
認められるときは、保有が認められます。

　ただし、①以外の場合においては、以下の４つの要件を満たすこと
が求められます（課長通知第３問９答、保護手帳251頁）。

　㋐　世帯状況からみて、自動車による通勤がやむを得ないものであ
　　　り、かつ、当該通勤が当該世帯の自立の助長に役立っていると認
　　　められること
　㋑　当該地域の自動車の普及率を勘案して、自動車を保有しない低
　　　所得世帯との均衡を失しないものであること
　㋒　自動車の処分価値が小さく、通勤に必要な範囲の自動車と認め
　　　られるものであること
　㋓　当該勤務に伴う収入が自動車の維持費を大きく上回ること

　上記の「公共交通機関の利用が著しく困難な地域」に当たるかどう
かについては、「例えば、駅やバス停までの所要時間や、公共交通機関
の１日当りの運行本数、さらには当該地域の低所得世帯の通勤実態等
を勘案したうえで、自動車によらずに通勤することが現実に可能かど
うかという観点から実施機関で総合的に判断されたい」（問答集問３－
16、別冊問答集123頁）とされています。福祉事務所と交渉をする際には、
公共交通機関の運行本数等を調べた上で、実際にそれを利用するとど
のくらい時間がかかるのか、季節や天候による影響、ご本人の年齢な
どの事情も考慮して、公共交通機関を利用しての通勤や通院・通所・
通学が現実に困難であることを具体的に説明することが効果的です。

　　イ　保護開始時に失業等で就労を中断している場合の通勤用自動
　　　　車の保有

　保護開始時に失業や傷病により就労を中断している場合には、「概
ね６か月以内に就労により保護から脱却することが確実に見込まれる
者であって、保有する自動車の処分価値が小さいと判断されるものに
ついては」処分指導を行わないものとして差し支えないとされ、概ね

　6か月経過後であっても「具体的に就労による自立に向けた活動が行われている者については、保護開始から概ね1年の範囲内において、処分指導を行わないものとして差し支えない」とされています。これは、処分指導が留保されているだけで「車の使用を認める趣旨ではない」とされていることに注意が必要ですが、「公共交通機関の利用が著しく困難な地域に居住している者については、求職活動に必要な場合に限り」使用も求められます（課長通知第3問9－2答、保護手帳251頁）。

　　ウ　通院等のための自動車保有

　通院、通所及び通学（以下「通院等」といいます。）のための自動車については、生活保護の利用者が、次のいずれかの場合において、一定の要件を満たした上で、その保有が社会的に適当と認められる場合であれば、保有が認められることになっています（課長通知第3問12答、保護手帳252頁）。

①　障がい者である場合

②　公共交通機関の利用が著しく困難な地域に居住している場合

　例えば、①の場合、以下の5つの要件が定められています。

　㋐　障がい者の通院等のために定期的に自動車が利用されることが明らかな場合であること

　㋑　当該者の障がいの状況により利用し得る公共交通機関が全くないか又は公共交通機関を利用することが著しく困難であって、他法他施策による送迎サービス、扶養義務者等による送迎等の活用が困難であり、また、タクシーでの移送に比べ自動車での通院が、地域での実態に照らし、社会通念上妥当であると判断される等、自動車により通院等を行うことが真にやむを得ない状況であることが明らかに認められること（下線は筆者）

　㋒　自動車の処分価値が小さく、又は構造上身体障がい者用に改造しているものであって、通院等に必要最小限度のもの（排気量が

おおむね2,000cc以下）であること

㋓　自動車の維持に要する費用（ガソリン代を除きます。）が他から
　　の援助（維持費に充てることを特定したものに限ります。）、他施
　　策の活用等により、確実に賄われる見通しがあること

㋔　障がい者自身が運転する場合又は専ら障がい者の通院等のため
　　に生計同一者若しくは常時介護者が運転する場合であること

上記㋐にいう「障がい」については、「自動車税等が減免される障害
者（中略）を標準とし、障害の程度、種類及び地域の交通事情、世帯
構成等を総合的に検討して、個別に判断する」とされ（問答集問3－15、
別冊問答集122頁）、その障がいの程度については、「身体障害にあっては
下肢、体幹の機能障害、内部障害等により歩行に著しく障害を有する
場合、知的障害にあっては多動、精神障害にあってはてんかんが該当
する」とされています（問答集問3－18、別冊問答集124頁）。しかし、上記
の場合以外はダメということでも、障害者手帳等がなければダメとい
うことでもなく、精神疾患（パニック障害等）、指定難病、化学物質過
敏症などを理由に自動車の保有が認められている例も少なくありませ
ん。

また、上記㋐～㋔の要件を満たさない場合であっても、「その保有を
認めることが真に必要であるとする特段の事情があるときは、その保
有の容認につき厚生労働大臣に情報提供すること」として、一定の柔
軟性が示されていることにも注意が必要です（課長通知第3問12答、保護
手帳253頁）。

この点、両股関節全廃の障がいを持つ原告が自動車を保有している
ことを理由に生活保護を廃止され、再度の保護開始申請も却下された
事案について、却下処分の取消しと損害賠償の支払を命じた大阪地裁
平成25年4月19日判決（確定）（賃社1591・1592合併・64）は、前記課長通
知がいう「通院等」の保有目的はあくまでも「第一次的な基準」であ

って、医療や教育を目的としない施設への定期的な訪問も「通所」に
該当する場合もあり、目的等の要件が欠ける場合でも「特段の事情」
があれば保有を容認する余地があるなど、保有目的や保有の必要性を
柔軟に解釈運用すべきことを前提として、同通知に「一応の合理性」
を認めました。なお、被告自治体（実質は厚生労働省）は、上記④の
要件の「公共交通機関」にタクシーが含まれると主張していましたが、
これが判決で否定されたため、上記④の要件のうち下線部分が加えら
れたという経緯からしても、下線部分の要件に意味を持たせるべきで
はありません。

　　エ　保育所等の送迎のための自動車保有

　自宅から通勤先までは公共交通機関等での通勤が可能であっても、
子どもを保育所等へ送迎して通勤するためには、自動車による以外に
通勤する方法が全くないか極めて困難である場合において、①当該自
治体の状況等により公共交通機関の利用が可能な保育所等が全くない
か、あっても転入所が極めて困難である場合だけでなく、②転入所す
ることが適当ではないと福祉事務所が判断する場合には、自動車の保
有が認められることになっています。また、上記イの「求職活動に必
要な場合」には、現に求職活動を行っていなくても、「求職活動に真摯
に取り組む見込み」があって、「ひとり親であること等の理由から求職
活動を行うに当たって保育所等に子どもを預ける必要があり、送迎を
行う場合」も含めてよいとされています（問答集問3−17、別冊問答集123
頁）。

　　オ　保有を認められた自動車の目的外使用

　例えば、事業用や障がい者の通院用に保有を認められた自動車につ
いて、日常生活に利用しないよう指導指示をする福祉事務所が少なく
ありません。特に、厚生労働省社会・援護局保護課長が令和4年5月
12日付け事務連絡「生活保護制度上の自動車保有の取扱いについて（注

意喚起)」において、保有を認めた目的についてのみ利用を認める立場を示して以来、その傾向に拍車がかかっています。

　しかし、自動車でなければ通勤や通院のための移動が困難な場合には、日常生活上の移動も同様に困難なのであって、特に障がい者の移動の自由保障の観点からすると、かかる事務連絡や運用は著しく理不尽です。

　この点について、前掲大阪地裁平成25年4月19日判決は、「生活保護を利用する身体障害者がその保有する自動車を通院等以外の日常生活上の目的のために利用することは、被保護者の自立助長及びその保有する資産の活用という観点から、むしろ当然に認められる」として、保有要件を満たした場合の自動車の利用目的を通院等に限定する実務運用を厳しく批判しました。厚生労働省は、この判断は傍論であるから先例とならないとしていましたが、津地裁令和6年3月21日判決(令4（行ウ）24）は、争点に関する判断中で、「補足性の観点からしても、原告らの日常生活に不可欠な買物等の必要な範囲において利用することは、むしろ原告らが自立した生活を送ることに資するものであり、本件車両をその範囲で利用することは非難されるべきものではない」と判示しました。

　　カ　自動車の買替え

　保有が認められていた自動車が使用に耐えられない状態となった場合には、処分価値が小さく、買替費用が扶養義務者等からの援助又は保護費のやり繰りによって生じた預貯金により確実に賄われる場合など一定の要件を満たせば、買替えも認められます（課長通知第3問23答、保護手帳254頁）。

　　キ　自動車の借用について

　ところで、生活保護利用者が他人名義の自動車を借用することは許されるのでしょうか。

　この点について、厚生労働省は、生活保護における資産の保有とは、「最低生活の内容としてその保有又は利用をいうものであって、その資産について所有権を有する場合だけでなく、所有権が他の者にあっても、その資産を現に占有し、利用することによってそれによる利益を享受する場合も含まれるものである。」「したがって自動車の使用は、所有及び借用を問わず原則として認められない」とした上で、自動車の保有を認められていない者が、他人所有の自動車を一時借用を理由に遊興等のために使用することは認められない旨の見解を示しています（問答集問3−20、別冊問答集125頁）。

　しかし、借用の場合、そもそも生活保護利用者には自動車に対する処分権限はなく、活用できる資産（生保4①）には当たらないはずです。また、特に親族からの借用であれば、生活保護利用者の負担はガソリン代だけで済む場合が多く、支出の節約や生活の維持、向上（生保60）に資することは明らかであり、むしろ積極的に使用を認められるべきであるともいえます。したがって、所有と借用を同列に扱うのは不合理であるといわざるを得ません。

　この点、母子家庭の母として生活保護を利用しながら働いていた原告が、勤務していた会社は通勤にバスで片道1時間30分かかる不便な場所にあるなどの事情により、弟の自動車を借用して通勤するなどしていたところ、保護の実施機関が、自動車を使用しない旨の指導指示に違反したとして保護廃止処分を行ったため、この処分の取消しを求めて提起した訴訟において、裁判所は、自動車の所有及び借用を原則として認めない行政運用自体は肯定しつつも、借用の場合は、所有の場合と比較して容認すべき「例外事由に該当する場合が多い」とし、また、一時的な借用の場合には、「これを禁止する度合いは小さくなる」と指摘しています。そして、使用の必要性が高い場合等一定の要件を満たす場合には、借用による自動車の使用を認める必要があり、その

ような場合までこれを認めないことは裁量権の逸脱又は濫用により違法となるとも述べています（福岡地判平10・5・26判タ990・157）。

2　オートバイについて

　実務上、オートバイについても自動車同様に一切保有を認めない扱いをする実施機関が少なくありません。

　しかし、厚生労働省は、オートバイについて、原則として生活用品としての保有は認められないとしながらも、125cc以下のオートバイ及び原動機付自転車については、次の全ての要件を満たす場合には、その処分価値及び主な使途等を確認した上で保有を認めて差し支えないとしています（問答集問3－23、別冊問答集128頁）。

① 　現実に最低生活維持のために活用されており、処分するよりも保有している方が生活維持及び自立助長に実効があがっていること

② 　当該地域の一般世帯との均衡を失することにならないこと

③ 　自動車損害賠償責任保険及び任意保険に加入していること

④ 　保険料を含む維持費についての捻出が可能であること

　つまり、125cc以下のオートバイについては、適当な保険に加入している限りは、保有が認められるべきことが多いことに留意が必要です。

43　生活保護利用中にパソコンを持つことはできるか。また、ペットを飼うことはどうか

 うつ病がひどくなり働くことができないので、生活保護の利用を考えていますが、生活保護を受けるためには今持っているパソコン（5年前に購入）を処分する必要があるでしょうか。

　また、私には数年前から飼っている猫がいますが、この猫を飼いながら生活保護を利用することは可能でしょうか。

 生活保護を利用するために今持っているパソコンを処分する必要はありません。また、猫を飼い続けることについても問題ありません。

解　説

1　保有が認められる資産

　生活保護法4条は、利用し得る資産を最低限度の生活の維持のために活用することを要件としていますが、他方で、健康で文化的な最低限度の生活を営むための資産については保有を認められてしかるべきです（憲25）。

　この点、生活用品に関する資産保有の限度について、「生活保護法による保護の実施要領について」（昭38・4・1社発246厚生省社会局長通知）では、「貴金属類」については保有を認めないこととしていますが、「趣味装飾品」や「その他の物品」については、処分価値の小さいものは保有を認めることとしています（局長通知第3・4、保護手帳155頁）。また、処分価値が小さいか否かの判断基準については、「生活保護問答集について」（平21・3・31厚生労働省社会・援護局保護課長事務連絡）において、「地域の実情等を勘案した上、社会通念で判断することが最も妥当

な方法である。したがって、保護の実施機関は、地域の実情、世帯の状況を的確に把握した上、その保有の可否を判断されたい。」としています（問答集問３−13、別冊問答集121頁）。

２　パソコンの保有について

　課長通知によると、テレビ、カメラ及びステレオについては「その他の物品」として取り扱うこととされています（課長通知第３問８答、保護手帳250頁）。パソコンについては特に言及されていませんが、パソコンは、今日においては生活必需品となっていますから、社会通念に照らせば、テレビ等と同様に、よほど高額な機種でない限り保有を認められるべきであることは明らかです。このことは、携帯電話やスマートフォンについても当てはまります。

　ちなみに、厚生労働省も、生活保護の受給中に生活を切り詰めて貯金をし、新規にパソコンを購入することについて、「現行法上、支給される扶助費を含め被保護世帯の収入の使途は、基本的には当該世帯の自由とされている。したがって、保有を認められている資産について、これを新規に購入することとしても問題は生じない。」としており（問答集問11−14、別冊問答集415頁）、パソコンについて、基本的に保有を認められる資産であるとの前提に立っています。

３　ペットの保有について

　法律上、動物は物（動産）として扱われますので（民86②）、ペットについてもパソコンと同様「その他の物品」として保有の可否を判断されることになると思われます。ペットは生活必需品とまではいえないかもしれませんが、飼い主にとっては家族の一員であり、場合によっては、生きる支えにもなり得る存在ですので、社会通念に照らせば、保有を認めてよいと判断される場合が多いものと思われます。現に、犬や猫を飼って一緒に生活している生活保護利用者もたくさんいます。

44　生活保護を利用していると海外旅行に行けないか

Q　私は生活保護を利用していますが、海外で暮らしている兄弟が、近々国際結婚をし、海外で結婚式を挙げる予定です。私は、このような時のために保護費を節約して貯めていた預貯金で海外に渡航し、挙式に参列したいと思っていますが、そもそも生活保護を利用しながら、海外へ行くことはできるのでしょうか。

A　海外旅行をすること自体は可能であり、国内に居住の場所があれば生活保護の停廃止をされることはありません。本問のケースでは問題になりませんが、その渡航目的によっては、渡航費用（交通費及び宿泊費）相当分を収入認定すべきとする厚生労働省・課長通知があります。

解　説

1　従前の運用

　従前、生活保護の実施機関は、今日の社会通念をもってしても生活保護を利用しながら国外へ出国することは想定し難い、滞在先が海外である場合は国内法を適用することに問題がある等として、これを認めてきませんでした。

2　裁判例

　求職活動目的でタイに1か月間渡航した原告の滞在期間分に相当する6月分の生活扶助費約3万円を9月分の生活扶助費から差し引いて支給する旨の保護変更決定がなされたケースについて、大阪高裁平成16年11月5日判決（判例地方自治320・53）は、「時代の要請に応じた柔軟

な法解釈が要請されることは当然」であり、「国外に滞在する者を法による保護の対象から外す旨の明文規定」が存在しないこと等を理由に、保護変更決定の取消しを認めた原審大阪地裁判決を正当として、被告側の控訴を棄却しました。

　しかし、同事件の最高裁平成20年2月28日判決（判時2044・50）は、「国外に現在している被保護者であっても、法19条所定の「居住地」に当たると認められる居住の場所を国内に有しているものは、同条に基づき当該居住地を所管する実施機関から保護の実施を受けられる」、「被保護者が、当初の居住地を離れて国外に滞在し続けるなどした結果、国内に居住地も現在地も有しないこととなった場合には、保護の停止又は廃止の決定をすべき」と判示する一方で、原告が約7万円の渡航費を支出し得たことから、それを超えない範囲でなされた保護変更決定は適法であるとして、破棄自判しました。

3　厚生労働省・課長通知の内容

　前記の最高裁判決を受けて、厚生労働省は平成20年4月、従前の運用を改める通知「被保護者が海外に渡航した場合の取扱いについて」（平20・4・1社援保発0401006）を発出しました。

　そこでは、「被保護者が、一時的かつ短期に海外へ渡航した場合であって引き続き国内に居住の場所を有している場合は、海外へ渡航したことのみをもって生活保護を停廃止することはできないものである。」とする一方で、「当該被保護者は渡航費用を支出できるだけの額の、本来その最低生活の維持のために活用すべき金銭を有していたことから、当該渡航費用のための金銭は収入認定の対象となる」とされています（課長通知第10問19答、保護手帳430頁）。具体的には、単なる遊興のための海外旅行の場合は、交通費及び宿泊費に充てられる額について、当該渡航期間中の基準生活費及び加算に相当する額の範囲内で収入認

定することとされています。

　ただし、後記のような目的でおおむね2週間以内の期間で海外へ渡航する場合については、その目的が生活保護の趣旨目的に反するとは認められないことから、保護費のやり繰りによる預貯金等で賄う場合、他からの援助等で賄う場合のいずれについても、渡航費用の全額を収入認定しないものとして差し支えないとされています。

① 　親族の冠婚葬祭、危篤の場合及び墓参

② 　修学旅行

③ 　公的機関が主催する文化・スポーツ等の国際的な大会への参加（選抜又は招待された場合に限ります。）

④ 　高等学校等で就学しながら保護を受けることができるものとされた者の海外留学であって世帯の自立助長に効果的であると認められる場合

4　厚生労働省・課長通知の問題点

　一旦支給された保護費の使途は原則として自由であり、法の目的・趣旨に反しない限り、保護費を節約した預貯金は生活保護法4条にいう活用すべき資産には当たらないと解されています（詳細は前掲Q36を参照）。そうすると、前記課長通知が、保護費のやり繰りによる預貯金を原資とする場合についても、渡航費用を収入認定の対象とするとしている点は法の解釈を誤っているものといわざるを得ません。

　確かに、前記最高裁判決は、渡航費用を収入認定の対象とすることを正当と判断しています。しかし、当該事案は、保護開始から約2か月の短期間で約7万円の渡航費用を支出し得ていることから、渡航費用の原資が保護費の節約分であったことに強い疑念が抱かれるケースであって一般化できるものではありません（豊島明子「生活保護の変更決定における「正当な理由」としての海外渡航」速報判例解説（法学セミナー増刊）

4号31頁（日本評論社、2009））。

　また、課長通知は、例外的に収入認定しない場合について、4つの例を挙げていますが、今日のように国際化が進んでいる社会においては、これを限定的に運用するべきではありません。例えば、冠婚葬祭等に限らず親族間の交流のための海外渡航や、私的な国際障がい者団体の大会などに自主的に参加するための海外渡航などは、何ら法の目的や趣旨に反するものではありませんから、保護費を積み立ててねん出した海外渡航の費用は収入認定するべきではありません。

　この点について、課長通知は例示に過ぎないとの柔軟な解釈を示した判決（※）や裁決（大阪府知事令和3年10月13日裁決・裁決書データベースNo.7148）もあります。また、東京都の運用事例は、海外渡航を認める例として「社会通念上やむを得ないと実施機関が判断した場合」を挙げて柔軟な判断を促しています（「東京都生活保護運用事例集2017年版」問8－36）。

　※東京地裁平成29年4月27日判決（判タ1456・150）
　　知人の仕事を手伝うために韓国に渡航した際に知人が負担してくれた航空券代と宿泊費、離婚後も交流が続いている前妻、長男及び長女に会い、前妻の母の葬儀に出席するために台湾に渡航した際の航空券代について、「原告の最低限度の生活の維持という観点から相当なもの」と判断した。

第7章　住居（賃貸住宅）と生活保護

45　定まった住居がない人が生活保護を利用するには

Q 　半年前に派遣切りに遭い、社員寮を追い出されてしまいました。その後はインターネットカフェで寝泊まりしたり、野宿をしながら生活しています。このままでは再就職もままならないので、一旦生活保護を利用して生活を立て直したいと考えていますが、私のように定まった住居がなくても生活保護を受けることはできるのでしょうか。

A 　定まった住居がない人（いわゆるホームレス状態にある人）の場合、現在地つまり、今いる場所を所管する保護の実施機関に申請して生活保護を受けることができます。また、その場合、必要に応じて、住宅の確保のための敷金や居宅生活に必要な家具什器費や布団代などの支給を受けることも可能です。

解　説

1　生活保護法による現在地保護の定め

　生活保護法19条1項2号には、居住地がないか、又は明らかでない要保護者については、その人が現在いる場所（現在地）を所管する保護の実施機関を管理する都道府県知事若しくは市町村長において、生活保護を決定、実施しなければならない旨規定されています。このよ

うに、要保護者が現在いる場所を所管する保護の実施機関が行う保護を「現在地保護」といいます。

　今でも時々「住所がないと生活保護を受けることができない」などという誤った情報を耳にすることがありますが、前記のとおり、生活保護法には、定まった住居のない人については現在地保護がなされることが明記されています。仮に、保護の実施機関の窓口で、「住所がない人は生活保護は受けられない。」と言われて生活保護の申請をさせてもらえなかった場合、それは、明らかに違法な対応ということになります。この点については、厚生労働省も、例えば「ホームレスに対する生活保護の適用について」（平15・7・31社援保発0731001）において、ホームレスに対する生活保護の適用に関する基本的な考え方として「居住地がないことや稼働能力があることのみをもって保護の要件に欠けるものでないことに留意し、生活保護を適正に実施する」としているところです。

2　居宅保護について

　生活保護法30条1項は、「生活扶助は、被保護者の居宅において行うものとする」としています。これを「居宅保護の原則」といいます。居宅保護が「できないとき」や、居宅保護によったのでは「保護の目的を達しがたいとき」には、例外として、救護施設や更生施設などに入所するかたちでの保護を行うことも認められていますが、その場合においても、「被保護者の意に反して、入所又は養護を強制することができるものと解釈してはならない。」とされています（生保30②）。したがって、ホームレス状態にある人であっても、希望すれば居宅保護を受けることができ、施設に入所するかたちでの保護（収容保護）を強要することは本来許されないはずですが、従前は、ホームレス状態にある人に対しては、病院や施設での収容保護しか認めないという違法

な運用がなされていました。

　しかし、佐藤訴訟（大阪地判平14・3・22賃社1321・10、大阪高判平15・10・23賃社1358・10）において、裁判所がこのような実務上の運用を違法であると判断したことを受けて、厚生労働省は、平成15年、局長通知を一部改正して（平15・7・31社援発0731007）「保護開始時において、安定した住居のない要保護者（保護の実施機関において居宅生活ができると認められる者に限る。）が住宅の確保に際し、敷金等を必要とする場合」にそれらを支給して差し支えないものとしました（局長通知第7・4（1）キ、保護手帳341頁）。

　したがって、現在では実務上も、ホームレス状態にある人も、希望すれば居宅保護を受けることができます。その場合、必要に応じて住居を確保するための敷金等の支給を受けることができることに加え、生活保護法12条に基づく一時扶助費（生活扶助費）として、布団代や家具什器費等の支給を受けることができます。

　例えば、ホームレス状態にある単身者が大阪市で居宅保護を受ける場合、居宅を確保するための費用としておおむね以下のような支給を受けることができます。

①　敷金（礼金・仲介手数料・保証料含みます。）：16万円

②　家賃：4万円

③　家具什器類：3万2,300円（真にやむを得ない場合、5万1,500円）

④　布団類：現物支給を原則とする（2万800円以内）。

⑤　平常着：現物支給を原則とする（1万4,600円以内）。

3　「居宅生活ができると認められる者」の判断について

　なお、前記局長通知では、敷金等を支給して差し支えない場合について、括弧書きで「保護の実施機関において居宅生活ができると認められる者に限る」としています（局長通知第7・4（1）キ、保護手帳341頁）。

　そして、居宅生活ができると認められるか否かの判断の視点として、生活保護問答集では、次の点が挙げられています（問答集問7−107、別冊問答集256頁）。

①　金銭管理（計画的な金銭の消費ができるか）

②　健康管理（病気療養、服薬管理、規則正しい生活習慣、栄養バランスを考慮した食事、病気療養のための断酒等ができるか）

③　家事、家庭管理（食事の支度、部屋の掃除、洗濯等ができるか）

④　安全管理（火の元の管理、戸締りができるか）

⑤　身だしなみ（外出時のきちんとした身なり、定期的な入浴ができるか）

⑥　対人関係（人とのコミュニケーション、迷惑行為をしない等ができるか）

　したがって、申請に当たっては、これらの点について問題がないことをしっかりと説明することが重要となります。

　もっとも、前記生活保護問答集では「これは判断の視点であって、以下の全ての点を満たすことを要件に居宅生活ができると判断すべきものではないので留意すること」とされているように、前記についてどれか1つでも欠けていると、居宅生活ができないと判断されるわけではありません。実際、弁護士や支援団体が支援した事案では大抵の場合居宅保護の開始が認められているようです。

　なお、中には、一度居宅保護になったものの、金銭管理等に失敗して再度ホームレス生活に逆戻りしてしまっている人もいます。この場合には、背景に何らかの障がいやアルコールやギャンブルなどの依存症がある場合が少なくありません。適切な治療や生活支援につなげることで、今回は居宅生活を維持することができると主張するという、ケースワーク的な支援を行うことが求められます。

4　申請後保護開始までの生活方法

（1）　保護開始までの生活費等

　申請後、保護開始決定までには通常2週間前後かかるため、ホームレス状態にある人の場合、その間の居場所をどのように確保するかは切実な問題です。

　この点、厚生労働省は、「「緊急雇用対策」における貧困・困窮者支援のための生活保護制度の運用改善について」（平21・10・30社援保発1030第4）において、「アパート等の住居を確保するまでの間に、一時的にカプセルホテル、簡易宿泊所等に宿泊した場合、これらの宿泊料については、当該月のアパートの家賃に要する額と合算して、1か月の住宅扶助費の範囲内で支給して差し支えない」としています。

　なお、保護の実施機関によっては、保護開始までの生活費等として、緊急の小口資金を貸し付ける制度を用意しているところもあるので、このような制度がないか確認することは重要です。

　また、生活保護等の公的制度の申請を受理された住居喪失者に対し、10万円を限度に無利子・無保証で貸付けを行う制度として、社会福祉協議会の「臨時特例つなぎ資金貸付制度」がありますので、活用を検討すべきです。

（2）　大阪府及び大阪市の事業

　ホームレス状態にある人の申請後保護開始までの生活確保のため、大阪府は、国の「ホームレス緊急一時宿泊事業（シェルター事業）」を利用し、生活保護開始決定までの緊急宿泊場所として各所のビジネスホテルを活用する事業を2010年1月から行っています（現在は、生活困窮者自立支援法による生活困窮者一時生活支援事業として同様の事業を行っています。）。

　また、大阪市は、ホームレス状態にある人から生活保護の申請があると、西成区にある生活保護施設三徳寮内にある「生活ケアセンター」

に一時的に入所させた上で、施設保護や居宅保護に移行させる運用を
行っています。

　しかし、一時的にとはいえ、宿泊所への入所が必要となることから、
集団生活に馴染めない人にとっては、かえって利用しにくい制度とな
っている面もあり、そのような人に対しては個室を提供する等して柔
軟に対応できるよう運用の改善が求められます。

46　貧困ビジネスの被害に遭った場合

　　　私は、北関東のある県において、勤務先の寮で生活していましたが、失業したため、その寮を退去せざるを得なくなりました。手持ち金もなく、困り果てていたところ、インターネットで検索し、「住むところを用意する」、「生活保護申請の支援をする」というＮＰＯ法人のことを知り、その支援を受けることとしました。そのＮＰＯ法人の指示に従い、大阪まで夜行バスで移動し、用意されたアパートの一室に住み始めました。そのアパートには、布団が用意され、中古品と思われる電化製品が置かれていましたが、アパート自体は非常に古く、狭くて汚い上、提供される食事は、ご飯に漬物が少し付いている程度の簡素なものでした。福祉事務所からもらえる保護費から家賃や家財道具のリース料、食事代等を差し引くと、１万円程度しか残らず、これでは就職活動もままなりません。私はどうすればよいでしょうか。

　　　あなたは貧困ビジネスの被害者となっています。良質な物件への転居、不当な契約関係の解消を進めるべきです。

解　説

1　貧困ビジネス

　残念ながら、あなたは貧困ビジネスの被害者となっています。生活保護における貧困ビジネスとは、生活に困窮している人に対し、住居の提供や生活保護申請の支援などを行うと謳いながらも、実際は、劣悪な賃借物件に住まわせ、様々な名目で費用を請求し、支給された生

活保護費のほとんどを搾取するようなものをいいます。その主体は、例えば、ＮＰＯ法人を名乗るなど、あたかもボランティアとして支援活動をしているように見えますが、実際は、不良物件を抱えるアパート経営者、悪徳な不動産業者等が関わっているものと思われ、さらには行政書士等の専門職の関与が疑われているものもあります。

2　対　応

　まずは、貧困ビジネスから脱することを考えなければなりません。担当のケースワーカーに相談し、敷金等の転居費用の支給を受け、良質な住居に転居することを求めるべきです（厚生労働省の通知では、「現に居住する住宅等において、賃貸人又は当該住宅を管理する者等から、居室の提供以外のサービスの利用の強要や、著しく高額な共益費等の請求などの不当な行為が行われていると認められるため、他の賃貸住宅等に転居する場合」（課長通知第7問30答7、保護手帳344頁）には、敷金等の転居費用が支給されます。）。

　また、食事の提供や家財道具の使用等に関して、どのような契約を締結しているかを確認し、これらの不当な契約の解消を進める必要があります。

　さらには、当該「支援団体」に対する損害賠償等も検討してもよいかもしれません。

　これらの対応をするには、ご自身だけでは難しいところもあると思いますので、適宜、弁護士に相談することをお勧めします。

47　施設保護を利用している者が、居宅保護に移行することができるか

Q　私は、現在、救護施設において生活保護を利用していますが、今後は賃貸アパートに住んで、生活保護を利用したいと考えています。それは可能でしょうか。可能だとすれば、どのような手続をすればよいのでしょうか。

A　あなたが、居宅生活ができると認められる場合には、生活保護の変更申請をすることにより、居宅保護へ移行することができます。その場合、敷金等の転居費用も支給されます。

解　説

1　居宅保護の原則

　生活保護法30条 1 項は、「生活扶助は、被保護者の居宅において行うものとする。ただし、これによることができないとき、これによっては保護の目的を達しがたいとき、又は被保護者が希望したときは、被保護者を救護施設、更生施設、日常生活支援住居施設若しくはその他の適当な施設に入所させ、若しくはこれらの施設に入所を委託し、又は私人の家庭に養護を委託して行うことができる。」と規定し、さらに同条 2 項は、「前項ただし書の規定は、被保護者の意に反して、入所又は養護を強制することができるものと解釈してはならない。」と規定しています。

　このように生活保護法は、居宅保護を原則としていますから、保護施設において生活保護を利用している者について、居宅生活ができると認められる場合には、生活保護の変更申請をすることにより、居宅保護に移行することが可能です。

2　居宅生活ができると認められるか否かを判断する視点

　居宅生活ができると認められるか否かの判断については、以下のような視点により判断することとされていますが、全ての点を満たすことが要件とされているわけではないことに注意が必要です（問答集問7－107、別冊問答集256頁）。

① 面接相談時の細やかなヒアリングによって得られる要保護者の生活歴、職歴、病歴、居住歴及び現在の生活状況

② 基本的項目

　㋐ 金銭管理

　　ⓐ 計画的な金銭の消費ができるか

　㋑ 健康管理

　　ⓐ 病気に対し、きちんと療養することができるか

　　ⓑ 服薬管理ができるか

　　ⓒ 規則正しい生活を送る習慣が身についているか

　　ⓓ 栄養バランスを考慮した食事をとることができるか

　　ⓔ 病気療養のために断酒することができるか

　㋒ 家事、家庭管理

　　ⓐ 食事の支度ができるか

　　ⓑ 部屋を掃除、整理整頓できるか

　　ⓒ 洗濯ができるか

　㋓ 安全管理

　　ⓐ 火の元の管理ができるか

　　ⓑ 戸締まりができるか

　㋔ 身だしなみ

　　ⓐ 外出時等きちんとした身なりをしているか

　　ⓑ 定期的に入浴する習慣が身についているか

  ⓚ　対人関係

    ⓐ　人とのコミュニケーションが図れるか

    ⓑ　人に迷惑をかける行為をすることがないか

3　転居費用の支給

　生活保護施設を退所して居宅保護に移行する場合、「法令又は管理者の指示により社会福祉施設等から退所するに際し帰住する住居がない場合（当該退所が施設入所の目的を達したことによる場合に限る。）」に該当すると考えられますから、転居に際して必要となる敷金等（権利金、礼金、不動産手数料、火災保険料、保証人がいない場合の保証料）の支給を受けることができます（局長通知第7・4（1）カ、課長通知第7問30答5、課長通知第7問35答、保護手帳341・344・345頁）。また、引っ越し代（荷造費・運搬費）の支給も受けることができます（局長通知第7・2（7）ア（サ）、保護手帳324頁）。

48　高額賃料を支払っている場合、生活保護を利用できないか

Q　私は家賃6万円のマンションに1人で暮らしていますが、病気になり働けなくなりました。生活保護の申請に行ったところ、「住宅扶助の上限より高い家賃のマンションに住んでいるから生活保護は利用できない。基準額以下の住居に引っ越してから申請に来るように。」と言われました。しかし、私は引っ越し費用などを用意することもできません。

　本当に私は生活保護を利用できないのでしょうか。

A　住宅扶助の上限より高い家賃のマンション等で暮らしていても生活保護を利用することはできます。保護を受けた後で高額な家賃のために最低生活の維持に支障があると認められる場合には、保護の実施機関から転居を促す指導がされることがありますが、その場合には転居費用等が支給されます。

解　説

1　住宅扶助について

（1）　住宅扶助（家賃）の上限

　住宅扶助のうち「家賃・間代・地代等」については、1級地及び2級地で1万3,000円以内、3級地で8,000円以内という一般基準が定められており、これを超えるときは、都道府県又は政令指定都市若しくは中核市ごとに厚生労働大臣が別に定める額の範囲内の額とされていますが（生活保護基準別表第3、保護手帳339頁）、実際にはほとんどが後者によっています（後者の基準については後掲資料参照）。

　後者の基準によると、例えば、大阪市在住の単身者の場合、住宅扶助（家賃）の上限は4万円（令和3年4月現在の基準。なお、令和5年現在も同様。）となります。

（2）　住宅扶助基準の意味

　住宅扶助の基準は、あくまでも家賃等住居にかかる費用を支給する上限金額であり、生活保護開始決定の基準ではありません。

　住宅扶助の基準より高い家賃のマンション等に住んでいたとしても、生活保護の要件を満たしていれば、生活保護を利用することはできます。したがって、「住宅扶助基準内の家賃に転居してからでないと生活保護は利用できない」という実施機関の対応は、明らかに違法です。

　ただし、住宅扶助費が基準額以上支給されることはありません。住宅扶助の基準を超える家賃のマンション等に現に居住したまま生活保護を利用する場合は、生活保護費のうち住宅扶助以外の項目で支給される金銭から自身でやり繰りして、住宅扶助の基準を超える家賃を支払わなければなりません。

2　家賃が高額である場合の転居指導について

　住宅扶助の基準を超える高額な家賃のために最低生活を維持するのに支障があると認められる場合は、生活保護法27条1項を根拠に、保護の実施機関から、より低額な賃料の住宅へ転居することを指導される場合があります。

　このような指導に従って行う転居は、実施機関の指導に基づき、現在支払われている家賃よりも低額な住居に転居する場合に当たりますから、生活保護から敷金等が支払われることになります（課長通知第7問30答2、保護手帳343頁）。

○資料　住宅扶助特別基準額【令和 3 年 4 月現在】

＜世帯人員別の住宅扶助（家賃・間代等）の限度額＞

都道府県	級地	1 人	2 人	3 人～5 人	6 人	7 人以上
北海道	1 級地	29,000円	35,000円	37,000円	41,000円	45,000円
北海道	2 級地	30,000円	36,000円	39,000円	42,000円	47,000円
北海道	3 級地	25,000円	30,000円	33,000円	35,000円	39,000円
青森県	3 級地	30,000円	36,000円	39,000円	42,000円	47,000円
岩手県	3 級地	31,000円	37,000円	40,000円	43,000円	48,000円
宮城県	2 級地	35,000円	42,000円	45,100円	49,000円	55,000円
宮城県	3 級地	35,000円	42,000円	46,000円	49,000円	55,000円
秋田県	3 級地	35,000円	42,000円	46,000円	49,000円	55,000円
山形県	2 級地	35,000円	42,000円	46,000円	49,000円	55,000円
山形県	3 級地	35,000円	42,000円	46,000円	49,000円	55,000円
福島県	2 級地	36,000円	43,000円	47,000円	50,000円	56,000円
福島県	3 級地	33,000円	40,000円	43,000円	46,000円	51,000円
茨城県	2 級地	35,400円	42,000円	46,000円	50,000円	55,000円
茨城県	3 級地	34,000円	41,000円	44,000円	48,000円	53,000円
栃木県	2 級地	32,000円	38,000円	41,000円	45,000円	49,000円
栃木県	3 級地	32,200円	39,000円	41,800円	45,000円	50,200円
群馬県	2 級地	30,000円	36,000円	39,000円	42,000円	47,000円
群馬県	3 級地	30,700円	37,000円	39,900円	43,000円	47,900円
埼玉県	1 級地	47,700円	57,000円	62,000円	67,000円	74,400円
埼玉県	2 級地	43,000円	52,000円	56,000円	60,000円	67,000円
埼玉県	3 級地	37,000円	44,000円	48,000円	52,000円	58,000円
千葉県	1 級地	46,000円	55,000円	59,800円	64,000円	71,800円
千葉県	2 級地	41,000円	49,000円	53,000円	57,000円	64,000円
千葉県	3 級地	37,200円	45,000円	48,400円	52,000円	58,100円
東京都	1 級地	53,700円	64,000円	69,800円	75,000円	83,800円
東京都	2 級地	45,000円	54,000円	59,000円	63,000円	70,000円
東京都	3 級地	40,900円	49,000円	53,200円	57,000円	63,800円
神奈川県	1 級地	41,000円	49,000円	53,000円	57,000円	64,000円
神奈川県	2 級地	41,000円	49,000円	53,000円	57,000円	64,000円
神奈川県	3 級地	41,000円	49,000円	53,000円	57,000円	64,000円
新潟県	2 級地	31,800円	38,000円	41,000円	45,000円	49,700円
新潟県	3 級地	32,000円	38,000円	42,000円	45,000円	50,000円
富山県	2 級地	29,000円	35,000円	38,000円	41,000円	46,000円
富山県	3 級地	22,000円	26,000円	29,000円	31,000円	34,000円

都道府県	級地	1人	2人	3人～5人	6人	7人以上
石川県	2級地	31,000円	37,000円	40,000円	43,000円	48,000円
石川県	3級地	31,000円	37,000円	40,100円	43,000円	48,100円
福井県	2級地	32,000円	38,000円	41,000円	45,000円	49,000円
福井県	3級地	30,000円	36,000円	39,000円	42,000円	47,000円
山梨県	2級地	29,000円	35,000円	38,000円	41,000円	45,000円
山梨県	3級地	30,000円	36,000円	39,000円	42,000円	47,000円
長野県	2級地	35,000円	42,000円	46,000円	49,000円	55,000円
長野県	3級地	31,800円	38,000円	41,300円	45,000円	49,600円
岐阜県	2級地	32,200円	39,000円	41,800円	45,000円	50,200円
岐阜県	3級地	29,000円	35,000円	37,700円	41,000円	45,200円
静岡県	2級地	37,000円	44,000円	48,000円	52,000円	58,000円
静岡県	3級地	37,200円	45,000円	48,300円	52,000円	58,000円
愛知県	2級地	37,000円	44,000円	48,100円	52,000円	58,000円
愛知県	3級地	36,000円	43,000円	46,600円	50,000円	56,000円
三重県	2級地	35,200円	42,000円	45,800円	49,000円	55,000円
三重県	3級地	33,400円	40,000円	43,400円	47,000円	52,100円
滋賀県	2級地	41,000円	49,000円	53,000円	57,000円	63,000円
滋賀県	3級地	35,000円	42,000円	46,000円	49,000円	55,000円
京都府	1級地	40,000円	48,000円	52,000円	56,000円	62,000円
京都府	2級地	37,000円	44,000円	48,000円	52,000円	58,000円
京都府	3級地	36,000円	43,000円	47,000円	50,000円	56,000円
大阪府	1級地	39,000円	47,000円	51,000円	55,000円	61,000円
大阪府	2級地	38,000円	46,000円	49,000円	53,000円	59,000円
大阪府	3級地	29,000円	35,000円	38,000円	41,000円	45,000円
兵庫県	1級地	40,000円	48,000円	52,000円	56,000円	62,000円
兵庫県	2級地	39,000円	47,000円	51,000円	55,000円	61,000円
兵庫県	3級地	32,300円	39,000円	42,000円	45,000円	50,400円
奈良県	2級地	36,000円	43,000円	47,000円	50,000円	56,000円
奈良県	3級地	33,000円	40,000円	43,000円	46,000円	51,000円
和歌山県	3級地	32,000円	38,000円	42,000円	45,000円	50,000円
鳥取県	2級地	32,000円	38,000円	42,000円	45,000円	50,000円
鳥取県	3級地	34,000円	41,000円	44,000円	48,000円	53,000円
島根県	2級地	34,000円	41,000円	44,000円	48,000円	53,000円
島根県	3級地	28,200円	34,000円	37,000円	39,000円	44,000円
岡山県	2級地	34,800円	42,000円	45,000円	49,000円	54,000円
岡山県	3級地	31,000円	37,000円	40,000円	43,000円	48,000円
広島県	1級地	35,000円	42,000円	46,000円	49,000円	55,000円

都道府県	級地	1人	2人	3人～5人	6人	7人以上
広島県	2級地	35,000円	42,000円	46,000円	49,000円	55,000円
広島県	3級地	33,000円	40,000円	43,000円	46,000円	52,000円
山口県	2級地	31,000円	37,000円	40,000円	43,000円	48,000円
山口県	3級地	30,000円	36,000円	39,000円	42,000円	47,000円
徳島県	2級地	29,000円	35,000円	38,000円	41,000円	45,000円
徳島県	3級地	29,000円	35,000円	38,000円	41,000円	45,000円
香川県	3級地	32,000円	38,000円	42,000円	45,000円	50,000円
愛媛県	3級地	32,000円	38,000円	42,000円	45,000円	50,000円
高知県	3級地	29,000円	35,000円	38,000円	41,000円	45,000円
福岡県	2級地	32,000円	38,000円	41,100円	45,000円	49,300円
福岡県	3級地	32,000円	38,000円	42,000円	45,000円	50,000円
佐賀県	2級地	30,300円	36,000円	39,400円	42,000円	47,300円
佐賀県	3級地	29,000円	35,000円	38,000円	41,000円	45,000円
長崎県	2級地	32,000円	38,000円	42,000円	45,000円	50,000円
長崎県	3級地	32,000円	38,000円	42,000円	45,000円	50,000円
熊本県	2級地	35,000円	42,000円	46,000円	49,000円	55,000円
熊本県	3級地	33,000円	40,000円	43,000円	46,000円	51,000円
大分県	2級地	28,000円	34,000円	36,000円	39,000円	44,000円
大分県	3級地	26,600円	32,000円	34,600円	37,000円	42,000円
宮崎県	3級地	29,000円	35,000円	38,000円	41,000円	45,000円
鹿児島県	3級地	24,200円	29,000円	31,500円	34,000円	38,000円
沖縄県	3級地	32,000円	38,000円	41,000円	45,000円	49,000円

＜世帯人員別の住宅扶助（家賃・間代等）の限度額〔市〕＞

市	1人	2人	3人～5人	6人	7人以上
札幌市	36,000円	43,000円	46,000円	50,000円	56,000円
仙台市	37,000円	44,000円	48,000円	52,000円	58,000円
さいたま市	45,000円	54,000円	59,000円	63,000円	70,000円
千葉市	41,000円	49,000円	53,000円	57,000円	64,000円
横浜市	52,000円	62,000円	68,000円	73,000円	81,000円
川崎市	53,700円	64,000円	69,800円	75,000円	83,800円
相模原市	41,000円	49,000円	53,000円	57,000円	64,000円
新潟市	35,500円	43,000円	46,200円	50,000円	55,400円
静岡市	39,000円	47,000円	51,000円	55,000円	61,000円
浜松市	37,700円	45,000円	49,000円	53,000円	59,000円
名古屋市	37,000円	44,000円	48,000円	52,000円	58,000円
京都市	40,000円	48,000円	52,000円	56,000円	62,000円

市	1人	2人	3人～5人	6人	7人以上
大阪市	40,000円	48,000円	52,000円	56,000円	62,000円
堺市	38,000円	46,000円	49,000円	53,000円	59,000円
神戸市	40,000円	48,000円	52,000円	56,000円	62,000円
岡山市	37,000円	44,000円	48,000円	52,000円	58,000円
広島市	38,000円	46,000円	49,000円	53,000円	59,000円
北九州市	29,000円	35,000円	38,000円	41,000円	45,000円
福岡市	36,000円	43,000円	47,000円	50,000円	56,000円
熊本市	31,100円	37,000円	40,400円	44,000円	49,000円
函館市	30,000円	36,000円	39,000円	42,000円	47,000円
旭川市	28,000円	34,000円	36,000円	39,000円	44,000円
青森市	31,000円	37,000円	40,300円	43,000円	48,000円
八戸市	30,000円	36,000円	39,000円	42,000円	47,000円
盛岡市	31,000円	37,000円	40,000円	43,000円	48,000円
秋田市	32,000円	38,000円	42,000円	45,000円	50,000円
山形市	35,000円	42,000円	46,000円	49,000円	55,000円
郡山市	30,000円	36,000円	39,000円	42,000円	47,000円
いわき市	35,000円	42,000円	46,000円	49,000円	55,000円
福島市	36,000円	43,000円	47,000円	50,000円	56,000円
水戸市	35,400円	42,000円	46,000円	50,000円	55,000円
宇都宮市	38,100円	46,000円	49,500円	53,000円	59,400円
前橋市	34,200円	41,000円	44,500円	48,000円	53,400円
高崎市	34,200円	41,000円	44,500円	48,000円	53,400円
川越市	42,000円	50,000円	55,000円	59,000円	66,000円
越谷市	43,000円	52,000円	56,000円	60,000円	67,000円
川口市	47,700円	57,000円	62,000円	67,000円	74,400円
船橋市	43,000円	52,000円	56,000円	60,000円	67,000円
柏市	41,000円	49,000円	53,000円	57,000円	64,000円
八王子市	53,700円	64,000円	69,800円	75,000円	83,800円
横須賀市	44,000円	53,000円	57,000円	62,000円	69,000円
富山市	33,000円	40,000円	43,000円	46,000円	51,000円
金沢市	33,000円	40,000円	43,000円	46,000円	51,000円
福井市	32,000円	38,000円	41,000円	45,000円	49,000円
甲府市	29,000円	35,000円	38,000円	41,000円	45,000円
長野市	36,000円	43,000円	47,000円	50,000円	56,000円
松本市	35,000円	42,000円	46,000円	49,000円	55,000円
岐阜市	32,000円	38,000円	41,600円	45,000円	50,000円
豊橋市	35,000円	42,000円	46,000円	49,000円	55,000円

市	1人	2人	3人～5人	6人	7人以上
岡崎市	37,000円	44,000円	48,000円	52,000円	57,000円
豊田市	37,400円	45,000円	48,600円	52,000円	58,300円
一宮市	37,000円	44,000円	48,100円	52,000円	58,000円
大津市	39,000円	47,000円	51,000円	55,000円	61,000円
枚方市	38,000円	46,000円	49,000円	53,000円	59,000円
八尾市	39,000円	47,000円	51,000円	55,000円	61,000円
寝屋川市	39,000円	47,000円	51,000円	55,000円	61,000円
豊中市	42,000円	50,000円	55,000円	59,000円	66,000円
高槻市	39,000円	47,000円	51,000円	55,000円	61,000円
東大阪市	38,000円	46,000円	49,000円	53,000円	59,000円
吹田市	39,000円	47,000円	51,000円	55,000円	61,000円
姫路市	38,000円	46,000円	49,000円	53,000円	59,000円
尼崎市	42,500円	51,000円	55,300円	60,000円	66,400円
明石市	40,000円	48,000円	52,000円	56,000円	62,000円
西宮市	42,500円	51,000円	55,300円	60,000円	66,400円
奈良市	38,000円	46,000円	49,000円	53,000円	59,000円
和歌山市	34,000円	41,000円	44,000円	48,000円	53,000円
鳥取市	32,000円	38,000円	42,000円	45,000円	50,000円
松江市	34,000円	41,000円	44,000円	48,000円	53,000円
倉敷市	35,000円	42,000円	46,000円	49,000円	55,000円
福山市	34,000円	41,000円	44,000円	48,000円	53,000円
呉市	35,000円	42,000円	46,000円	49,000円	55,000円
下関市	29,000円	35,000円	38,000円	41,000円	45,000円
高松市	37,000円	44,000円	48,000円	52,000円	58,000円
松山市	32,000円	38,000円	42,000円	45,000円	50,000円
高知市	32,000円	38,000円	42,000円	45,000円	50,000円
久留米市	31,000円	37,000円	40,000円	43,000円	48,000円
長崎市	36,000円	43,000円	47,000円	50,000円	56,000円
佐世保市	32,000円	38,000円	42,000円	45,000円	50,000円
大分市	29,000円	35,000円	38,000円	41,000円	45,000円
宮崎市	29,500円	35,000円	38,300円	41,000円	46,000円
鹿児島市	31,600円	38,000円	41,100円	44,000円	49,300円
那覇市	32,000円	38,000円	41,800円	45,000円	50,000円

49　生活保護を利用していても家主に住居の修繕を請求できるか

Q　私は、生活保護を利用して家賃4万円のアパートに1人で暮らしています。部屋のトイレのタンクが壊れており、水がうまく流れず生活に支障があるので、家主に修理をお願いしたところ「生活保護利用者の部屋の修理をする義務はない。」と言われてしまいました。トイレのタンクはわざと壊したわけではありません。

　家主の言い分に理由はあるのでしょうか。

A　家主は賃貸借契約の賃貸人として、アパートの修繕義務を負うので、家主がトイレのタンク修理などをしなければなりません。そのことは借家人（賃借人）が生活保護を利用していても変わることはありません。

解　説

1　生活保護利用者の不動産賃貸借

　家主（賃貸人）と借家人（賃借人）との関係は、民法や借地借家法に基づく、一般の不動産賃貸借の関係です。

　不動産の借家人（賃借人）が生活保護を利用していることは、不動産賃貸借契約の内容には関係ありません。したがって、当然のことながら、生活保護を利用していることを理由に、借家人（賃借人）としての権利が制限されるということはありません。

2　家主への修繕請求

　不動産賃貸借において、家主（賃貸人）は借家人（賃借人）に対し

て、目的物たる不動産を使用収益させる義務があるとともに、不動産についての修繕義務を負います（民606）。

　不動産の設備であるトイレタンクの故障は、この家主（賃貸人）の修繕義務に含まれる内容であり、家主（賃貸人）はその修繕義務を負います。

　また、賃貸借契約書の中に、「修繕義務を大家（賃貸人）が負わない」などと書かれている場合もありますが、建物の構造や重要な設備に関する家主（賃貸人）の修繕義務は、契約で排除することができない義務です。

　家主（賃貸人）が、生活保護を理由に修繕を拒絶することはできないので、本問の家主（賃貸人）の言い分には理由がありません。

3　住宅維持費での対応

　家主（賃貸人）が前記の修繕義務を果たさない場合や持ち家の場合で、「被保護者が現に居住する家屋の畳、建具、水道設備、配電設備等の従属物の修理又は現に居住する家屋の補修その他維持のために経費を要する場合」には、「住宅維持費」として、年額12万8,000円以内（令和6年4月1日以降は年額13万円以内）（やむを得ない事情がある場合は19万2,000円以内）を上限として住宅扶助から支給してもらうこともできます（生活保護基準別表第3・1、保護手帳339頁、局長通知第7・4（2）ア・イ、保護手帳346頁）。

50　生活保護利用者の転居における原状回復義務はど うなっているのか

Q 私は生活保護を利用し、エレベーターのないマンショ ンの 4 階で 1 人暮らしをしていましたが、高齢のため階 段の昇り降りができず、近所のアパートの 1 階に引っ越 しました。ところが今になって、前に住んでいたマンションの大 家から、壁の汚れや建具の破損などについて原状回復費用の請求 をされています。どうすればよいでしょうか。

A 建物の通常使用の損耗というべきものについては、原 則として原状回復費用を支払う義務はありません。原状 回復費用を支払う義務がある場合でも、住宅維持費の支 給を受けることができる場合があります。

解　説

1　不動産賃貸借契約終了時の賃借人の原状回復

　前掲 Q 49 で解説したとおり、生活保護利用の有無にかかわらず、賃 貸人と賃借人との関係は、建物賃貸借契約に基づく関係です。

　建物賃貸借契約において、賃借人が建物を賃貸人に返還する際、賃 借人は、原則として賃貸物件を原状回復して賃貸人に返還する必要が あります。ただし、「通常損耗」の範囲内の損傷については、原状回復 する必要がないとされていますので、「通常損耗」の範囲を超える損耗 についてのみ原状回復すれば足ります。

　最高裁平成 17 年 12 月 16 日判決（判時 1921・61）は、「賃借人が社会通念 上通常の使用をした場合に生ずる賃借物件の劣化又は価値の減少」が 「通常損耗」に当たり、賃借人の原状回復の範囲に入らないと判断し

ています。

　例を挙げると、自然に生じる壁紙の変色や、日常生活によって生じる畳や床の劣化などが「通常損耗」に当たります。

　なお、賃借人が補修費を負担することになる通常損耗の範囲につき、賃貸借契約書自体に具体的に明記されているか、賃貸人が口頭により説明し、賃借人がその旨を明確に認識して、それを合意の内容としたものと認められるなど、その旨の特約が明確に合意されている場合には、賃借人が通常損耗についての原状回復義務を負うことがあります（前掲最判平17・12・16）。

　その一方で、賃借人は、故意や重過失によって、また通常の使用方法から外れた方法により使用した場合に発生した、建物や建具の損傷については、原状回復義務を負います。

　原状回復義務を負う場合、賃借人は、たとえ生活保護を利用していたとしても、賃貸人に対する一般の民事債務として、生活保護費の中から弁償するか、自費で修繕する必要があります。

2　生活保護の住宅維持費としての支給

　生活保護を利用している場合、原状回復に必要な費用が住宅維持費として支給される場合があります。

　まず、退去することになった賃貸物件に入居する時点で敷金（名称の異なる同様の趣旨のものを含みます。）を支払っている場合、当該敷金は原状回復費用に充てるべきものと考えられますので、原状回復費用に充てるために住宅維持費が支給されることはありません。

　入居の時点で敷金を支払っていない（生活保護から礼金・手数料等として支給されているが、敷金として支給されていない場合を含みます。）場合で、①原状回復の範囲が、社会通念上、真にやむを得ないと認められる範囲であり、②故意・重過失により毀損した部分の修繕で

はない場合には、必要最小限度の額が住宅維持費として支給されることがあります（問答集問7－117、別冊問答集262頁）。

　なお、故意・重過失により賃貸物件を毀損した場合には、賃借人は原状回復義務を負いますが、住宅維持費は支給されませんので、注意が必要です。

　原状回復費用として、住宅維持費が支給される場合、その金額は、家賃の限度額の3倍が限度となっています（局長通知第7・4(1)カ、保護手帳341頁参照）。ただし、入居時に敷金の支払はないものの、礼金・手数料等が支給されている場合には、その分を控除した額が限度となります（問答集問7－117、別冊問答集262頁）。

51　いわゆる「追い出し屋」などによる生活保護利用者に対する住居からの締め出しにはどのように対処すればよいか

　生活保護を利用していますが、私の不注意で生活保護費全額を紛失し、今月、アパートの家賃を支払うことができませんでした。

アパートの管理会社には事情を説明していたのですが、ちょっと出掛けている間に部屋の鍵を変えられて締め出されてしまいました。

衣類などは段ボールに入れられて部屋の外に出されており、段ボールには「賃料不払を理由に明渡しを実行しました」と書かれた紙と、管理会社の担当者の連絡先電話番号が書いてある紙が貼ってありました。

どのように対処すればよいでしょうか。

　賃料の滞納があったとしても、勝手に鍵を変え、賃借人を締め出すことは認められていません。弁護士などを通じて管理会社に締め出しを解除させましょう。解除に応じなかったり、荷物を捨てるなど悪質な締め出し行為については、法的手続による対抗措置を講じる必要があります。

解　説

1　自力救済が認められないこと

賃貸人と賃借人との関係は、一般民事の建物賃貸借契約に基づく関係です。賃借人には賃料を支払う義務があり、それを怠った場合には、賃貸借契約の解除原因となります。これは、生活保護の利用の有無に

かかわりません。

　しかし、賃貸人が賃料を滞納している賃借人から、強制的に賃貸物件の明渡しを得るためには、賃借人を被告として、賃貸物件の明渡請求訴訟を行い、判決等の債務名義を得て、更にその債務名義に基づいて強制執行を行わなければなりません。

　その上、建物の賃貸借契約は、建物の継続的な利用を前提としていますので、それまで滞納なく長期間にわたって賃貸借契約関係を継続しているような場合であれば、1回だけの賃料不払を理由として賃貸借契約の解除が認められる可能性は低いものといえます。

　また、賃借人に賃料の不払があったとしても、賃貸人や管理会社が賃借人に無断で、賃貸物件の鍵を変え、賃借人の荷物を片付ける締め出し行為は、自力救済に当たるとして認められていません。

2　締め出しを解除させる

　大阪簡裁平成21年5月22日判決（判時2053・70）は、「被告は、鍵を交換し原告を本件建物から締め出すことによって、間接的に未払賃料の支払いを促そうとしたものと推認されるが、被告のこうした行為は通常許される権利行使の範囲を著しく超えるもので、原告の平穏に生活する権利を侵害する行為であり、原告に対する不法行為を構成するのは明らかである。」として、鍵を交換した行為の違法性を認め、建物賃貸人や建物管理会社については「国民の住居の平穏や居住権を侵害する違法な行為として厳しく非難されなければならない。」として、賃貸人等に慰謝料の支払を命じています。

　また、東京地裁平成22年7月30日判決（平21(ワ)12334）は、賃料収納代行業者による賃貸物件への立入り、施錠行為、荷物の撤去行為を認定し、「これらの行為は法律上の手続によらずに原告の本件物件において居住する利益を一方的に奪った違法な行為といわざるを得ない。」

として慰謝料の支払を命じています。

　その他、福岡簡裁平成21年 2 月17日判決（平20(ハ)60018・60684）、姫路簡裁平成21年12月22日判決（消費者法ニュース83・60）、大阪高裁平成23年 6 月10日判決（判時2145・32）、東京地裁平成24年 3 月 9 日判決（判時2148・79）など、多くの裁判例がいわゆる「追い出し屋」の違法性を認めています。

　このように、賃貸人や管理会社による締め出し行為は、明らかに違法ですので、賃貸人や管理会社に連絡し、場合によってはこれらの裁判例を示し、締め出しを解除させることが必要です。賃貸人等の対応次第では、締め出し行為が住居侵入罪、不動産侵奪罪、窃盗罪、器物損壊罪といった犯罪行為に該当し、これらを理由とする刑事告訴も辞さないことを伝えなければなりません。

　いわゆる「追い出し屋」によっては、賃料の一部だけでも入金があれば締め出しを解除するなど、何らかの条件を提示してくる場合もありますが、締め出し行為が不法行為であることは明らかなので、そのような違法状態の解消のためには安易な譲歩はすべきではありません。

3　解決の方針

　いわゆる「追い出し屋」との交渉の結果、締め出しを解除させたとしても、賃料滞納の解消などについて、全体的な解決をしなくてはいけません。

　締め出し行為が悪質な場合は、締め出し行為に対する損害賠償債権と滞納賃料債務を交渉の中で相殺することも考えられます。

　滞納賃料額が高額である場合など、現実の滞納賃料債務の解消について何らかの措置をとらねばならないときは、賃貸人と分割支払の示談交渉をするなどしなければなりません。

　いずれにせよ、最低生活の維持が困難にならないよう配慮した解決が必要です（参考文献：全国追い出し屋対策会議編『住まいを守れ！賃貸住宅「追い出し屋」被害救済マニュアル』（耕文社、2009））。

4　代理納付

　生活保護を利用している場合、支給された生活保護費を紛失して、賃料を支払うことができない状態とならないために、保護の実施機関から賃貸人に対して直接住宅扶助費を支払ってもらう「代理納付」制度を利用することができます（生保37の 2、生保令 3）。代理納付を希望する場合には、保護の実施機関に対して、申込書を提出することで、毎月の住宅扶助費と共益費が保護の実施機関から賃貸人に直接支払われることになります。ただし、賃貸人が希望しない場合や住宅扶助費が満額支給されない場合等は、代理納付は適用されませんので、注意が必要です。

5　生活保護費の再支給について

　災害や盗難、強奪その他不可抗力により生活保護費を失った場合には、再支給の可能性があります。詳しくは、後掲Q97を参照してください。

52　家主から明渡請求の訴訟を起こされたら

Q　私は夫と２人で生活していますが、夫はうつ病とアルコール依存症を患い、失業したため、２人で暮らすアパートの賃料が６か月分も滞納となり、生活費もなくなってしまったので、生活保護を申請しました。家主からは、賃料滞納を理由に契約を解除され、アパートの明渡訴訟を起こされてしまいました。今から滞納した家賃を払う当てもありませんし、アパートを追い出されたら行く当てもありません。私たちはこれからどうなるのでしょうか。

A　アパートを退去せざるを得ませんので、新たなアパートを探して転居する必要があります。家主が相当の理由をもって立退きを求める場合、転居費用や転居先の敷金等は生活保護費として支給されます。

解　説

1　家主からの立退き要請

　不動産の賃貸借契約について解除が有効と認められるには、単に賃料不払等の債務不履行があるだけでは足りず、それが、当事者間の信頼関係を破壊する程度に至っていることが必要とされています。したがって、賃料の支払を１、２度怠った程度では容易に解除は認められません。しかし、本問のように、半年分の家賃を滞納し、滞納家賃を支払う当てもないような場合には、もはや当事者間の信頼関係が破壊されているとして家主による賃貸借契約の解除は有効と認められるものと思われます。もっとも、解除が有効であるとしても、民法上自力救済は認められておらず、家主が建物の賃借人を強制的に退去させる

ためには、裁判所に明渡訴訟を提起して勝訴判決を得た上で、それを
債務名義として、強制執行の手続をとる必要があります。したがって、
賃借人としては、家主から明渡訴訟を起こされたからといって直ちに
アパートを出て行かなければならないわけではありません。

2　滞納家賃は支給されない

　生活保護の申請時点において既に家賃を滞納している場合、生活保
護を申請すれば、滞納分は保護費として支給されると誤解されがちで
すが、保護の開始日は、原則として、申請日以降となりますので（局長
通知第10・3、保護手帳425頁）、申請日以前の家賃が遡って支給されるこ
とはありません。

　したがって、本問のケースでは、滞納賃料を支払って解除を撤回し
てもらうような和解をすることは困難であり、遅かれ早かれ、アパー
トを退去せざるを得ないことになります。他方、後述するように、本
問のケースでは、転居費用等の支給を受けることができますので、早
めに担当のケースワーカーに事情を説明した上で、できれば、明渡し
の判決が確定するまでに、転居先を確保しておくのがよいでしょう。

3　転居に必要な費用について

　「生活保護法による保護の実施要領について」（昭38・4・1社発246厚
生省社会局長通知）は、「被保護者が転居に際し、敷金等を必要とする場
合」には敷金を支給することができるとしています（局長通知第7・4
（1）カ、保護手帳341頁）。そして、「生活保護法による保護の実施要領の
取扱いについて」（昭38・4・1社保34厚生省社会局保護課長通知）には、被
保護者が「転居に際し、敷金等を必要とする場合」の一例として「家
主が相当の理由をもって立退きを要求し、又は借家契約の更新の拒絶
若しくは解約の申入れを行ったことにより、やむを得ず転居する場合」

が挙げられています（課長通知第7問30答14、保護手帳344頁）（なお、詳細については後掲Q54を参照してください。）。

　前記のとおり、本問のケースにおいては家主による賃貸借契約の解除は有効と認められるものと思われますので、「家主が相当の理由をもって立退きを要求し、やむを得ず転居する場合」として「転居に際し敷金等を必要とする場合」に当たります。したがって、生活保護法14条の住宅扶助費として敷金等（不動産手数料、火災保険料、保証人がいない場合の保証料等を含みます。）、同法12条の生活扶助の移送費として引っ越し費用の支給を受けることができます。

　もっとも、実施機関によっては、本問のように、家主から立退きを求められた原因につき利用者側に帰責事由がある場合には、「家主が相当の理由をもって立退きを要求し、やむを得ず転居する場合」に該当しないという対応をするところもあるようです。しかし、前記のとおり、生活保護利用者の中には、病気や障がい等の問題を抱えているため金銭管理が上手くできない人も多く、申請者側に帰責事由があるという理由で敷金等や引っ越し代が支給されないとなると、結局転居できずに住居を失うことにもなりかねませんが、そのような結果が不当であることは明らかです。前記課長通知における第7問30答14の文言上も、申請者側に帰責事由がある場合を除外していません。

　実際、生活保護利用者が旧住居の家主から、テレビの音がうるさく、家主が注意しても生活保護利用者が改めないため立退きを求められたことから、新住居の敷金等を福祉事務所に支給申請したところ、生活保護利用者自らが転居原因を作出した場合は支給できないとして、申請が却下されたことに対し、前記課長通知における第7問30答14を根拠に敷金等が支給されるべきであるとして提訴した事案の控訴審判決において、裁判所は、「相当の理由」は借地借家法28条の「正当の理由」よりも緩やかに解されるべきであるとした上で、原告（控訴人）は家

主より「相当の理由」をもって立退き要求及び解約申入れを受け、「や
むを得ず転居」したと認められると判断して一審判決を取り消し、原
告（控訴人）の請求を認容しました（広島高岡山支判平22・12・27賃社1559・
39）。

4　代理納付について

　生活保護利用者の中には、本問のように病気や障がい等の問題を抱
えているため金銭管理が上手くできない人も多く、保護開始後に家賃
を滞納して家主とトラブルになるケースも時々見られます。

　しかし、住宅扶助費として支給された扶助費を一般生活費として費
消してしまうことは生活保護法の趣旨に反することになります。そこ
で、そのような事態を避けるため、生活保護利用者に代わり保護の実
施機関が家主に対し住宅扶助費（賃料）及び共益費、管理費等を納付
すること（代理納付）も可能となっていますので（生保37の2、生保令3）、
金銭管理に不安がある場合には、今後のトラブルを未然に防ぐ意味か
ら利用を検討すべきでしょう。

　なお、代理納付制度以外にも、認知症高齢者、知的障がい者、精神
障がい者などで判断能力が不十分な人については、社会福祉協議会が
行っている日常生活自立支援事業を利用して、通帳の保管や預金の出
し入れ等日常の金銭管理を手伝ってもらうことができますので利用を
検討されるとよいでしょう。

53　他市に転居しても生活保護を利用できるか

Q　私は1人暮らしで、現在A市において生活保護を利用しています。私はA市の隣のB市内でアルバイトをしていますが、早朝の仕事なので、できればアルバイト先の近くに引っ越したいと考えています。私が引っ越しを考えているワンルームマンションは初期費用ゼロの物件で、家賃は今のアパートと同じです。また、荷物も少ないので友人に手伝ってもらえば引っ越し代もかかりません。

　B市に引っ越しをしても引き続き生活保護は利用できますか。

A　生活保護を利用する要件（収入充当額が最低生活費を下回ること）を満たしている限り、B市に引っ越しをしても引き続き生活保護を利用できます。なお、市町村をまたいだ転居など保護の実施機関が変わる場合は、生活保護の移管手続が必要になります。

解　説

1　転居の自由

　転居の自由は憲法22条により何人にも保障された人権です。今の住居に不都合があり、別の場所に引っ越す自由は、生活保護を利用していることにより制限されることはありません。また、転居の理由によっては、生活保護費として転居先の敷金等や引っ越し費用の支給を受けることもできます（詳しくは、後掲Q54を参照してください。）。

　本問のケースは、「現在の居住地が就労の場所から遠距離にあり、通勤が著しく困難であって、当該就労の場所の附近に転居することが、世帯の収入の増加、当該就労者の健康の維持等世帯の自立助長に特に

効果的に役立つと認められる場合」（課長通知第7問30答8、保護手帳344頁）
として、敷金等や引っ越し費用の支給を受けられる可能性があります
ので、はじめから初期費用のかからない物件にこだわるのではなく、
まずは実施機関に事情をよく説明して敷金等や引っ越し費用を支給し
てもらえるよう交渉してみるのがよいでしょう。

2　転居する場合に利用者が行うべき届出等

　同一市町村内での転居など、転居の前後で生活保護の実施機関が同
じである場合には、生活保護利用者の行う手続としては、当該実施機
関に、転居の事実を届け出て（生保61）、担当のケースワーカーの指示
に従って必要な書類や資料を提出することで足ります。この場合に
は、当該実施機関において引き続き生活保護を利用することになりま
す。

　他方、他の都道府県や市に転居する場合など、転居の前後で居住地
を管轄する実施機関が異なる場合には、利用者は、現在の実施機関に
対して転居することを届け出ることに加えて、新たな実施機関に対し、
改めて生活保護開始の申請手続をする必要があります。

　したがって、本問のケースでは、利用者はまずA市の福祉事務所に
対してB市に転居する旨を届け出るとともに、B市の福祉事務所に対
し、生活保護開始の申請を行うことになります。

3　新旧実施機関内部における処理（移管ケースの取扱い）

　転居の前後で居住地を管轄する実施機関が異なる場合には、生活保
護利用者に保護の空白が生じないよう、新旧実施機関において相互の
連絡が的確に行われる必要があります。

（1）　従前の実施機関内部における処理

　例えば、東京都「生活保護運用事例集」には、従前の実施機関が行

うべき処理について、次のように記されています（「生活保護運用事例集
2017（令和3年6月改訂版）」（東京都福祉保健局生活福祉部保護課）問8−12）。
①　あらかじめ、被保護者に対し、新たな保護の実施機関あて保護を
　申請すべき旨の指導を行う。
②　新たな保護の実施機関に連絡し、その者に対する保護の空白が生
　じないことを確認した上、保護を廃止する。
　　この場合、十分な時間的余裕をもって移管先の実施機関に連絡を
　行うよう留意する。また、被保護世帯の手持ち金の状況にも注意を
　払い、移管後の保護費の支給までの生活に支障がないよう配慮する。
③　保護廃止決定についての通知書の写し、その他の関係書類を添え
　て、新たな保護の実施機関あて移管通知を行う。なお、被保護者転
　出通知書には、保護の決定に必要な世帯台帳、保護決定調書、ケー
　ス記録の写しを添付する。
　生活保護利用者の立場として行うべきことは、まず、現在の生活保
護実施機関の担当ケースワーカーに引っ越しの予定や目処を伝え、転
居先でも生活保護が利用できるように、転居先の生活保護実施機関と
移管手続のための協議をしてもらうよう働き掛けるということになる
でしょう。
（2）　新たな実施機関内部における処理
　新たに実施責任を負う実施機関では、形式上は、新規開始のケース
と同様に、保護開始の申請書を受け付けることになります。もっとも、
移管ケースは、本来の新規開始ケースとは異なり、実質は要保護状態
が継続している中での実施機関の変更にすぎませんので、保護の適用
上は継続ケースとして位置付けられるものです。
　したがって、移管を受けた実施機関は、その時点での当該世帯が生
活保護の利用要件を満たしているか否かについて確認する必要はある
ものの、保護の要否判定及び程度の決定については、保護利用中の場

合と同様に取り扱う必要があります（課長通知第10問9答、保護手帳413頁）。例えば、当該世帯が保護の基準を上回る現金や預貯金を保有している場合であっても、そのことのみで保護の必要がないと判断してはなりません。当該現預金が従前の実施機関による保護費のやり繰りによって生じたものであるなど、移管前に保有を認容し得るものとして認定したであろうものについては、移管の前後で当該保護利用世帯に特段の状況の変化がない限り活用すべき資産として評価することは適当ではありません（問答集問10—15、別冊問答集392頁、前記「〔東京都〕生活保護運用事例集」問8—13参照）。

4　新たな実施機関で保護の利用を断られた場合

　なお、本来あってはならないことですが、転居前と何ら状況は変わらないにもかかわらず、新たな実施機関から保護の利用を断られるという事例も見受けられるようです。そこで、万が一そのような扱いを受けた場合には、従前の実施機関から新たな実施機関に対し保護の利用を認めるよう働きかけてもらったり、弁護士や支援者に同行してもらって生活保護の開始申請をする必要があります。

54　転居費用や敷金の支給を受けることはできるか

Q　私と夫は、２人世帯で生活保護を利用しています。築50年以上の木造の古いアパートに住んでいますが、老朽化が進んでおり、行政から家主に対し、倒壊の危険が極めて高く居住するには危険のある住宅だという指導があったとのことで、家主から取り壊すので退去してほしいと言われています。生活保護費から転居費用を支給してもらうことはできるでしょうか。

A　厚生労働省の通知によれば、「実施機関の指導に基づき、現在支払われている家賃又は間代よりも低額な住居に転居する場合」、「退職等により社宅等から転居する場合」、「老朽又は破損により居住にたえない状態になったと認められる場合」など、18の具体的場合（詳しくは後記解説を参照）に転居費用の支給が認められるとされています。あなたの場合、「老朽又は破損により居住にたえない状態になったと認められる場合」、若しくは解説で述べる「家主が相当の理由をもって立退きを要求し、〔中略〕やむを得ず転居する場合」に当たると思われますので、転居費用の支給を受けることができます。

解　説

1　敷金等の転居費用が支給される場合

　厚生労働省は、「生活保護法による保護の実施要領について」（昭38・4・1社発246厚生省社会局長通知）において、「被保護者が転居に際し、敷金等を必要とする場合」には敷金を支給することができるとし（局長通知第7・4（1）カ、保護手帳341頁）、さらに、「生活保護法による保護の実

施要領の取扱いについて」（昭38・4・1社保34厚生省社会局保護課長通知）において、「転居に際し敷金等を必要とする場合」として、次の18の具体的場合を列挙しています（課長通知第7問30答、保護手帳343頁）。

① 　入院患者が実施機関の指導に基づいて退院するに際し帰住する住居がない場合

② 　実施機関の指導に基づき、現在支払われている家賃又は間代よりも低額な住居に転居する場合

③ 　土地収用法、都市計画法等の定めるところにより立退きを強制され、転居を必要とする場合

④ 　退職等により社宅等から転居する場合

⑤ 　法令又は管理者の指示により社会福祉施設から退所するに際し帰住する住居がない場合（当該退所が施設入所の目的を達したことによる場合に限ります。）

⑥ 　宿所提供施設、無料低額宿泊所等の利用者が居宅生活に移行する場合

⑦ 　現に居住する住宅等において賃貸人又は当該住宅を管理する者等から、居室の提供以外のサービス利用の強要や、著しく高額な共益費等の請求などの不当な行為が行われていると認められるため、他の賃貸住宅等に転居する場合

⑧ 　現在の居住地が就労の場所から遠距離にあり、通勤が著しく困難であって、当該就労の場所の附近に転居することが、世帯の収入の増加、当該就労者の健康の維持等世帯の自立助長に特に効果的に役立つと認められる場合

⑨ 　火災等の災害により現住所が消滅し、又は、居住にたえない状態になったと認められる場合

⑩ 　老朽又は破損により居住にたえない状態になったと認められる場合

⑪　世帯人員からみて著しく狭隘であると認められる場合

⑫　病気療養上著しく環境条件が悪いと認められる場合又は身体障がい者がいる場合であって設備構造が居住に適さないと認められる場合

⑬　住宅が確保できないため、親戚、知人宅等に一時的に寄宿していた者が転居する場合

⑭　家主が相当の理由をもって立退きを要求し、又は借家契約の更新の拒絶若しくは解約の申入れを行ったことにより、やむを得ず転居する場合

⑮　離婚（事実婚の解消を含みます。）により新たに住居を必要とする場合

⑯　高齢者、身体障がい者等が扶養義務者の日常的介護を受けるため、扶養義務者の住居の近隣に転居する場合、又は双方が被保護者であって、扶養義務者が日常的介護のために高齢者、身体障がい者等の住居の近隣に転居する場合

⑰　被保護者の状態等を考慮の上、適切な法定施設（グループホームや有料老人ホーム等、社会福祉各法に規定されている施設をいいます。）に入居する場合であって、やむを得ない場合

⑱　犯罪等により被害を受け、又は同一世帯に属する者から暴力を受け、生命及び身体の安全の確保を図るために新たに借家等に転居する必要がある場合

本問の場合は、⑩の「老朽又は破損により居住にたえない状態になったと認められる場合」あるいは、⑭の「家主が相当の理由をもって立退きを要求し、〔中略〕やむを得ず転居する場合」に該当するので、住宅扶助(生保14)として敷金等の支給を受けることができます。なお、ここにいう敷金等には、敷金のほか、権利金、礼金、不動産手数料、火災保険料、保証人がいない場合の保証料が含まれます（課長通知第7

問35答、保護手帳345頁）。また、生活扶助（生保12）の移送費として引っ越し代の支給も受けられます。

2　列挙された「場合」に当たらない場合

　前記課長通知の問答は、「次のいずれかに該当する場合で、敷金等を必要とするときに限られるものである。」との表現になっており、敷金等を支給できる場合を限定列挙したものであると解されています。

　そのため、前記①から⑱までの場合に当てはまらない場合には、実施機関に敷金等の支給を認めてもらうのは困難です。しかし、そもそも通知自体は法規ではなく法的拘束力はありませんから、たとえ、列挙された場合に当たらなくとも、真に敷金の支給が必要であると考える事案については、むしろ、積極的に申請を行い、却下されたとしても、審査請求や訴訟で争うべきでしょう。

　前掲Q45でも紹介しましたが、佐藤訴訟（大阪地判平14・3・22賃社1321・10、大阪高判平15・10・23賃社1358・10）において、ホームレス状態にある人に対しては居宅保護を認めない実務上の運用について裁判所が違法であると判断したことを受けて、厚生労働省は、実施要領を一部改正して「保護開始時において、安定した住居のない要保護者（保護の実施機関において居宅生活ができると認められる者に限る。）が住宅の確保に際し、敷金等を必要とする場合」にそれらを支給して差し支えないものとし（局長通知第7・4（1）キ、保護手帳341頁）、以後、ホームレス状態の人が居宅保護を利用する場合にも敷金等が支給されるように運用が改められました。このように、生活保護にまつわる事件では、裁判で争ったことにより、従前の運用が改善されることも珍しくありませんので、早々にあきらめる必要はありません。

第8章　借金と生活保護

55　借金があると生活保護は利用できないか

 私は消費者金融業者などから借金があるのですが、生活保護の窓口に行くと、「借金のある人は生活保護は受けられない。」と言われました。借金があると生活保護は利用できないのでしょうか。

 そんなことはありません。借金があっても生活保護は利用できます。ただし、生活保護利用と並行して、借金は法的に整理した方がよいでしょう。

解　説

1　借金と生活保護利用の関係

　借金の有無は、生活保護の利用要件と何の関係もありませんから、借金があっても要保護性が認められれば生活保護は利用できます。本問のように、借金があることを理由に生活保護の申請を断念させることは明らかに違法です。

　ただし、生活保護費は「最低限度の生活費」ですから、それを借金の返済に充てると生活を圧迫し、最低生活の保障と自立助長という生活保護法の目的（生保1）に反することとなります。

　したがって、保護の実施機関としては、要保護性があれば生活保護を適用した上で、当事者から借金の有無や内容を丁寧に聴き取り、破

産等の法的整理を行うよう助言して、弁護士等につなぐというのが、正しいケースワークの在り方です。逆に言うと、借金があっても、法的整理を行う手はずが整っていれば、保護の実施機関も安心して保護を適用することができるということです。

2　「多重債務者自立支援プログラム」について

　厚生労働省は、各実施機関に対し、様々な自立支援プログラムを策定するよう指示していますが（平17・3・31社援発0331003、保護手帳877頁）、その1つとして、「債務整理等の支援に関するプログラム」があります。

　ちなみに、大阪弁護士会は、大阪市、堺市と連携して「多重債務者自立支援プログラム」に基づく法律相談事業を行っています。これは、ケースワーカーが借金を抱えている保護利用者を発見すると、弁護士会の専用電話番号に電話し、弁護士会職員が、専用名簿に掲載された弁護士を紹介し、法律扶助の利用を前提に事件を処理していくという制度です。実効的な体制が整っていない地域では、弁護士会の方から保護の実施機関に働き掛けて実効的な仕組みを作っていくことが求められています。

56　生活保護利用者が借入れをしたら

 　私は生活保護を利用していますが、資金繰りに失敗して生活費が足りなくなったので、消費者金融から借入れをしてしまいました。

　また、来年は、今高校2年生の子どもが専門学校に入学するために借入れをしたいと思っています。生活保護の利用の上で何か問題があるでしょうか。

 　「借入れ」も「収入」なので保護の実施機関に申告しなければならず、申告せずにいると後で不正受給として返還請求されることになります。また、就学資金等借入れの目的によっては、保護の実施機関の事前の承認を条件に収入認定除外となる場合があります。いずれにせよ借りる前に実施機関などに相談しましょう。

解　説

1　生活保護利用中の借入れ

　被保護者には、収入等の届出（申告）義務があり（生保61）、「借入れ」も「収入」ですから、保護の実施機関に申告しなければなりません。申告すれば収入認定され、その分保護費が減額されることになります。

　仮に、借入金を申告しないまま費消すると、減額されるべき保護費を不正に受給したことになるので、不正受給として借入額分を返還請求されることになります（生保78）。

　したがって、借りる前に実施機関や支援者に相談するべきです。既に借り入れてしまった場合には、これ以上借りないようにし、すぐに相談する必要があります。

　ただし、生活保護利用前から多重債務状態にあって、生活保護利用後、長期間、借りては返しの自転車操業状態にある場合にも、借入れ分だけ収入認定の対象とすると莫大な返還義務を負うことになって不合理な結果となります。このように、借りたそばから返済に回している場合には、実質的には「収入」があったとはいえず、収入認定の対象とはならないと考えられ、実際にもそのような扱いが一般的であると思われます。

2　借入れが収入認定除外される場合

　一定の要件を満たせば、借入金を収入として認定しないことが認められます。

　貸付資金が収入認定除外されるための要件は、次のとおりです（局長通知第8・2（3）、保護手帳386頁）。

①　保護の実施機関の事前の承認があること

②　現実に当該貸付けの趣旨に即し使用されていること

③　当該被保護世帯の自立更生のために当てられ、次のいずれかに該当すること

　㋐　事業の開始又は継続、就労及び技能習得のための貸付資金

　㋑　次のいずれかに該当する就学資金

　　ⓐ　高等学校等就学の支給対象とならない経費（学習費等を含みます。）及び高等学校等就学費の基準額又は学習支援費でまかないきれない経費であって、その者の就学のために必要な最小限度の額

　　ⓑ　高等学校等で就学しながら保護を受けることができるものとされた者の就労や早期の保護脱却に資する経費にあてられることを保護の実施期間が認めた場合において、これに必要な最小限度の額

　　ⓒ　大学等への就学のため、世帯分離又は、大学への就学にあた
　　　り居住を別にすることが見込まれる世帯について、大学等への
　　　就学後に要する費用にあてるための貸付金
　Ⓦ　医療費又は介護等費貸付資金
　Ⓔ　結婚資金
　Ⓞ　国又は地方公共団体により行われる貸付資金等で、次に掲げる
　　もの
　　ⓐ　住宅資金又は転宅資金
　　ⓑ　老人若しくは身体障害者等が機能回復訓練器具及び日常生活
　　　の便宜を図るための器具又は災害により損害を受けた者が、当
　　　該災害により生活基盤を構成する資産が損なわれた場合の当該
　　　生活基盤の回復に要する家具什器を購入するための貸付資金
　　ⓒ　配電設備又は排水設備のための貸付資金
　　ⓓ　国民年金の受給権を得るために必要な任意加入保険料のため
　　　の貸付資金
　　ⓔ　日常生活において利用の必要性が高い生活用品を緊急に購入
　　　するための貸付資金
　　ⓕ　厚生年金の受給権を得たために支払う必要が生じた共済組合
　　　等から過去に支給された退職一時金の返還のための貸付資金
　本問のような、子どもが専門学校に入学するための入学金、教材費、
授業料などの就学資金は、収入認定除外扱いとなる典型的なケースで
す。
　借入先としては、日本学生支援機構等の奨学金、都道府県・政令市・
中核市の母子福祉資金、生活福祉資金の修学資金（社会福祉協議会）
などがあります。
　ただし、借り入れる前に保護の実施機関に相談して「事前の承認」
を得る必要があることに注意してください。

3　返済金が「必要経費扱い」される場合

　前記2で述べたように、借入金について収入認定除外されて特定の使途のために使うことが許されたとしても、返済期限が来ると返済していかなければなりません。この場合、原則として生活保護費の中から返済していくことになりますが、生活保護費以外の収入がある場合、今度は、この返済金を「必要経費」として収入認定除外してもらうことができます。

　すなわち、「他法、他施策等による貸付金のうち当該被保護世帯の自立更生のために当てられる額の償還金」については、「その他の必要経費」として収入認定除外されます（次官通知第8・3（5）、保護手帳403頁）。

　つまり、障害基礎年金、児童扶養手当、就労収入等の定期的な収入がある場合、前記2で借り入れた貸付金の返済金について「必要経費」として収入認定除外してもらえるのです。この場合、実質的には、前記2の借入金について給付を受けたのと同じ効果を得ることができます。

　ただし、前記次官通知では、「真に必要やむを得ないものに限り、必要な最少限度の額」とされているので、後でトラブルにならないように、事前に保護の実施機関と協議しておく必要があります。

57　生活保護利用者が債務整理の方法として任意整理を選択することは妥当か

　私は、失業してしまって、2か月前から生活保護を利用して生活しています。生活保護を利用する前、生活が苦しくて、消費者金融やクレジット会社から借金をしてしまいました。

　自己破産はしたくないので、生活保護費から少しずつ借金を返済していきたいと思っています。このようなことは可能でしょうか。

A　生活保護利用者の債務整理に際しては、ごく例外的な場合を除き、債務の支払を前提とする任意整理ではなく、自己破産を選択するのが原則です。

解　説

1　問題の所在

　任意整理とは、裁判所を介さず、債務者本人あるいは代理人と貸金業者との交渉により、負債の減額及び支払手段を決める手続です。

　前記から明らかなとおり、任意整理を実施するためには、相談者に月々一定額の支払が可能な収入があることが要件となります。

　では、生活保護利用者が、任意整理を実施し、月々受領する生活保護費から一定額を借金の返済に充てることはできるでしょうか。

2　原　則

　たしかに、生活保護利用者は月々一定額の生活保護費を受け取っており、また、受け取った保護費の使途は原則として自由です。

　しかし、生活保護費はそもそも利用者の「最低限度の生活」を維持

するための金額しか支給されませんから、そこから一定額を借金の返済に充てていれば、「最低限度の生活」を維持することが困難となり、かえって借金の額を増やしてしまうことにもなりかねません。

　そのため、生活保護利用者の債務整理に際しては、債務の支払を前提とする任意整理や個人再生手続は選択すべきではなく、自己破産手続を選択するのが原則、ということになります。

3　例外的対応
（1）　債務が少額の場合

　例えば、負債額が10万円以下で自己破産手続をとることに躊躇を覚える場合や、負債が多額でも債権者数が少なく、かつ交渉により解決可能と思われる債権者である場合には、生活保護を利用していることや、障がいや高齢のため就労自立が困難であることなどの事情を説明して、債権者に対して債権の放棄を求める、という手段も考えられます。

　ただし、借金の総額が少額で、その内容が家賃・通信費（携帯電話代）・光熱費など生活の根幹に関わるような費用である場合には、任意整理手続の選択が相当と考えられる場合もあるものと思われます。

（2）　過払金がある場合

　債権調査の結果、一部債権者に対しては債務があるものの、他の債権者に対して過払金が発生している場合があります。

　この場合、過払金を回収して、残債務額の全額あるいは一部を一括で弁済する方法で任意整理を行うことが可能です。

　ここでは、回収した過払金額が残債務額を上回っている場合のみならず、これを下回っている場合でも、一定割合での一括弁済の提案により任意整理ができる場合があります。

　前記の場合で、任意整理後に過払金が残った場合の処置については、後掲Q58を参照してください。

58　債務整理によって生活保護利用者が過払金を受領した場合、どのように扱われるか

Q　1年ほど前から生活保護を利用しています。

生活保護を受けたとき、借金があったので弁護士に債務整理を依頼したところ、先日、弁護士から、「債務整理は全て終わりました。過払金が残りましたので、お返しします。」との連絡がありました。

過払金を受け取ったら、これは、福祉事務所に返還しなければいけないのでしょうか。

A　弁護士から受け取った過払金を福祉事務所に返還する必要はありません。

ただし、弁護士から受け取った金額によって、その後の生活保護費の支給が一定期間停止されたり、生活保護が廃止されることがあります。

解　説

1　問題の所在

債務整理手続において生活保護利用者が過払金を得る場合としては、一部債権者に対しては残債務があるものの、他の債権者に対して過払金が発生している場合で、回収した過払金で残債務全額を支払った後も過払金の残額がある場合、あるいは、全ての債権者に対して過払金が発生し、これを回収した場合とが考えられます。

このような場合について、残った過払金は、生活保護利用中から存在した「資産」が現実化したものとして生活保護法63条により福祉事務所に返還する必要があるのか、債務整理終了時に発生した「収入」

として、将来に向かって収入認定の対象となるのかが問題となります。

2　過払金についての考え方

（1）　収入認定の問題となる

　この点について、厚生労働省は、63条返還の問題ではなく、収入認定の問題であるという見解を明確にしています。

　すなわち、「生活保護問答集について」（平21・3・31厚生労働省社会・援護局保護課長事務連絡）では、「債務整理にかかる必要経費の認定について」と題して、次のように規定しています（問答集問8−32、別冊問答集321頁）。

　　「A社、B社、C社の3社に債務がある被保護者が弁護士に依頼して債務整理を行ったところ、A社には30万円、B社には25万円の債務が残ったが、C社の債務には過払いが発生した。この過払い金について返還請求した結果、C社から和解金100万円を得ることになった。弁護士は、この和解金100万円からA社及びB社の債務を返済し、報酬として弁護士費用15万円を差し引いた30万円を被保護者の口座に振り込んだ。この場合、収入認定にあたり、A社、B社へ支払った返済額及び弁護士費用についてはどのような取扱いとなるのか。」

という事例について、

　　「多重債務を抱える被保護者が複数の債務を弁護士に依頼して一括して整理する場合には、債務整理の結果得られた残額を次第8〔注：次官通知第8〕の3の（2）のエの（イ）の臨時的収入として収入認定することになる。また、債務整理のための弁護士費用については、必要経費として控除して差し支えない。

　　したがって、この事例では、和解金100万円からA社及びB社の債務の弁済に充てた30万円と25万円を差し引いた残額45万円から8

千円を引いた額が収入となり、さらに弁護士費用15万円を必要経費として控除した29万2千円を収入認定することになる。」
と回答しています。

（2） 収入認定から控除されるもの

ここで、次官通知第8・3（2）エ(イ)とは、生活保護受給者の収入認定について、次のように規定するものです（保護手帳380頁）。

「不動産又は動産の処分による収入、保険金その他の臨時収入（（3）のオ、カ又はキに該当する額を除く。）については、その額（受領するために交通費等を必要とする場合は、その必要経費の額を控除した額とする。）が世帯合算額8,000円（月額）をこえる場合、そのこえる額を収入として認定すること。」

すなわち、本問の場合、回収した過払金から、残債務額があれば残債務額、8,000円及び弁護士費用を差し引いた残りが収入認定されることになります。

そして、収入認定の時期は、相談者が代理人から過払金の返還を受けたときとなります。

したがって、返還を受けた過払金は、それまでの生活保護費を受給した後に認定される収入となるため、返還の必要はありません。

3 返還された過払金と生活保護の停廃止

過払金が返還されると、その時点でその金額が生活保護利用者の収入として認定されることになります。

これにより生活保護の利用がどうなるかについて、課長通知第10問12「保護の停止又は廃止の取扱い基準」において、次のように規定されています（保護手帳428頁）。

① 「保護を停止すべき場合」として、

「当該世帯における臨時的な収入の増加、最低生活費の減少等によ

り、一時的に保護を必要としなくなった場合であって、以後にお
いて見込まれるその世帯の最低生活費及び収入の状況から判断し
て、おおむね6箇月以内に再び保護を要する状態になることが予
想されるとき。

なお、この場合には、以後において見込まれる当該世帯の最低生
活費及び収入充当額に基づき、停止期間（原則として日を単位と
する。）をあらかじめ定めること。」

②　「保護を廃止すべき場合」として、

「当該世帯における収入の臨時的な増加、最低生活費の臨時的な減
少等により、以後おおむね6箇月を超えて保護を要しない状態が
継続すると認められるとき。」

とされています。

すなわち、返還された過払金の金額が、月々の生活保護費のおおむ
ね6か月分より少ない場合には、受領した過払金により生活する（予
め定められた）期間について保護費の支給が停止され、また、6か月
分より多い場合には、生活保護が廃止されることとなります。

なお、生活保護が廃止された場合でも、受領した過払金を費消した
後において生活保護利用の要件を満たしている場合には、再度生活保
護を利用することができます。

59　生活保護利用者の預貯金債権を差し押さえることは可能か

Q　私は現在、生活保護を利用しており、生活保護費を銀行振込で受け取っています。

　　生活保護を利用する前に、生活苦から借金をしていたのですが、生活保護を利用するようになってから、返済をしておらず、近く弁護士に債務整理を相談する予定になっていました。ところが、その前に、債権者が、私の預金口座を差し押さえてしまいました。

　預金口座には生活保護費として受け取ったお金しか入っていません。このお金は債権者にとられてしまうのでしょうか。

A　たとえ預金であっても、少なくともその原資のほとんどが生活保護費であることが明らかな場合については、その差押えは許されないと解されるので、速やかに差押えの範囲の変更の申立てにより、差押えの取消しを求めるべきです。

解　説

1　問題の所在

　生活保護費については、その差押え・相殺などが禁止されています（生保58）。これは、生活保護がその利用者の最低限度の生活を維持するための制度であり、その差押えは利用者の生存の危機を直接招く恐れがあることによります。

　他方、生活保護費と同じくその差押え・相殺などが禁止されている国民年金・労災保険金が預金口座に振り込まれている預金債権については、原則として差押禁止債権としての属性を承継するものではなく、

金融機関が預金者に対する債権を自働債権とし、前記預金債権を受働債権として相殺することが許されないとはいえない、という裁判例があり（最判平10・2・10金判1056・6）、預貯金債権の差押えが可能とされています。

　そこで、生活保護費を銀行振込で受け取っている場合や、利用者が生活保護費などの余剰を預金していた場合に、利用者名義の預金口座に対する差押えが許されるのかが問題となります。

2　検　討

　この点、口座に預金されている以上、それが生活保護費であるか否かを問わず、差押えの対象になるとも考えられます。

　しかし、前記のとおり、生活保護費に対する差押えが禁止されている理由は、生活保護費により最低限度の生活が維持されているため、その差押えが利用者の生存の危機を招くところにあります。

　とすれば、たとえ預金であっても、少なくともその原資のほとんどが生活保護費であることが明らかな場合については、その差押えは許されないとされるべきです。

　解決手段としては、速やかに差押えの範囲の変更の申立てを行うことにより、差押えの取消しを求めることが考えられます。

　また、差押えの後、取立てを受けた場合には、取り立てられた金額について、これを不当利得であるとして、その返還を求めることが考えられます。

3　裁判例

　この点、差押禁止債権である生活保護費・年金・児童扶養手当・子ども手当・児童育成手当という公的給付が入金される口座の預貯金債権に対する差押えに対して、実質的に各差押禁止債権の受給権に対する差押えであるとして取消しの申立てがなされた事案において、東京

地裁立川支部は、前記預金債権はそのほとんどが差押禁止債権の受給
権を原資とするものと認められ、これらの受給権の差押えを禁止する
法の趣旨及び、これらの公的給付しか収入のない申立人の生活状況等
を考慮すれば、差押えは相当ではないというべきであるとして、差押
えの取消しを認めています（東京地立川支決平24・7・11賃社1572・44）。

　また、差押禁止債権である年金が入金される口座の預貯金債権から
債権差押命令に基づいてこれを取り立てた債権者に対し、債務者が、
このような債権執行は許されないとして、取り立てられた金額を不当
利得としてその返還を請求した事案において、東京地裁は、当該預貯
金の原資が年金であることの識別・特定が可能であるときは、債務者
が別の財産を所有し、これを費消して生計を立てているが、当該財産
が隠匿されるなどしているため、強制執行が可能な、顕在化している
財産としては、年金が入金される当該預貯金しかないという事情があ
る場合を除き、当該債権差押えは違法であるから、不当利得として、
その取り立てた金額を債務者に返還すべきであるとして、債務者の請
求を認めています（東京地判平15・5・28金判1190・54）。

　さらに、鳥取県が、児童手当が預金口座に振り込まれる日であるこ
とを認識した上で、児童手当が預金口座に振り込まれた9分後に、当
該児童手当によって大部分が形成されている当該預金債権を差し押さ
えたという事案において、広島高裁松江支部は、「本件児童手当によっ
て大部分が形成されている本件預金債権を差し押さえた本件差押処分
は、本件児童手当相当額の部分に関しては、実質的には本件児童手当
を受ける権利自体を差し押さえたのと変わりがないと認められるか
ら、児童手当法15条の趣旨に反するものとして違法であると認めざる
を得ない。」として、差押えをした県に不当利得返還義務を認めていま
す（広島高松江支判平25・11・27金判1432・8）。

60　生活保護利用者の自己破産のための手続費用はどうすればよいか

Q　私は、生活保護を利用していますが、消費者金融から借金があるため、自己破産をしたいと思っています。しかし、お金がないため、自己破産をするための弁護士費用や裁判所に支払う予納金を捻出することができません。何か利用できる制度はありますか。

A　法テラス（日本司法支援センター）が、自己破産のための弁護士費用や実費、裁判所に支払う予納金（官報公告費用、管財費用）を立て替えてくれる制度があります。生活保護利用者は、事件終結まで立替金の償還は猶予され、事件終結時にも生活保護を利用していれば、申請により原則として償還は免除されます。

解　説

1　法テラス（日本司法支援センター）の民事法律扶助事業

　法テラスは、総合法律支援法に基づき、資力の乏しい者に対して、民事裁判等手続の弁護士（司法書士）の報酬及び実費の立替えを行う民事法律扶助事業を行っており、自己破産申立ても援助の対象となります。

　生活保護利用者は、法テラスが定める資力基準を満たしていますので、この援助制度を利用することができます。

　援助申込みの際には、生活保護適用証明書又は保護決定通知書（発行から3か月以内のもの）が必要となります。

2　立替えの対象となる費用について

　自己破産申立てを代理する弁護士（司法書士）の着手金及び予納郵券、交通費、通信費等の実費の立替えを受けることができます。

　この他、生活保護利用者については、裁判所に支払う予納金も立替えを受けることができますので、同時廃止事件の場合には官報公告費用が、管財事件の場合には官報公告費用に加えて上限20万円の管財費用が、立替金として支払われることとなります。

　なお、同時廃止事件として援助開始決定をした後、管財事件となった場合には、着手金の増額分、官報公告費用の増額分、管財費用の追加支出を申し立てることになります。

　ただし、管財費用については、法テラスがその追加支出の上限額を20万円としていることから、20万円を超える部分については、積立てを行うなどして準備しなければならないのが実情です。

3　立替金の償還の猶予、免除について

　生活保護利用者は、事件終結まで、立替金の償還が猶予となります。事件終結時に生活保護を利用している場合には、償還免除の申請をすることで、原則として立替金の償還は免除となります。実際、ほとんどの場合、償還は免除されているようです。

　償還免除の申請の際には、生活保護適用証明書又は保護決定通知書（発行から3か月以内のもの）を提出しなければなりません。

　事件終結時に生活保護を利用していない場合にも、生活保護利用者に準じる程度に生計が困難であり、かつ将来にわたって資力を回復する見込みに乏しいと認められる者については、償還が免除される場合がありますので、法テラスに相談してください。

61　破産により保護費の返還債務は免責されるか

Ｑ　私は、障害年金とパート収入で生活していますが、カードローン等の借金があるほか、以前生活保護を利用していた際に、就労収入を申告していなかったことから、不正受給として生活保護法78条の費用徴収決定を受けています。また、生活保護利用中に年金の遡及支給があり、これについて同法63条の費用返還決定と併せて同法77条の2第1項の徴収決定を受けています（遡及支給された年金については生活費として使ってしまったため返還できていません。）。私の収入ではこれら全てを返済することができないため、自己破産を考えていますが、破産した場合、保護費の返還債務についても免責を受けることはできるのでしょうか。

Ａ　生活保護法63条に基づく費用返還請求権（ただし、同法77条の2第1項に基づく徴収決定も併せて行われている場合）及び、同法78条に基づく費用徴収請求権は、現在はいずれも非免責債権とされているので、これらについては免責の対象とはなりません。ただし、費用返還請求権については平成30年10月1日よりも前に支給された保護費を対象とするもの、費用徴収請求権については平成26年7月1日よりも前に支給された保護費を対象とするものについては、破産債権として免責の対象となります。

解　説

生活保護法77条の2第2項は、同法63条の定める費用返還請求権（生保63）に基づく徴収金について、「国税徴収の例により徴収することが

できる。」としています（生保77の2②）。また、同法78条1項ないし3項の定める、いわゆる不正受給に対する費用徴収請求権（生保78①〜③）に基づく徴収金についても、費用返還請求権の場合と同様に国税徴収の例により徴収できるものとしています（生保78③の準用する生保77の2②）。

したがって、これらの債権については、いずれも破産法253条1項1号の「租税等の請求権」に該当し、いわゆる非免責債権として免責の対象から除外されることとなります。

なお、費用返還請求権（生保63）については、まれに生活保護法63条に基づく返還決定のみがされて同法77条の2に基づく費用徴収決定がされていない場合があるので、このような場合には、従前どおり、自己破産申立てをして同法63条に基づく返還債権を債権者一覧表に記載することで支払義務を免れることができることに注意が必要です。

ところで、生活保護法63条に基づく費用返還請求権、及び同法78条に基づく費用徴収請求権のいずれについても、以前は、国税徴収の例により徴収することができるとする規定はなく、破産手続上は一般破産債権として免責の効力が及ぶものとされてきました。しかし近年になって、まず、平成25年の生活保護法改正（平成26年7月1日施行）により、同法78条の費用徴収請求権に基づく徴収金について、国税徴収の例により徴収することができるとされ、次いで、平成30年の同法改正（同年10月1日施行）により、同法63条の費用返還請求権に基づく徴収金についても国税徴収の例により徴収することができるとされたという経緯があります。

そのため、それぞれの改正法の施行前に支給された保護費を対象とする請求権については、現在においても、免責の対象となりますので、破産するに当たっては、生活保護法63条に基づく費用返還請求権、及び同法78条に基づく費用徴収請求権のそれぞれについて、念のため、対象となる保護費の支給時期を確認する必要があります。

62　保護費からの天引きについて

　　私は、生活保護を利用していますが、不正受給による費用徴収請求権について、毎月の保護費からの「天引き」で返還させられています。「天引き」を止めてほしいのですが、どうすればよいでしょうか。

　　生活保護利用者の意思に反して、費用徴収請求権に基づく徴収金を保護費から「天引き」することは許されません。「天引き」に不服がある旨の書面を提出して天引きの取消しを求めるとよいでしょう。

解　説

1　生活保護法78条の2について

　平成25年の法改正で新設された生活保護法78条の2（平成26年7月1日施行）は、費用徴収請求権の徴収に当たり、「被保護者が、保護金品〔中略〕の交付を受ける前に、〔中略〕当該保護金品の一部を、〔中略〕徴収金の納入に充てる旨を申し出た場合において、保護の実施機関が当該被保護者の生活の維持に支障がないと認めたときは、〔中略〕保護金品を交付する際に当該申出に係る徴収金を徴収することができる」としました。

　仮に、本人の意に反する保護費からの天引きが許されるとすれば、「被保護者は、既に給与を受けた保護金品〔中略〕を差し押さえられることがない」（生保58）という差押禁止規定、及び差押禁止債権を受働債権とする相殺の禁止規定（民510）に明らかに抵触し、生存権保障の実施機関の役割と相容れません。

　生活保護法78条の2も被保護者の申出があることを前提としてお

り、強制的な天引きを認めたものではありません。厚生労働省の通知においても、「申出後に被保護者から当該申出の取消について意思表示がされた場合は、その旨を記載した書面等の提出を求めた上で、申し出の取消しを認めること。」とされているところです（「生活保護費の費用返還及び費用徴収の決定について」（平24・7・23社援保発0723第1））。

したがって、天引きに不服がある場合には、その旨を記載した書面を提出して天引きの取消しを求めるとよいでしょう。

2　国税通則法の適用除外

費用徴収請求権について「国税徴収の例により徴収することができる」（生保78④・77の2②）とされていることからすると、納税の猶予期限（国税通則法46）との関係から原則1年（最大2年）以内に完納しなければならないかのようにも思われます。

しかし、特に返還総額が大きい場合に2年以内の完納を強いることは生活保護利用者の生存を脅かすこととなる事態が十分に想定され、極めて問題があります。公課の徴収について「国税徴収の例」による場合でも「公課の性質」に反する場合には国税徴収に適用される法規の準用は認められません（浅田久治郎『租税徴収の理論と実務』71頁（金融財政事情研究会、1970））。費用徴収請求権は、生存権を保障する生活保護法上の公課ですから、その性質上、生活保護利用者の生存を脅かす事態が十分予想される国税通則法46条の準用はされないものと解すべきです。なお、生活保護法78条の2が「被保護者が申し出ること」と「被保護者の生活の維持に支障がないこと」を保護費からの徴収の前提条件としていることも、こうした公課の性質を示しているといえます。

第9章　交通事故と生活保護

第
9
章

63　交通事故の被害者は、生活保護を利用することができるか

　　２年前に交通事故に遭い、重度の障がいを負ってしまいました。加害者とは事故態様や過失割合を巡って意見の対立があり、裁判で争っています。貯金は底をつき、働くこともできないため、生活保護を利用したいと思っています。私のように、将来、交通事故の賠償金が入る予定がある場合でも、生活保護を利用することはできるでしょうか。

　　現在の収入、資力からして、保護を要する状態である場合には、将来交通事故による賠償金が入る見込みであっても、生活保護を利用することができます。

解　説

1　厚生労働省の見解

　交通事故の被害者から生活保護申請があった場合の取扱いについて、厚生労働省は、本人やその世帯員の収入、資力等からみて保護を要すると判断される場合で、次のようなときには、生活保護法４条３項の規定を援用して保護を開始することができるという見解を示しています（問答集問10－１、別冊問答集377頁）。

① 　加害者が不明であるため賠償を受けることができないとき

② 　加害者に資力がないために賠償を受けることができないとき

③ 　加害者に資力はあるが賠償責任に争いがある等のため訴訟中であるようなとき

　したがって、交通事故の加害者に対し損害賠償請求権を有している被害者も、前記①～③の理由により現実に賠償を受けることができない場合で、収入・資力から保護を要する場合には、生活保護を利用することが可能です。

2　賠償金が入った場合

　加害者と和解等が成立して賠償金が入った場合には、生活保護法63条による費用返還の問題が生じます。詳しくは、後掲Q66を参照してください。

第9章

64　生活保護法による医療扶助相当額が交通事故に基づく損害賠償額に含まれるか

　　　　私は2年前に交通事故に遭い、重度の障がいを負ってしまいました。事故で働くことができなくなったため、生活保護を利用しています。事故による怪我の治療は、生活保護による医療扶助で行っていることから、治療費は負担していません。

　交通事故の加害者とは、事故態様や損害額、過失割合などをめぐり対立があり、裁判で争っています。加害者に対し、医療扶助相当額を交通事故に基づく損害に含めて請求したところ、加害者は、医療扶助相当額は損害に含まれないと主張して支払を拒んできています。私は治療費を負担していませんので、医療扶助相当額は、交通事故に基づく損害賠償額に含まれないのでしょうか。

　　　　医療扶助相当額は交通事故に基づく損害賠償額に含まれます。

解　説

1　交通事故の被害者に対する生活保護法の適用について

　（1）　生活保護法4条1項及び同条3項について

　生活保護法4条1項によれば、利用し得る資産等の資力のない者は本来的な生活保護利用資格を有するのに対し、資力のある者は、同条3項により急迫した事由のある場合に例外的な保護を受けることができるとされています。

（2）　生活保護法4条3項による保護と考える見解

　交通事故に基づく損害賠償債権につき、それ自体「資産」に含まれるとすれば、交通事故の被害者が利用できる生活保護は、生活保護法4条3項による例外的なものであるということになり、生活保護利用者は、後に損害賠償を受けられるようになれば、その資力を現実に活用できる状態になったものとして、生活保護法63条により費用返還義務を負うことになります（費用返還義務については、後掲Q66参照）。そうすると、交通事故の被害者は、医療扶助相当額についても、保護の実施機関に対し返還義務を負うことになりますので、加害者に対し、医療扶助相当額についても損害賠償請求することができると考えられることになります（積極説）。

（3）　生活保護法4条1項による保護と考える見解

　これに対し、交通事故の損害賠償債権につき、直ちに履行を受けて具体的に生活の手段に役立て得るものでなければ生活保護法4条1項の「資産」に含まれないとすると、交通事故に基づく損害賠償請求訴訟が係属中であれば、被害者は同法4条1項の本来的な保護が受けられ、これにつき同法63条による費用返還義務は負わないことになります。そうすると、交通事故の被害者は自己が負担することのない医療扶助相当額について、加害者に対し損害賠償請求をすることはできないと考えられることになります（消極説）。

2　裁判例

　この問題につき、かつて東京高裁昭和42年8月17日判決（民集25・4・700）は、消極説を採用しましたが、最高裁昭和46年6月29日判決（民集25・4・650）は積極説に立ち、前記東京高裁判決を破棄しました。しかし、これが判例集上「判示事項」とされなかったためか、前記最高裁

判決後も、東京高裁昭和48年７月23日判決（判時716・43）は消極説を採用しました。その後、奈良地裁昭和50年３月31日判決（判タ324・287）、大阪地裁昭和60年５月24日判決（判タ565・178）も、積極説を採用しており、裁判例上、積極説が定着してきているといえます。

3　厚生労働省の見解

　厚生労働省は、交通事故の被害者に対しては、生活保護法４条３項を援用して保護を開始し、医療扶助相当額も同法63条に基づく費用返還の対象となるとして、積極説を前提とする見解を示しており（問答集問10−１、別冊問答集349頁）、この見解に基づき実務も運用されているようです。

4　まとめ

　以上のとおり、裁判例、実務ともに、交通事故の被害者には生活保護法４条３項に基づく保護であり、医療扶助は同法63条により保護の実施機関に対する費用返還義務が課されるものであるとして、交通事故に基づく損害賠償額に医療扶助相当額も含まれるとの見解で一致しているといえます。したがって、加害者に医療扶助相当額を請求できることになります。

65　生活保護を利用している人の逸失利益は

 　私は、交通事故に遭い、12級の後遺障害が残ってしまいました。事故時は、リストラによる失業中で、生活保護を利用して生活していました。事故で後遺障害が残ったため、事故後も生活保護を利用しています。

　現在、加害者に対し、裁判をしていますが、後遺障害による逸失利益の算定について、双方の言い分が食い違っています。

1　私は、事故時、たまたま無職で生活保護を利用していましたが、事故に遭わなければ、新しい仕事を見つけ、収入を得ていたと思います。このような場合、逸失利益算定の基礎となる収入はどのような基準で判断されるのでしょうか。

2　加害者は、症状固定後に私が得た生活保護費について、逸失利益から差し引くべきだと主張していますが、差し引かれてしまうのでしょうか。

 　1　事故当時、就労能力及び就労意欲があり、就労の蓋然性がある場合には、再就職によって得られるであろう収入を基礎とすべきであり、その場合、特段の事情のない限り、失業前の収入を参考とすべきとされています。

2　生活保護費につき、生活保護法63条による返還の可能性がある以上、逸失利益から差し引かれることはありません。

解　説

1　後遺障害による逸失利益について

　交通事故により、後遺障害が残った場合、労働能力の低下の程度に

応じて、事故に遭わなければ将来得られるはずであった収入（逸失利益）を算定し、加害者に請求することができます。

2　本問の1について

逸失利益の算定基礎となる収入は、原則として事故前の現実収入を基礎とします。

現実収入がない失業者の場合、基礎収入が0になるわけではありません。労働能力及び労働意欲があり、就労の蓋然性がある場合には、再就職によって得られるであろう収入を基礎とすべきで、その場合、特段の事情のない限り、失業前の収入を参考にすべきとされています。ただし、失業以前の収入が平均賃金以下の場合には、平均賃金が得られる蓋然性があれば、男女別の賃金センサスによるものとされています（日弁連交通事故相談センター東京支部『民事交通事故訴訟・損害賠償額算定基準上巻（2013年版）』88頁）。

相談者は、事故により、12級の後遺障害が残っていますから、労働能力は14％低下していることになります。

相談者の症状固定時の年齢が42歳、失業前の収入が年収350万円だと仮定すると、再就職によって失業前と同程度の収入が得られていたと認められた場合の逸失利益は、次のとおりとなります。

〔算　式〕
3,500,000円×0.14×17.413（42歳から67歳までの就労可能期間25年のライプニッツ係数）＝8,532,370円

3　本問の2について

交通事故の被害者が、判決や和解等で交通事故の賠償金を受け取った場合、既に給付を受けた保護費は、生活保護法63条により費用返還

義務を負う可能性がある以上（後掲Q66参照）、逸失利益から差し引かれるべきものではありません。

　この点につき、高知地裁昭和59年6月20日判決（交民17・3・804）も、「生活保護法による各種の扶助は、同法4条1項又は3項の要件がある場合に支給されるが、同法63条の要件がある場合には、その受けた保護費に相当する金額の範囲内において返還義務を負う場合も予定されているから、生活扶助等による給付額を、交通事故に基づく逸失利益から控除するのは相当でない」と判示しています。

66　交通事故の賠償金を受け取ると生活保護はどうなるのか

 　　現在、生活保護を利用していますが、先日、交通事故に遭い、加害者の加入する損害保険から保険金が支払われることになりました。支払われる保険金は、どのように取り扱えばよいでしょうか。

 　　保険金を受領したことを実施機関に申告し、実施機関が返還決定をした金額については、原則として返還しなければなりませんが、当該世帯の自立助長のために必要と認められた経費については、返還を免除してもらうことができます。

解　説

1　問題の所在

　生活保護法63条は、「被保護者が、急迫の場合等において資力があるにもかかわらず、保護を受けたときは、保護に要する費用を支弁した都道府県又は市町村に対して、すみやかに、その受けた保護金品に相当する金額の範囲内において保護の実施機関の定める額を返還しなければならない。」と規定しています。

　では、交通事故の場合、いつからその賠償金に相当する金額についての資力が利用者に生じたと考えるべきでしょうか。資力発生を早期の時点に捉えるとその分だけ生活保護費の受給期間との重複が長くなり計算される返還額が多くなるのに対し、資力発生を遅い時点で捉えると計算される返還額が少なくなるので、生活保護利用者と実施機関の双方にとって重大な関心事となります。

2　考え方

　この点について、「生活保護問答集について」（平21・3・31厚生労働省
社会・援護局保護課長事務連絡）は、「自動車事故等第三者の加害行為によ
り被害にあった場合、加害行為の発生時点から被害者は損害賠償請求
権を有することとなるので、原則として、加害行為の発生時点で資力
の発生があったものと取り扱うこととなる。しかしながら、ここにい
う損害賠償請求権は単なる可能性のようなものでは足りず、それが客
観的に確実性を有するに至ったと判断される時点とすることが適当で
ある。自動車事故の場合は、被害者に対して自動車損害賠償保障法に
より保険金（強制保険）が支払われることが確実なため、事故発生の
時点を資力の発生時点としてとらえることになり、後遺障害、死亡に
対する保険金については、（略）それぞれ障害認定日、死亡日を資力の
発生日ととらえることとなる。また、任意保険については、示談交渉
による保障の内容、金額の確定後に請求できることとなるため、示談
成立日を資力の発生時、ととらえることとなる」としています（問答集
問13－6答（3）、別冊問答集433頁）。

　したがって、任意保険の場合は、63条返還の問題ではなく、収入認
定の問題となります。

3　法63条による返還額の決定について

　返還額について、生活保護法63条は、「その受けた保護金品に相当す
る金額の範囲内において保護の実施機関の定める額」としており、必
ずしも交通事故発生後に受け取った保護費全額を返還すべきこととは
していません。保護金品の全額を返還額とすることが当該世帯の自立
を著しく阻害すると認められるような場合については、一定の範囲で
本来の要返還額から控除して返還額を決定することも差し支えないも

のとされています（問答集問13－5答（2）、別冊問答集432頁）。例えば交通
事故により身体に後遺症が残ったときに、自宅のバリアフリー工事を
する費用、身体に負担の少ない家具家電の買換え費用など、その生活
状況に照らして自立助長のために必要な支出や費用については、返還
金額の決定に当たり考慮することができるとされています。

　また、直接、事故の被害に関連したものでなくても、当該世帯の自
立助長の観点から、家具家電の買換え費用などを返還免除の対象とす
ることができます。

　その生活改善のために必要とする根拠や金額などを書面化した自立
更生計画書を作成し、保護の実施機関に提出して、返還金額からの控
除を求めるべきでしょう。

　なお、動産、不動産の処分、生命保険などの臨時的収入については、
これらの控除とは別に一律に8,000円を控除することとされています。

4　生活保護の停止・廃止との関係について

　交通事故の損害賠償金が被害の程度によって多額になる場合も考え
られます。前記の考え方に基づいて決定された返還額を返還してなお
保険金が残るような場合は、残額については収入認定の対象となり、
生活保護法63条の返還決定に合わせて、生活保護の停止・廃止という
処分がされることもあります。また、前記2で述べた任意保険等によ
る賠償金が収入認定される場合も同様です。

　このような生活保護の停止・廃止の処分がされた場合は、手元に残
った現金を使い、まずはその資産を活用した自立生活を送ることにな
ります（停止又は廃止の取扱基準については、前掲Q58参照）。その上
で、手元の資産を使い切った時点で、停止の場合は保護を再開し、廃
止の場合は再度の生活保護申請をすることになります。

5　不服申立てについて

　生活保護法63条に基づく返還決定や、生活保護の停止や廃止といった処分内容に不服がある場合は、生活保護に関する処分として、生活保護法64条に基づく審査請求をすることができます。この場合、処分があったことを知った日の翌日から3か月以内、又は処分のあった日の翌日から1年以内に申し立てる必要があります（行審18）。また、審査請求に対する裁決について不服がある場合には、裁決を知った日の翌日から1か月以内に厚生労働大臣に再審査請求をすることができます（生保66、行審62）。取消訴訟は、審査請求に対する裁決を経た後でなければ提起することができません（審査請求前置主義）（生保69）。

第10章　生活保護利用者の死亡・相続

67　生活保護を利用する権利や地位は相続の対象となるか

　　別居していた父が亡くなりました。父には私のほかに身寄りはいません。父は生活保護を利用していましたが、その権利や地位を私が相続し、生活保護費を受け取ることはできますか。

　また、私が、父と同居していた場合は、父が亡くなると生活保護はどうなりますか。

　　生活保護受給権は一身専属の権利とされており相続することはできません。同一世帯の世帯員が死亡した場合は、世帯人数に変更が生じたものとして、変更後の世帯人員に基づいて最低生活費を計算し、生活保護の利用を継続することになります。

解　説

1　生活保護受給権が一身専属の権利であること

　生活保護における最低生活費の水準について争点となった朝日訴訟の最高裁判決は、生活保護を利用する権利について「被保護者自身の最低限度の生活を維持するために当該個人に与えられた一身専属の権利であって、他にこれを譲渡し得ないし、相続の対象ともなり得ない」

と判断しています（最大判昭42・5・24判時481・9）。

　生活保護法59条が、保護を受ける権利を譲り渡すことができないと規定していることなどからも、生活保護を利用する権利を、所有権や預貯金などの一般の財産権と同じような扱いをすることはできません。

　もし相続人においても、生活困窮など生活保護を利用すべき必要がある場合は、相続人自身が、生活保護申請をすればよいので、被相続人が利用していた生活保護受給権を相続させる必要性もありません。

2　生活保護利用中に世帯主又は世帯員が死亡した場合

　生活保護は世帯単位を原則としています（生保10）。生活保護を利用している世帯で、世帯主又は世帯員の誰かが死亡したとしても、世帯そのものがなくなるわけではないので、変更後の世帯人員に基づいて計算される最低生活費にて、生活保護を継続して利用することができます。

　保護の実施機関に世帯人員の変更を報告することにより、保護の変更決定がなされることになります。

　世帯の人員の減少に伴い、必要な最低生活費も減少します。その結果、世帯収入が最低生活費を上回る場合は、生活保護が廃止となることがあります。

第10章

68　生活保護法63条に基づく費用返還義務は相続の対象となるか

　私は死亡した母の唯一の相続人です。生前、母は生活保護を利用していたのですが、生活保護法63条の返還決定がされ、市に対して、分割で保護費の返還をしていました。

　ところが母は、返還決定された金額の全てを返還する前に病気で亡くなってしまいました。

　私は、母がまだ返還していない残額を、相続人として返還しなければならないのでしょうか。

　行政解釈では、生活保護法63条の返還決定により発生する費用返還義務は、一般の民事上の債務と同様に相続の対象になるとされています。

　よって、あなたが相続放棄しない限り、その費用返還義務を承継し、保護に要する費用を支弁した都道府県又は市町村に返還しなければなりません。

解　説

1　問題の所在

　生活保護法59条は、「保護を受ける権利」の一身専属性を規定し、民法896条ただし書は、被相続人の一身に専属した権利義務は、相続の対象とならない旨規定しています。

　そこで、生活保護法63条に基づく費用返還義務は、同法59条の一身専属権として相続の対象にならないのではないかという点が、ここでの問題です。

2　生活保護法63条に基づく費用返還義務の相続性

（1）　積極説

　生活保護法59条が「保護を受ける権利」の一身専属性を規定しているのは、必要即応の原則（生保9）により要保護者の個別的具体性に立脚して行われる保護の効果が、他の第三者に移転されては無意味であるとの趣旨に基づくものです（小山・生活保護637頁）。

　他方、生活保護法63条に基づく費用返還義務は、生活保護では補足性の原理（生保4①）により資産の活用が義務付けられているが、資産があってもすぐに活用できない場合に、とりあえず生活保護を適用して後日返還を求めるとするものであって、不当利得の返還（民703）としての性質を有するとされています。

　このように生活保護法63条に基づく費用返還義務の性質が不当利得の返還請求権であるとすれば、同法59条の趣旨が当然に妥当するわけではありませんし、「保護を受ける権利」という同条の文言からも、同法63条に基づく費用返還義務には一身専属性がなく、一般の民事上の債務と同様に相続の対象になるとも考えられます。

　行政解釈でも、生活保護法63条に基づく費用返還義務は、相続の対象になるとされています（問答集問13−12・13−14、別冊問答集443・444頁参照）。

（2）　消極説

　しかしながら一方で、生活保護受給権の一身専属性を理由に、生活保護受給権に関する取消訴訟係属中に原告が死亡した場合、訴訟は当然に終了するとした朝日訴訟最高裁判決の多数意見によれば、「被保護者の生存中の扶助ですでに遅滞にあるものの給付を求める権利についても、〔中略〕当該被保護者の最低限度の生活の需要を満たすことを目的とするものであって、法の予定する目的以外に流用することを許さないものであるから、当該被保護者の死亡によって当然消滅し、相

続の対象となり得ない」としています（最大判昭42・5・24判時481・9）。

　このように、朝日訴訟判決が、「すでに遅滞にあるものの給付を求める権利」についても一身専属性を認めていることからすれば、生活保護法63条に基づく費用返還義務についても、「当該被保護者の最低限度の生活の需要を満たすことを目的とするものであって、法の予定する目的以外に流用することを許さない」生活保護費を返還するものである以上、一身専属性が認められ、相続の対象にならないという解釈もあり得ます。

3　費用返還義務を承継した相続人の取り得る手段

　生活保護法63条に基づく費用返還義務が相続の対象になるとした場合、同義務を負っている者が死亡すれば、その者の相続人は、自己のために相続の開始があったことを知った時から3か月以内に相続放棄（民915①）をしない限り、当該費用を返還すべき義務を負うことになります。

　一般に、生活保護利用者が、多額の資産を保有していることは考えにくいので、相続放棄の手続をとることが現実的かと思われますが、被相続人が自宅不動産を所有しながら生活保護を利用していた場合などは、相続を承認した上で、当該不動産を売却し、その売却代金から生活保護法63条に基づく費用返還額を返還した方がよい場合もあると考えられます。

4　不服申立て

（1）　審査請求

　生活保護法63条に基づく費用返還義務が相続の対象になるとした場合、生活保護法63条に基づく費用返還義務を承継した相続人は、当該決定に不服がある場合は、都道府県知事に対して、審査請求をするこ

とができるものと解されます（生保64）。

　審査請求期間は、原則として、処分があったことを知った日の翌日から起算して3か月以内（行審18①）、又は処分があった日の翌日から起算して1年以内（行審18②）です。

　ただし、審査請求期間経過後であっても、処分があったことの翌日から起算して3か月以内に審査請求をすることができなかった「正当な理由」（行審18①ただし書）や、処分があった日の翌日から起算して1年以内に審査請求をすることができなかった「正当な理由」（行審18②ただし書）がある場合には、審査請求をすることができます。

　したがって、例えば、相続人が実施機関から請求を受けて初めて被相続人が生活保護法63条に基づく費用返還処分を受けていたことを知った場合や、処分当時の詳しい事情を調査するのに時日を要した場合などには、前記の「正当な理由」があるものとして、3か月又は1年の期間経過後も審査請求を行える場合があると考えられます。

　なお、被相続人が審査請求をした後に死亡した場合、相続人が、審査請求人の地位を承継します（行審15①）。

（2）　再審査請求

　審査請求に対する都道府県知事の裁決に不服がある者は、厚生労働大臣に対して、再審査請求をすることができます（生保66①）。

（3）　取消訴訟

　さらに、審査請求を経ていれば（生保69）、処分又は裁決の取消訴訟（行訴3②③）を提起することもできます。

　ただし、取消訴訟は、処分又は裁決があったことを知った日から6か月以内、処分又は裁決の日から1年以内に提起しなければなりません（行訴14①②）。

　なお、取消訴訟の係属中に原告が死亡した場合には、その相続人が訴訟を承継し得るかという点が問題となりますが、生活保護法63条に

基づく費用返還義務が相続の対象となると考える以上は、相続人は、取消訴訟について「法律上の利益を有する者」に当たるといえますから、訴訟を承継できると解するべきです（詳しくは、後掲Q69を参照してください。）。

5　自立更生資金

　なお、生活保護法63条に基づく費用返還額の決定に当たっては、「費用返還額については、原則として当該資力を限度として支給した保護金品の全額を返還額とすべきであるが、こうした取扱いを行うことが当該世帯の自立を著しく阻害すると認められるような場合については、実施要領等に定める範囲においてそれぞれの額を本来の要返還額から控除して返還額と決定する取扱いとして差し支えないこととしているので、ケースの実態を的確に把握し、場合によってはケース診断会議を活用したうえ、必要な措置を講じる。」とされています（「生活保護行政を適正に運営するための手引について」（平18・3・30社援保発0330001）Ⅳ1（2））。

　よって、生活保護法63条に基づく費用返還義務を承継した相続人は、保護金品の全額を返還額とすることが、当該世帯の自立を著しく阻害するものであったことを主張して、返還額の減額を求めることもできると考えられます（その場合、前記の各不服申立てによるか、行政庁の職権発動を求めることになります。）。

69　生活保護に関する訴訟の途中で原告である当事者が死亡したら訴訟はどうなるのか

Q　私の母は単身世帯で生活保護を利用していましたが、交通事故の被害に遭い、受け取った損害賠償金の全てを収入認定されて保護費減額の保護変更処分をされました。母は、その処分の内容に不服があったため、保護変更処分の処分取消訴訟を提起しました。

　ところが、母は、その取消訴訟の第一審の口頭弁論が終結する前に死亡してしまいました。この場合、母の訴訟はどうなるのでしょうか。

　また、私が母と２人世帯で、母が世帯主であった場合、母の死亡により訴訟はどうなるのでしょうか。

A　生活保護を受ける権利は一身専属上の権利とされているため相続の対象になりません。よって、母が単身世帯で生活保護を利用していた場合は、母の死亡により当然に訴訟は終了します。

　他方、母があなたとの２人世帯であった場合は、母は、あなたとの２人世帯を代表して取消訴訟を提起していたと考えられますから、母が死亡した後は、世帯員であるあなたが訴訟を承継することになります。

解　説

1　生活保護受給権の相続と訴訟承継の可否

　一般に、取消訴訟の係属中に原告が死亡しても、その相続人など、処分又は裁決の取消しを求める「法律上の利益」（行訴９①）を承継する

者が存在すれば、訴訟の承継が認められます（公務員の免職処分の取消訴訟について、その取消しによって回復される給料請求権を相続する者の訴訟承継を肯定した事例として、最高裁昭和49年12月10日判決（判時762・3））。

　しかしながら、生活保護を受ける権利は、一身専属権とされているため（生保59）、相続の対象になりません（民896ただし書）。したがって、単身世帯として生活保護を利用していた者が、生活保護を受ける権利についての処分又は裁決の取消訴訟係属中に死亡した場合、その者の生活保護を受ける権利について法律上の利益を承継する者が存在しなくなるため、訴訟は当然に終了することになります（朝日訴訟＝最大判昭42・5・24判時481・9、第二藤木訴訟＝最判昭63・4・19判タ669・119参照）。

　なお、前掲朝日訴訟の多数意見は、「被保護者の生存中の扶助ですでに遅滞にあるものの給付を求める権利についても、〔中略〕当該被保護者の最低限度の生活の需要を満たすことを目的とするものであって、法の予定する目的以外に流用することを許さないものであるから、当該被保護者の死亡によって当然消滅し、相続の対象となり得ない」としています。

2　相続人と被相続人が同一世帯であった場合

　以上に対して、取消訴訟係属中に死亡した者とその相続人が同一世帯であった場合は、相続人自身が、世帯の構成員として、生活保護を受ける権利について「法律上の利益」を有することになりますから、訴訟を承継することができると考えられます。

　福岡高裁平成10年10月9日判決（判時1690・42）も、「生活保護は、原則として、世帯を単位としてその要否及び程度を定めるものとされており（法10条）、具体的な保護ないしその変更処分も、被保護世帯の各構成員に対して個別にされるものではなく、世帯主を名宛人として行

われることとされている。しかしながら、これは、一般的に、被保護
世帯の構成員が、世帯主と共同生活を営み、生計を共にするところか
ら、生活の資となる保護費の支給など保護を決定、実施する上におい
ても、世帯を単位として扱うのが相当かつ便宜であることによるもの
である〔中略〕。したがって、被保護世帯の構成員も、生活困窮者であ
る以上、それ自体保護受給権を有するものであって、〔中略〕世帯主は、
当該世帯ないしその構成員のいわば代表として、当該処分等の名宛人
となるものということができる。しかして、右処分等の効果は、その
名宛人である世帯主にとどまらず、世帯の構成員全体に及ぶから、世
帯主はもとより、それ以外の構成員も、その取消しを訴求する利益な
いし原告適格を有するものと解するのが相当である。」と述べて、世帯
員による訴訟承継を認めています。

　なお、生活保護を受ける権利に関する取消訴訟の提起については、
審査請求前置主義が採られていますが（生保69、行訴8①ただし書）、前記
福岡高裁判決は、世帯主が審査請求手続を経ていれば、訴訟を承継す
る世帯構成員についても審査請求前置の要件を満たすとしています。

3　生活保護法63条に基づく費用返還又は同法78条に基づく費用徴収の決定に対する取消訴訟の場合

　なお、単身世帯の原告が、生活保護法63条に基づく費用返還又は同
法78条に基づく費用徴収の決定の内容について、審査請求申立後に取
消訴訟を提起したが、その訴訟係属中に原告が死亡した場合の訴訟の
帰すうについては残された問題です。

　この点、そもそも生活保護法63条や同法78条に基づく費用の返還義
務は相続の対象にならないとする見解（詳しくは、前掲Q68を参照し
てください。）に立てば、処分や裁決の取消しを求める「法律上の利益」
を承継する者がいなくなりますから、訴訟は当然に終了することにな
ります。

　他方、生活保護法63条に基づく費用返還義務や同法78条に基づく費用徴収義務が、一般の民事上の債務と同様に、相続の対象になるという見解（行政解釈）（問答集問13−12・13−14、別冊問答集443・444頁参照）に立った場合、その相続人は、相続放棄しない限り、それらの債務を承継することになるのですから、当該決定を取り消すことにつき「法律上の利益を有する者」として、訴訟を承継することができると考えるべきでしょう。

70　相続手続をしていない不動産があると生活保護を利用できないか

Q　私は、生活保護を利用しようと考えているのですが、亡くなった親の遺産について、相続手続をしていない不動産があることが判明しました。この場合、生活保護は利用できるでしょうか。

A　生活保護の利用は可能です。不動産の保有については、保有要件を満たしている場合には、不動産を保有したまま生活保護の利用が可能です。保有要件を満たしていない場合には、不動産の売却をしなければならず、売却代金は生活保護法63条返還の対象となります。

解　説

1　問題の所在

相続手続をしていない不動産の保有が、活用すべき資産（生保4・63）に該当し、生活保護法63条返還の対象になるかが問題となります。

2　資産の活用

まず、資産については最低限度の生活維持のために活用することが求められ、売却が原則となりますが、次の場合には、処分しなくてもよい扱いとなっています（次官通知第3、保護手帳242頁）。

① その資産が現実に最低限度の生活維持のために活用されており、かつ、処分するよりも保有している方が生活維持及び自立助長に実効があがっているもの

②　現在活用されてはいないが、近い将来において活用されることがほぼ確実であって、かつ、処分するよりも保有している方が生活維持に実効があがると認められるもの

③　処分することができないか、又は著しく困難なもの

④　売却代金よりも売却に要する経費が高いもの

⑤　社会通念上処分させることを適当としないもの

3　不動産の保有要件

　不動産は後記に該当する場合で、更に処分価値が利用価値に比して著しく大きいと認められない限り、保有を認めることとされています（局長通知第3、保護手帳242頁）。

　（1）　土　地

　当該保護世帯の居住の用に供される家屋に付属した土地で、建築基準法52条及び53条に規定する必要な面積のもの

　（2）　建　物

　当該保護世帯の居住の用に供される家屋で、処分価値が利用価値に比して著しく大きくないもの

　事業の用に供される家屋の場合は、営業種別、地理的条件等から判断して、その家屋の保有が当該地域の低所得世帯との均衡を失することにならないと認められる規模のもの

　（3）　田　畑

①　当該地域の農家の平均耕作面積、当該世帯の稼働人員等から判断して適当と認められるものであること

②　当該世帯の世帯員が現に耕作しているものであるか、又は当該世帯の世帯員若しくは当該世帯の世帯員となる者がおおむね3年以内に耕作することにより世帯の収入増加に著しく貢献するようなものであること

（4）　山林及び原野

①　事業用（植林事業を除きます。）又は薪炭の自給用若しくは採草地
　　用として必要なものであって、当該地域の低所得世帯との均衡を失
　　することにならないと認められる面積のもの

②　当該世帯の世帯員が現に最低生活維持のために利用しているもの
　　であるか、又は当該世帯員若しくは当該世帯の世帯員となる者がお
　　おむね３年以内に利用することにより世帯の収入増加に著しく貢献
　　するようなものであること

4　保護の利用と不動産の処理

　まず、相続は、被相続人の死亡によって開始し（民882）、相続人は、
相続開始の時から被相続人の財産に属した一切の権利義務を承継する
こととされています（民896）。したがって、遺産分割協議を経ておらず、
たとえ利用者名義へ相続登記がなされていなくとも、法定相続分につ
いては共有関係にあるとされます。つまり、不動産の名義が被相続人
のままであったとしても、既に法定相続分については持分を有してい
ることとなります。

　そして、例えば、相続手続をしていない不動産が、現に居住してい
る土地建物であれば、処分価値が利用価値に比して著しく大きいと認
められない限り、原則として、当該不動産を保有したまま生活保護の
利用が可能となります。また、現に居住していなくても、近い将来、
居住の用に供される土地・建物であれば同様に原則として、保有が認
められます。その場合、当該土地建物に転居して保護を利用すること
になります。ただし、利用者が65歳以上である場合には、生活保護を
利用する前に、まず各都道府県の社会福祉協議会による「要保護世帯
向け不動産担保型生活資金」（リバースモーゲージ）の利用を求められ
ることがあります（詳しくは、前掲Ｑ40を参照してください。）。

　また、居住の用に供しない建物ないし土地、あるいは処分価値が利用価値に比して著しく大きいと認められる場合、保有は認められず、当該不動産は売却しなければなりませんが、保護を利用すること自体は可能です。

　その場合、資力があるにもかかわらず保護を利用していることになるので、当該不動産が売却されたときには、売却代金は生活保護法63条返還の対象となり、保護開始後に受給した保護費の全部又は一部を返還すべきこととなります。

71　家屋を遺贈された場合は売却しなければならないか

 　私は、生活保護を利用中ですが、知人が亡くなり、建物の遺贈を受けました。遺贈された家屋については、転居せずに売却しなければならないのでしょうか。

 　家屋の保有要件を満たしている場合には、遺贈された家屋を売却する必要はありません。

解　説

1　問題の所在

　遺贈された家屋が、生活保護法４条に規定する「利用し得る資産」に当たり、売却しなければならないかが問題となります。

2　家屋の保有要件

　家屋の保有要件は、前掲Ｑ70で説明したとおりです。

　したがって、遺贈された家屋が居住の用に供される場合は、著しく高額に売却できる等といった事情がない限り、当該家屋の保有は認められます。ただし、利用者が65歳以上である場合には、生活保護を利用する前に、まず各都道府県の社会福祉協議会による「要保護世帯向け不動産担保型生活資金」（リバースモーゲージ）の利用を求められることがあります（詳しくは、前掲Ｑ40を参照してください。）。

3　遺贈された家屋への転居

　この点、厚生労働省は、現在借家で相当の家賃を払っているが、現

在の住家が相当破損していて遺贈された家屋と比べて老朽化してお
り、遺贈された家屋は世帯主の通勤にも便利で、保有要件も満たして
いるというケースについて、家屋の保有を認め、現在の住家から遺贈
された家屋への転居を容認する考えを示しています（問答集問3－7、
別冊問答集119頁）。

　もちろん、遺贈された家屋の保有が認められるのですから、前記の
ような事情がない場合であっても、遺贈された家屋への転居が認めら
れると考えられます。

　転居する際の運送費用は、臨時的生活扶助費の移送費として出され
ます（局長通知第7・2（7）ア（サ）、保護手帳324頁）。

72　生活保護利用者が相続放棄をしてもよいか

Q　生活保護を利用中、父親が亡くなりました。幾らかのプラスの遺産があるようですが、父の生前、私は自分のつくった借金の整理などで父母や兄弟にさんざん迷惑をかけてきたので相続放棄したいと考えています。そのようにケースワーカーに述べたところ、「遺産分割をして法定相続分は確保するように。」と指導指示され、「仮に相続放棄したら、法定相続分の財産を返還してもらう。」などと言われています。私には相続放棄する自由はないのでしょうか。

A　相続放棄は身分行為ですので、相続人が自由にするかしないか判断することができます。実施機関によっては、本問のような指導指示などを行う場合がありますが、生活保護利用者だからといって相続の承認を強制するような取扱いには問題があります。

解　説

1　問題の所在

　相続人は、法定の期限内（相続の開始があったことを知った時から3か月以内）に家庭裁判所にその旨の申述を行うことにより、被相続人の相続の一切を放棄することができます（民915①）。しかし、実施機関によっては、相続対象財産も活用すべき資産（生保4①）に該当することを前提に、相続放棄を行うことは「資産活用を怠り、又は忌避していると認められる」ものとして、本問のような指導指示等を行ってくることがあります。

2　相続放棄と生活保護法63条、同法78条

　相続の放棄をした者は、その相続に関しては、初めから相続人とならなかったものとみなされます（民939）ので、相続放棄をした者は最初から遺産を一切相続しなかったことになります。そのため、生活保護利用者が相続放棄をしたことについて、生活保護法63条による返還請求や同法78条に基づく費用徴収が問題となる余地はありません。

　このような解釈は、生活保護利用者が遺産分割を経て遺産を相続する場合、遺産分割の効力が相続開始時に遡って生じること（民909）を踏まえて、生活保護法63条に基づく返還対象となる資力の発生時点を相続開始時である被相続人の死亡時としている（問答集問13−6答(2)、別冊問答集434頁）こととも整合性があると考えられます。

3　相続放棄と指導指示

　相続人が行った相続放棄を債権者が詐害行為として取り消すことができるか（民424）について争われた最高裁昭和49年9月20日判決（判時756・70）は、「相続の放棄のような身分行為については、他人の意思によってこれを強制すべきでないと解するところ、もし相続の放棄を詐害行為として取り消しうるものとすれば、相続人に対し相続の承認を強制することと同じ結果となり、その不当であることは明らかである。」と判断しています。

　したがって、生活保護利用者だからといって相続の承認を強制するような指導指示は、「被保護者の自由を尊重し、必要の最少限度に止めなければならない。」という生活保護法27条2項に違反するものと言わざるを得ません。少なくとも、指導指示違反の内容・程度と制裁としての停廃止等の処分の内容・程度は均衡している必要がありますので（詳しくは、後掲Q77参照）、本問のような事情のある場合に指導指示に従わず相続放棄したからといって、保護を停廃止することは行き過ぎであり違法であると解されます。

73　生活保護利用者が亡くなった場合の葬祭費用について、生活保護を利用できるか

 福祉事務所から、生活保護を受けていた兄が亡くなったとの連絡がありました。兄は私の唯一の親族であり、葬式を出してやりたい気持ちはありますが、私自身も収入はわずかな国民年金しかないため生活保護を受けており、葬祭費用の負担はできません。どうしたらよいでしょうか。

A　福祉事務所に葬祭扶助の申請をしてください。

解　説

1　葬祭扶助

　葬祭の執行者が、要保護状態にある場合には、葬祭扶助を申請することにより、死体の運搬、火葬又は埋葬、納骨その他葬祭のために必要な費用の支給を受けることができます（生保18①・37①）。この場合、葬祭扶助費は、葬祭の執行者に対して交付されます（生保37②）。

　本問では、相談者も生活保護を利用されているということですので、相談者自身が葬祭の執行者となって葬祭扶助を利用することにより、兄の葬式を出してあげることができます。

　なお、亡くなった人が生前生活保護を利用していた場合であっても、葬祭の執行者に資力がある場合には、葬祭扶助を利用することはできません。

2　葬祭扶助の申請先

　葬祭扶助は、葬祭の執行者に対して交付されるものであるため（生

保37②)、申請先は、葬祭の執行者の居住地を所轄する福祉事務所になります。

　したがって、例えば亡くなった兄が生前A市で生活保護を利用しており、相談者はB市で生活保護を利用している場合、葬祭扶助の申請は、A市ではなくB市の福祉事務所に対して行うことになります。

3　亡くなった人に扶養義務者がいない場合

　本問の場合と異なり、亡くなった生活保護利用者に扶養義務者がいない場合や、亡くなった生活保護利用者と扶養義務者が疎遠であったなどの理由により葬祭の執行を断られた場合には、亡くなった人の担当地区の民生委員が執行者となって葬祭が執り行われることがあります。この場合、執行者となった民生委員が個人的に葬祭を執り行ったのであれば、当該民生委員に対し葬祭扶助費が支給されることになります(生保18②一)。他方、自殺者等があった場合において、民生委員が市町村長等の依頼により葬祭を行った場合には、市町村長が葬祭を行ったものとして、葬祭扶助の適用は認められないとされています(課長通知第7問16答、保護手帳364頁)。

　なお葬祭扶助の申請者は、前記の民生委員だけではなく、入所していた施設の長や入院先の病院長、さらに友人等でも可能です。これらの申請者は、亡くなった生活保護利用者の扶養義務者ではないため、資力の有無にかかわらず葬祭扶助を利用することができます。

　また、この場合には、局長通知第2・11により、死亡した生活保護利用者の従前の保護の実施機関が実施責任を負うこととなります。

74　身寄りのない生活保護利用者が死亡した場合、残された財産はどのように処理されるか

　　身寄りのない生活保護利用者が死亡し、死亡地の市が火葬等を行いました。保護の実施機関である市がその方の家財道具や通帳の残金の処分をするにはどうすればよいでしょうか。

　　死亡した生活保護利用者に相続人がいることが明らかでない場合、亡くなった方の財産について、火葬・葬祭等に要した費用に充当しても、なお残余の遺留金品があるときは、生活保護を実施していた市は、供託制度の利用や相続財産清算人選任の申立てを検討するべきです。

解　説

1　問題の所在

　ある人が死亡した場合、その相続人が家財道具や通帳の残金を承継するのが原則ですが、その人に身近な親族がおらず、相続人があることが明らかでない場合、家財道具や通帳の残金はどのように処理されるのでしょうか。

2　市町村による火葬等の実施

　身寄りのない生活保護利用者が死亡した場合で、火葬等を行う者がいないときは、その方の死亡地の市町村が火葬等を行い（墓地、埋葬等に関する法律9）、亡くなった方の遺留金を火葬等の費用に充当します（行旅病人及行旅死亡人取扱法11）。

　また、葬祭を行う扶養義務者がいない場合に、生活保護法18条2項により民生委員や入所施設の施設長、知人などが葬祭扶助により葬儀を行うことがあります。葬祭を行う者の資力を問うことなく葬祭扶助を支給することができることとしたものであり、いわば実費弁償的な性格を有した規定であるといえます。同法18条2項により扶養義務者以外の申請で葬祭扶助を支給した場合にも、同法76条により遺留金を葬祭費に充当します。

　その上で、なお残余の遺留金品がある場合は、以下の処理を行うこととなります。

3　相続人があることが判明した場合

　市町村が、遺留金品の調査や関係者からの聴取等を行い、亡くなった方について、全ての相続人の存在が判明した場合、当該相続人に遺留金品を引き渡すこととなります。

　一方、一部の相続人の存在は判明しているが、その余の相続人の存否が不明である場合、市町村は、債権者不確知を理由とする弁済供託を、また、相続人の所在が不明である場合は、受領不能を理由とする弁済供託をそれぞれ行うことにより、相続人に対する残余財産の返還義務を免れることができます。

4　相続人のあることが明らかでない場合

　では、市町村が調査をしても、亡くなった方の相続人の存否が不明である場合はどうすればよいでしょうか。

　民法は、相続人のあることが明らかでない場合の相続財産の処理として、相続財産清算人選任の制度を用意しています（民951以下）。相続財産清算人は、相続人のあることが明らかでないとき、利害関係人（被

相続人の債権者、遺贈を受けた者等）又は検察官の申立てにより、家庭裁判所によって選任されます（民952①）。

　相続財産清算人が選任されると、家庭裁判所は、相続財産清算人を選任したこと及び相続人があるならば6か月を下らない期間内にその権利を主張すべき旨を公告しなければなりません（民952②）。この公告の期間満了までに相続人が現れなければ、相続人がいないことが確定します。また、この公告の期間満了後、3か月以内に特別縁故者（被相続人と生計を同じくしていた者、被相続人の療養看護に努めた者、その他被相続人と特別の縁故があった者）に対する相続財産分与の申立てがされることがあります。

　そして、相続財産清算人は、この公告があったときは、2か月以上の期間を定めて、相続債権者及び受遺者に対し、その期間内にその請求の申出をすべき旨を公告します（民957①）。

　相続財産清算人は、必要があれば、家庭裁判所の許可を得て、被相続人の不動産や有価証券等を売却し、金銭に換えることができます。

　この結果、相続人の存在が判明し、相続人が承認した場合、全ての相続財産は相続人に引き継がれます。一方、相続人たる権利を主張する者が現れなかった場合、相続財産清算人は、債権者や受遺者への支払や、特別縁故者に対する相続財産分与の審判に従い、特別縁故者への分与等の清算手続を行います。

　清算後、相続財産が残った場合、相続財産は国庫に帰属することとなり、相続財産清算人は、その財産を国に引き継ぐことになります（民959）。

5　市のとるべき対応

　当然のことながら、身寄りのいない生活保護利用者が死亡した場合、

前記の手続を経ることなく、財産的な価値のある家財道具や通帳の残金を勝手に処分することはできません。

　したがって、本問のような場合、生活保護を実施していた市は、供託制度の利用や、家庭裁判所に対する相続財産清算人選任の申立てを行うこととなります（生保規22②）。ただし、亡くなった方の家財道具等について、滅失若しくは毀損のおそれがあるとき、又はその保管に不相当の費用若しくは手数を要するときは、市はこれを売却し、又は棄却することができるとされています（同22③）。

第11章　生活保護利用者の就労・自営

75　働ける年齢でも生活保護を利用できるか

Q　私はまだ40代で、特に病気や障がいもありませんが、失業後なかなか再就職できず生活がやっていけないので、生活保護を利用したいと思っています。若くて働く能力があっても生活保護の利用はできるでしょうか。

A　働ける年齢層（稼働年齢層）で特に病気や障がいがなくても、仕事を探しているのに見つからない場合などは、生活保護を利用することができます。

解　説

1　問題点

　生活保護法４条１項は、「保護は、生活に困窮する者が、その利用し得る資産、能力その他あらゆるものを、その最低限度の生活の維持のために活用することを要件として行われる。」と定めています（補足性の原理）。そのため、病気などの事情がない「稼働年齢層」には、「稼働能力」を活用することが求められます。保護の実施機関の窓口では、若くて働けるという理由だけで、生活保護を利用することができないかのような説明がなされて追い返される運用も少なからず見られます。

　しかし、厳しい雇用情勢の中、就職活動を行っても就職先が見つからない場合でも生活保護を利用できないのかが問題となります。

第11章

2　稼働能力活用要件の判断基準

　この点、名古屋地裁平成8年10月30日判決（林訴訟）（判時1605・34）は、「申請者が稼働能力を有する場合であっても、その具体的な稼働能力を前提とした上、申請者にその稼働能力を活用する意思があるかどうか、申請者の具体的な生活環境の中で実際にその稼働能力を活用できる場があるかどうかにより判断すべきであり、申請者がその稼働能力を活用する意思を有しており、かつ、活用しようとしても、実際に活用できる場がなければ、「利用し得る能力を活用していない」とは言えない」と判断しました（控訴審：名古屋高裁平成9年8月8日判決（判時1653・71）も同旨）。

　この判断を受けて、厚生労働省も、「居住地がないことや稼働能力があることのみをもって保護の要件に欠けるものではないことに留意し、生活保護の適正な実施に努めること」と繰り返し注意喚起をしています（平14・8・7社援保発0807001、平15・7・31社援保発0731001参照）。稼働能力があることのみをもって生活保護が利用できないかのような対応をすることは明らかに違法なのです。

　そして、稼働能力を活用しているか否かについては、①稼働能力があるか否か、②その具体的な稼働能力を前提として、その能力を活用する意思があるか否か、③実際に稼働能力を活用する就労の場を得ることができるか否か、によって判断することとされています（局長通知第4・1、保護手帳263頁）。

3　具体的な判断手法

（1）　稼働能力があるか否かの判断基準

　稼働能力があるか否かの評価については、「年齢や医学的な面からの評価だけではなく、その者の有している資格、生活歴・職歴等を把握・分析し、それらを客観的かつ総合的に勘案して行うこと」とされ

ています（局長通知第4・2、保護手帳263頁）。ですから、単純に「働ける年齢で健康だから100％の稼働能力がある」ということにはなりません。

　この点、大阪地裁平成25年10月31日判決（岸和田事件・確定）（平21（行ウ）194）も、稼働能力については、「その有無だけでなく、稼働能力がある場合にはその程度についても考慮する必要があ」ると判断しています。

　なお、傷病や障がいがあって稼働能力の有無に疑いがあるときには、検診を命じられることがありますが（生保28、局長通知第11・4（1）ア、保護手帳436頁）、もちろんその費用を本人が負担する必要はありません。傷病のため働けない旨の診断書の提出を保護の実施機関が申請者に対して求め、その結果、申請者が費用を負担させられるようなことは、あってはならないことです。

（2）　稼働能力活用の意思の有無について

　稼働能力を活用する意思があるか否かの評価については、「求職状況報告書等により本人に申告させるなど、その者の求職活動の実施状況を具体的に把握し、その者が（1）で評価した稼働能力を前提として真摯に求職活動を行ったかどうかを踏まえて行うこと」とされています（局長通知第4・3、保護手帳263頁）。

　ここで問題なのは、先に引用した林訴訟判決（前掲名古屋地判平8・10・30）では、「稼働能力を活用する意思」としか表現されていないのに、前記局長通知では、「真摯に」という文言が加えられている点です。そのため、申請者が一定の求職活動を行っていても、「真摯な努力が足りない」として申請を却下されるケースが全国で相次いでいます。そもそも「真摯な努力」という表現そのものが、客観的な基準となるものではなく、ともすれば実施機関の恣意的な判断を許してしまうものであるといえます。

　この点について、東京高裁平成24年7月18日判決（新宿七夕訴訟）（賃社1570・42、原審：東京地判平23・11・8賃社1553・1554合併・63）では、「稼働能力を活用する意思は、真正なものであることを必要とするというべきであるが、〔中略〕生活保護法が社会的規範を逸脱した者についても保護の対象から一律に除外することはしていないことからすると、生活に困窮する者が生活保護の開始申請前にした求職活動等がその態様においてまじめさ又は真剣さに欠け、ひたむきな努力を伴わないなど、一般的な社会的規範に照らして不十分な又は難のあるものであるとしても、当該生活困窮者が申請時において真にその稼働能力を活用する意思を有している限り、生活保護の開始に必要な稼働能力の活用要件を充足しているということを妨げない」としています。

　また、大津地裁平成24年3月6日判決（長浜事件）（賃社1567・1568合併・35）も、「（稼働能力を活用する意思）の程度については、一般に就職活動を行うためには履歴書作成費用や面接のための交通費等が必要となるのであるから、生活困難者に対し、採用の見込み等を度外視して、その時点で行い得るあらゆる手段を尽くさない限り生活保護を受給することができないと解するときは、生活困難者に無理を強いることにもなりかねない。」、「保護申請者に稼働能力を活用する意思があるかどうかを判断する場合においても、保護申請者がその時点までに行い得るあらゆる手段を講じていなければ稼働能力を活用する意思がないとするのは相当ではなく、多少は不適切と評価されるものであったとしても、保護申請者の行う就職活動の状況から、当該保護申請者が就労して稼働能力を活用するとの真正な意思を有していると認められるのであれば、そのことをもって足りるというべきである。」としました。

　さらに、前掲岸和田事件判決は、「申請者に対して、その時点において一般に行い得ると考えられるあらゆる手段を講じていなければ最低

限度の生活を維持するための努力をする意思があるとは認められない
とすることは、申請者に不可能を強いることにもなりかね」ないとし
て、「申請者の資質や困窮の程度等を勘案し、当該申請者について社会
通念上最低限度必要とされる程度の最低限度の生活の維持のための努
力を行う意思があると認められる以上は、それが一般的にみればさら
なる努力をする余地があるものであったとしても、なお稼働能力を活
用する意思を有しているものと認めるのが相当である」と判断しまし
た。

　したがって、「真摯な意思」を要求する現行実施要領（局長通知第4、
保護手帳263頁）は、判例の考え方に明らかに反しており、早急な変更が
求められています。

（3）　就労の場を得ることができるか否かについて

　就労の場を得ることができるか否かの評価については、「（1）で評
価した本人の稼働能力を前提として、地域における有効求人倍率や求
人内容等の客観的な情報や、育児や介護の必要性などその者の就労を
阻害する要因をふまえて行うこと」とされています（局長通知第4・4、
保護手帳263頁）。

　ここで重要なことは、本人の具体的な稼働能力や就労阻害要因をふ
まえて就労可能性を判断すべきとされている点です。例えば、建設日
雇労働しか経験のない人の前にパソコンを使う事務職の求人があった
としても、その人にとっての就労の場とはなり得ません。同様に十分
な稼働能力があったとしても、シングルマザーが幼い子を抱えて預け
る保育所も見つからない場合には就労可能性はない、ということにな
ります。

　このように、その人が置かれている具体的な状況を前提に就労可能
性を判断する考え方からすると、「地域における有効求人倍率や求人
内容等の客観的な情報」のみを就労可能性を肯定する方向で重視する

ことは許されないものと解されます。

　この点、前掲岸和田事件判決も、「求人倍率等の数値から就労する場を得る抽象的な可能性があるといえる場合であっても、実際に申請者が就労を開始するためには、〔中略〕求人側の意向等申請者の努力によっては如何ともし難い理由によって、就労の場を得ることができないことがあることは否定できない。そのような場合にまで、抽象的には就労の場を得ることが可能であるとして、保護を行うことを認めないとすることは、最低限度の生活の維持のために努力をしている者に対する保護を認めないことにほかなら」ない、と判示しています。

　また、同判決は、この要件の判断基準について、「申請者が求人側に対して申込みをすれば原則として就労する場を得ることができるような状況であったか否かを基準として判断すべきものと解するのが相当である。」としています。この点、前掲新宿七夕訴訟判決（東京高判平24・7・18）は、さらに踏み込んだ判断を示しています。すなわち、「稼働能力の活用要件は、生活に困窮する者の有している稼働能力が現に活用されていない場合であっても、当該生活困窮者が、その具体的な稼働能力を前提として、それを活用する意思を有しているときには、当該生活困窮者の具体的な環境の下において、その意思のみに基づいて直ちにその稼働能力を活用する就労の場を得ることができると認めることができない限り、なおこれを充足するということができる」、「ある者が求職活動を行う場合、当該求職者の意思のみに基づいて直ちに雇用契約が締結されるものではないし、また、自立支援システムを利用しても、直ちに求職活動を行うことはできないのであるから、現に特定の雇用主がその事業場において当該生活困窮者を就労させる意思を有していることを明らかにしており、当該生活困窮者に当該雇用主の下で就労する意思さえあれば直ちに稼働することができるというような特別な事情が存在すると認めることができない限り、生活に困窮

する者がその意思のみに基づいて直ちにその稼働能力を活用する就労
の場を得ることができると認めることはできない」としました。

　つまり、「就労の場がある」というためには、単に抽象的一般的に求
人があるというだけでは足りず、働こうと思えばすぐにでも働けるよ
うな具体的な就職先が存在する必要があるとされたのです。

4　就労にかかる初期費用

　なお、就職が確定した場合に、就職地に赴くために要する交通費や
荷物の荷造費及び運賃、また、初任給が支給されるまでの通勤費につ
いても保護費として支給されます（課長通知第7問18答・問18－2答、保護
手帳362頁）。

76　実施機関の指導指示にはいかなる場合にも従わなければならないか

Q 生活保護利用中ですが、ケースワーカーから「○年○月○日までに自立可能な就労先に就職すること」という指導指示書を手渡されました。これまで、頑張って就職活動をしてもなかなか就職できなかったのに、期限までに就職できる自信がありません。就職先が見つからないと生活保護を打ち切られてしまうのでしょうか。

A 指導指示の内容が被保護者にとって客観的に実現が不可能又は著しく困難である場合には、当該指導指示は違法であり、これに従う必要はありません。ご質問のように本人の努力だけでは達成不可能な指導指示は違法無効です。

解　説

1　指導指示がなされる場合

　生活保護法27条1項は、「保護の実施機関は、被保護者に対して、生活の維持、向上その他保護の目的達成に必要な指導又は指示をすることができる。」と定めています。

　どのような場合に指導指示をなし得るかについて、局長通知では、「特に次のような場合においては必要に応じて法第27条による指導指示を行うこと」とされていますが（局長通知第11・2（1）、保護手帳434頁）、ほとんどが就労に関わるものといえます。

① 　傷病その他の理由により離職し、又は就職していなかった者が傷病の回復等により就労（そのために必要な訓練等につくことを含みます。）を可能とするに至ったとき

②　義務教育の終了又は傷病者の介護若しくは乳児等の養育に当たることを要しなくなったため就労が可能となったとき

③　現に就労の機会を得ていながら、本人の稼働能力、同種の就労者の収入状況等からみて、十分な収入を得ているものとは認めがたいとき

④　内職等により少額かつ不安定な収入を得ている者について、健康状態の回復、世帯の事情の改善等により転職等が可能なとき

⑤　就労中であった者が労働争議参加等のため現に就労収入を得ていないとき

⑥　①から⑤までに掲げる場合のほか、資産、扶養、他法他施策による措置等の活用を怠り、又は忌避していると認められるとき

⑦　次官通知第8・1〔収入の実態がつかめないとき〕による収入に関する申告及び局長通知第3による資産に関する申告を行わないとき

⑧　世帯の変動等に関する生活保護法61条の届出の義務を怠り、このため保護の決定実施が困難になり、又は困難になるおそれがあるとき

⑨　主治医の意見に基づき、入院、転院又は退院が必要であると認められるとき

⑩　施設に入所させ、又は退所させる必要があると認められるとき

⑪　施設入所者が施設の管理規程に従わないため、施設運営上困難を生じている旨当該施設長から届出があったとき

⑫　⑦から⑪までに掲げる場合のほか最低生活の維持向上又は健康の保持等に努めていない等被保護者としての義務を怠っていると認められるとき

⑬　その他、保護の目的を達成するため、又は保護の決定実施を行うため、特に必要があると認められるとき

2　問題の所在

　生活保護法62条1項は、「被保護者は、保護の実施機関が、〔中略〕第27条の規定により、被保護者に対し、必要な指導又は指示をしたときは、これに従わなければならない。」とし、同条3項は、「保護の実施機関は、被保護者が前二項の規定による義務に違反したときは、保護の変更、停止又は廃止をすることができる。」と定めています。

　そこで、本問のように、本人の努力だけでは達成困難な指導指示がなされた場合にも、これに従う義務があり、達成できなかった場合には保護の停廃止等がなされ得るのかが問題となります。

3　指導指示が違法無効となる場合

（1）　実現不可能な指導指示は違法

　生活保護法27条1項の指導指示は、「生活の維持、向上その他保護の目的達成に必要」なものでなければなりませんし、あくまで、被保護者の自由を尊重し、「必要の最少限度」のものでなければなりません（生保27②③）。

　「被保護者の自由を侵害し、必要の最少限度を越えた指導、指示は、保護の実施機関の無権限に基く無効であり、取り消し得べき行為に止まるものではなく、被保護者はこれに従う必要はなく、又その違反の由をもって保護の変更、停止又は廃止の処分をすることはできない」のです（小山・生活保護416頁）。

　この点、京都地裁平成23年11月30日判決（判時2137・100）も、「友禅の仕事の収入を月額11万円まで増収して下さい」という指導指示違反を理由に保護廃止がなされた事案について、「被保護者にとって実現が不可能又は著しく困難な内容の指導指示をしても、被保護者がこれに応じることを期待することはできず、〔中略〕法27条1項に基づく指導

指示の内容が被保護者にとって客観的に実現が不可能又は著しく困難
である場合には、当該指導指示は違法であると解され」、「指導指示が、
その内容において違法性を有する場合には、被保護者は上記指導指示
に従う義務を有しないことは明らかであ」ると判断しました。この事
件の上告審において、最高裁第1小法廷平成26年10月23日判決（判時
2245・10）も、「生活保護法27条1項に基づく指導又は指示の内容が客
観的に実現不可能又は著しく実現困難である場合には、当該指導又は
指示に従わなかったことを理由に同法62条3項に基づく保護の廃止等
をすることは違法となると解される」と判示しています。

　したがって、本問のように一定の期間までに自立可能な収入を得ら
れる就労先に就職することは、本人の努力だけでは実現不可能又は著
しく困難ですから、このような指導指示は違法であって、従う必要は
ない、ということになります。仮に、このような指導指示違反を理由
に保護の停廃止等がなされたとすれば、このような停廃止処分もまた
違法となります。

（2）　厚生労働省の見解

　厚生労働省は、平成25年3月11日の主管課長会議資料において、監
査の結果、問題の認められた事例として、①指導指示を行う根拠とし
た事実が、単に匿名の情報提供である等、実施機関としての客観的な
事実確認に基づくものではないなど、指導指示を行う前提となる事実
認定に問題がある事例、②「現業員の指示に従うこと」や「生活保護
受給中の注意点を守り、生活の維持、向上に努めること」など、指導
指示の内容が具体性を欠き包括的で、「被保護者の自由を尊重し、必要
の最小限度に止めなければならない。」との法第27条第2項の規定を
逸脱したものといわざるを得ない事例、③特段の理由なく法第27条に
基づく口頭による指導指示を経ることなく文書による指導指示を実施

している事例、④「法第62条第4項による弁明の機会」を与えずに廃止等を決定している法に違反した取扱いをしている事例、⑤指導指示に従わない場合において保護の停止等について検討しないまま廃止をしている事例などを例示して実施機関を指導しています（「社会・援護局関係主管課長会議資料」平25・3・11厚生労働省社会・援護局保護課自立推進・指導監査室）。

77　指導指示違反があれば生活保護の打切りはやむを得ないのか

Q　生活保護利用中ですが、ケースワーカーから常々とにかく働くようにと口頭で言われています。就職活動が不十分であれば、生活保護の打切りもあり得ると言われているのですが、本当に打ち切られてしまうのでしょうか。

A　指導指示違反による生活保護の停廃止を行うには、口頭だけでなく文書による指導指示を行うほか、弁明の機会を与える等の厳しい手続を経る必要があるので、口頭による指導だけで、いきなり生活保護を打ち切られることはありません。

　また、指導指示違反に対する制裁は必要最小限度のものでなければならないので（比例原則）、仮に指導指示違反があっても、常に停廃止が正当化されるわけではありません。

解　説

1　問題の所在

　保護の実施機関が被保護者に対して行う指導指示（生保27①）について、被保護者は、これに従う義務があり（生保62①）、義務違反がある場合、保護の実施機関は、保護の変更、停止又は廃止をすることができるとされています（生保62③）。

　そこで、指導指示違反を理由として、保護の停廃止等を行う場合、どのような手順を踏む必要があるか、また、「保護の変更、停止又は廃止」といった制裁処分はどのような基準で選択されるべきかが問題となります。

2　保護の停廃止等に必要な手続

　指導指示による停廃止が許されるには、まずは、指導指示そのものが適法であることが当然の前提となります（この点の詳細は、前掲Q76を参照）。

　そして、生活保護法施行規則19条は、生活保護法62条3項の権限は、保護の実施機関が書面によって行った指導又は指示に従わなかった場合でなければ行使してはならない、と定めています。

　これを受けて、局長通知は、「法第27条による指導指示は、口頭により直接当該被保護者（これによりがたい場合は、当該世帯主）に対して行うことを原則とするが、これによって目的を達せられなかったとき、または目的を達せられないと認められるとき、及びその他の事由で口頭によりがたいときは、文書による指導指示を行うこととする。当該被保護者が文書による指導指示に従わなかったときは、必要に応じて法第62条により所定の手続〔弁明の機会付与〕を経たうえ当該世帯又は当該被保護者に対する保護の変更、停止又は廃止を行うこと」としています（局長通知第11・2（4）、保護手帳328頁）。

　また、書面による指導については、さらに課長通知において、「当該要保護者の状況によりなお効果が期待されるときは、これらの処分を行うに先立ち、再度、法第27条により書面による指導指示を行うこと」とされています。

　そして、処分の選択に当たっては、指導指示の内容が比較的軽微な場合は、その実情に応じてまずは保護の変更を行い、保護の変更によることが適当でない場合は停止し、停止後も指導指示に従わない場合に、さらに書面による指導指示を行い、これによってもなお従わない場合に、弁明の機会を付与した上で保護を廃止することとされ、停止を経ずに廃止することが許されるのは、停止によっては当該指導指示に従わせることが著しく困難な場合等に限ることとされています（課

長通知第11問1答、保護手帳331頁）。

　このように、指導指示違反を理由として制裁的な処分を行う場合には、繰り返し書面による指導指示を行い、弁明の機会を付与するという手順を踏む必要があり、指導指示違反の態様に応じて、まずは保護変更、次に停止、最後に廃止を選択すべきものとされているのです。したがって、口頭による指導指示違反があったからといって、いきなり保護廃止されるようなことはあり得ません。

3　裁判例等

（1）　指導指示の内容は書面に明確に記載された事項に限られる

　最高裁第1小法廷平成26年10月23日判決（判時2245・10）は、「生活保護法施行規則19条の規定の趣旨に照らすと、上記書面による指導又は指示の内容は、当該書面自体において指導又は指示の内容として記載されていなければならず、指導又は指示に至る経緯及び従前の指導又は指示の内容やそれらに対する被保護者の認識、当該書面に指導又は指示の理由として記載された事項等を考慮に入れることにより、当該書面に指導又は指示の内容として記載されていない事項まで指導又は指示の内容に含まれると解することはできないというべきである。」と判示し、指導指示の内容は当該指導指示書面に明確に記載された事項に限られる旨判断しました。

（2）　指示違反の内容と制裁は均衡（比例）していなければならない

　福岡地裁平成21年5月29日判決（賃社1499・29）は、高齢夫妻が通院用自動車の処分指示に従わなかったことを理由に保護停止された事案について、「問答第7〔筆者注：現問答第11の1〕は、文理上は、指導ないし指示が比較的軽微な場合には、保護の変更により、これによることが適当でない場合は保護を停止することと定めているのであるが、

指示が比較的軽微とはいえない場合であっても、保護の停止は、被保護者の実情によっては、直ちにその生活を困窮させる場合も少なくないと考えられるのであるから、その適用に当たっては、極めて慎重であるべきであり、同問答に定める停止と廃止との関係と同様に、まず保護の変更により、なお従わない場合は停止によることも可能であると考えられ」、「原告らの行為は、換価価値のない自動車を同人の通院等のために用いる必要があるとして指示に従わなかったにすぎないものであり、通院や移動に要する費用やサービスを新たに要求したわけではなく、何ら虚偽の申告をしたり、不正の手段を用いていたわけでもないのであって、指示の違反は極めて軽微である。仮に、これを比較的軽微でなかったと解するとしても、原告は、保護の停止によって直ちに困窮状態に陥ることが容易に予想される状況にあったから、その実情を十分考慮せずに本件処分を行い、その結果、原告が実際に著しい生活の困窮状態に陥ったことからすれば、本件停止決定は、相当性を欠き、法62条3項に反し、違法であったというべきである」と判断しました。

　現場の実務では、指導指示違反があれば、常に保護の廃止が許されるという誤解が蔓延していますが、指導指示違反の態様や悪質性と制裁処分の重さは比例均衡する必要があり、軽微な指導指示違反に対して保護の停廃止処分を行うことは違法となることに注意が必要です。

（3）　裁量権濫用の考慮要素

　さいたま地裁平成27年10月28日判決（賃社1662・50）は、「指導又は指示は、少なくとも書面でされようとする場合には、その必要性及び合理性を当該事案の性質や経緯、被保護者又はその世帯の個別事情を十分考慮した上で慎重にされることを要し、その判断の過程及び手続においてそのような考慮を欠き、生活保護の理念及び社会通念に照らして妥当性を欠くものであるときには、保護の実施機関の裁量権を逸脱、

濫用したものとして、違法となると解するのが相当である。」と指導指
示自体が違法となる考慮要素を示した上で、「仮に、被保護者が当該指
導又は指示に従う義務に違反したとしても、(略) その (保護の) 変更、
停止又は廃止が被保護者に重大な不利益を与えるものであることを考
慮すれば、被保護者が当該指導又は指示に従う義務に違反したことを
理由としてこれらの不利益処分をするに当たっては、(略) 被保護者の
利益にも十分配慮した上で、違反に至る経緯及びその内容等を総合的
に考慮し、当該不利益処分をすることに必要性や合理性等があるか否
かを慎重に検討する必要がある」と裁量判断にあたっての考慮要素を
示し、この判断は、控訴審である東京高裁平成28年３月16日判決 (賃社
1662・62) においても維持されました。

　また、大阪地裁令和５年５月11日判決 (賃社1839・34) は、「保護の廃
止は、保護の実施を終了するという、被保護者にとって最も重い処分
であること」に照らして、課長通知の保護の廃止をすべき場合に該当
するか否かの判断にあたっては、「①処分の根拠となった指示の内容
の相当性、②指示違反に至る経緯、③指示違反の悪質性、④将来にお
いて指示事項が履行される可能性、⑤保護の停止を経ることなく直ち
に保護を廃止する必要性・緊急性及び⑥保護の廃止がもたらす被保護
者 (被保護世帯) の生活の困窮の程度等を総合考慮すべきである」と
判示しました (①ないし⑥の番号は筆者が付しました)。この判示内
容は、上記の①②③⑥を考慮要素として示した津地裁平成30年３月15
日判決 (賃社1711・12合併・38) の控訴審において、④⑤を考慮要素と
して加えた名古屋高裁平成30年10月11日判決 (賃社1723・36) の判断枠組
みを採用したものであり、裁判例上の考慮要素はほぼ確立したと評価
できるでしょう。

　なお、栃木県知事平成24年７月３日裁決は、「処分庁には積極多岐な
援助と効果的な指導を行うことが求められるべきところ、求人情報を

長女に提供したに止まり、自立支援プログラムへの参加の推奨、生業費、技能修得費、その他他法他施策の活用など具体的な支援について検討された経緯は見当たらない」とした上で、「法の趣旨に即し、被保護者の個々の状況に応じた具体的かつ効果的な助言指導及び支援を行う」必要があるとして当該保護廃止を違法としました。かかる判断は、実施機関としてなすべき支援やケースワークを何ら行うことなく一方的に被保護者の努力のみを求めて不利益処分に至ったという事情を、前記①ないし④の判断に当たって考慮し得ることを示唆しています。

78　辞退届の提出による生活保護の打切りは許される
か

Q　私は失業して生活保護の利用を開始しましたが、開始時にケースワーカーから「３か月以内に就労自立するように」と求められていました。３か月が経過しても就労自立できないでいたところ、この度、ケースワーカーから「約束が果たせていないので、これにサインしてもらう必要がある。」と言われ、よく分からないまま辞退届を提出させられました。私の生活保護は打ち切られてしまうのでしょうか。

A　辞退届の提出による保護廃止が許されるためには、①本人の任意かつ真摯な意思表示があること、②保護廃止によって急迫状況に陥らないことが必要ですから、ご質問のケースでは「辞退届」は効力を有せず、これに基づく保護廃止は許されません。

解　説

1　問題の所在

　生活保護法上、保護の廃止が許されるのは、要保護性がなくなったとき（生保26）、立入調査を拒否し、検診命令に違反したとき（生保28⑤）、指導指示等に違反したとき（生保62③）に限られており、辞退による保護廃止について明文の規定はありません。

　しかし、指導指示違反等による保護廃止のためには厳格な手続を経る必要があるため（前掲Q77参照）、保護の実施機関が被保護者に対して安易に辞退届の提出を要求し、これに基づいて保護の廃止が行われることが少なくありませんでした。2007年７月には、北九州市におい

て、辞退届の提出を理由に保護を廃止された男性が一部ミイラ化した
遺体で発見され、「オニギリ食いたーい」「法律はかざりか。書かされ、
印まで押させ、自立指どうしたんか」という日記が残されていたこと
から、社会問題にもなりました。

　そこで、辞退を理由とする保護の廃止が許されるのか、許されると
して、どのような要件を満たす必要があるのかが問題となります。

2　裁判例

　京都地裁平成17年4月28日判決（判時1897・88）は、退院時に「仕事を
見つけ自立します」と述べたことをもって保護辞退による廃止がされ
た事案について、「被保護者が、任意かつ真摯な意思に基づいて、自ら
保護を辞退したときには、〔中略〕保護を廃止し得る場合はあり得る（も
っとも、法25条1項は、実施機関は、要保護者が急迫した状況にある
ときは、職権で保護を開始しなければならない旨を定めており、被保
護者が任意かつ真摯に保護辞退の申出をしても、保護を廃止し得ない
場合があることは明らかである。）。」としつつ、「仕事を見つけ自立し
ます」との発言は、入院中しか保護は受けられないという誤解に基づ
き、不本意ながら引き続き保護を受けることをあきらめざるを得ず、
保護が廃止された後の身の振り方に関する決意を述べたもの以上の意
味はなく、「任意かつ真摯な保護の辞退はない」と判断し、京都市の賠
償責任を認めました。

　また、広島高裁平成18年9月27日判決（賃社1432・49、原審：広島地判平
17・3・23賃社1432・58）は、「控訴人に自立の目途があるのか未だ確たる
判断ができかねる状況であったというべきにもかかわらず、自立の目
途があるものとして本件辞退届の文案を起草し、控訴人に書き写させ
たと認められる。この職員の示唆的言動によって、控訴人は、〔中略〕
保護を辞退する必要はないのに、その義務があるものと誤信して保護

辞退の意思表示をしたものと推認するのが相当であ」り、「本件辞退届には、その根幹の部分に錯誤があって、保護辞退の意思表示は無効というべきであるから、これに基礎を置く保護廃止決定は違法な処分として取消を免れ」ないとし、慰謝料請求も認めました。

3　実施要領の定め

　このような裁判例や、北九州市における悲劇などを踏まえて、厚生労働省も「辞退届の取扱い」に関する次のような通知を発出するに至っています（課長通知第10問12−3答、保護手帳429頁）。

　「被保護者から提出された「辞退届」が有効なものであり、かつ、保護を廃止することで直ちに急迫した状況に陥ると認められない場合には、当該保護を廃止して差し支えない。

　　ただし、「辞退届」が有効となるためには、それが本人の任意かつ真摯な意思に基づくものであることが必要であり、保護の実施機関が「辞退届」の提出を強要してはならないことは言うまでもなく、本人が「保護を辞退する義務がある」と誤信して提出した「辞退届」や、本人の真意によらない「辞退届」は効力を有せず、これに基づき保護を廃止することはできないものである。

　　また、「辞退届」が本人の任意かつ真摯な意思に基づいて提出された場合であっても、保護の廃止決定を行うに当たっては、例えば本人から自立の目途を聴取するなど、保護の廃止によって直ちに急迫した状況に陥ることのないよう留意すること。」

　したがって、本問のケースのように、保護利用者に任意かつ真摯な辞退の意思がない場合には、辞退届は無効であり、これによる生活保護廃止も違法となります。

79　本人や同居家族に収入がある場合、生活保護を利用できないか

　　私はまだ40代ですが、リストラされて退職金ももらえませんでした。妻はパート収入がありますが、働いている家族がいると生活保護の利用はできないのでしょうか。

　また、すぐにでも私自身もアルバイトなどをしたいと思っていますが、アルバイトでも働いていると、生活保護の利用はできないのでしょうか。

　　あなた自身や家族が働いて収入を得ていても、同一世帯の家族の収入の合計が最低生活費を下回る場合には、その差額を生活保護費として受け取ることができ、生活保護の利用が可能です。また、働いて得た収入の場合には、収入認定の際に「基礎控除」がありますので、実際には当該世帯の最低生活費に基礎控除額を上乗せした金額が手元に入ることになります。

解　説

1　生活保護費

　生活保護費は、住居を賃借している場合の家賃（上限があります。）や一般生活費等で構成され、その総額が最低生活費となります。この最低生活費がいくらなのかについては、地域、家族構成等で異なりますが、本人自身や家族に働いて得た収入があったとしても、世帯の総収入がこの最低生活費を下回る場合は、生活保護を利用することができます。

　また、家族からの仕送りなどと異なり、就労して得た収入について
は、経費がかかっていたり自立につながる側面を有しているとして、
全額ではなく基礎控除された残りの部分のみを収入として認定される
ことになりますので、実際には最低生活費を超えるお金が手元に残る
ことになります。基礎控除額は、働いて得た収入の金額や働いた人の
人数によって変わります（局長通知第8・3（1）、次官通知第8・3（4）別表
（基礎控除額表（月額））、保護手帳397〜400頁）。

　さらに、新規に就労したため特別の経費を必要とする者については、
月額1万1,900円（令和6年4月1日以降は1万2,200円）の「新規就
労控除」が、20歳未満の者については月額1万1,600円の「20歳未満控
除」がそれぞれ認められ（次官通知第8・3（4）、保護手帳402頁）、通勤交
通費や社会保険料（次官通知第8・3（1）ア（イ）、保護手帳370頁）、就労又は
求職者支援制度による求職者支援訓練の受講に伴う子の託児費（次官
通知第8・3（5）イ、保護手帳403頁）なども必要経費として控除されます。

2　収入申告の義務

　まず、保護申請時、申請者本人の収入・資産の他、世帯員全員の収
入・資産を申告しなくてはなりません（世帯概念については、前掲Q
10参照）。

　また、生活保護を利用し始めた後に就労収入がある場合は、毎月、
収入の状況について書面による申告（届出）を行う義務があります（生
保61）。

　収入があるのに申告をしない場合には、後記3で述べるペナルティ
を受けることがありますので、注意が必要です。

3　収入申告を怠った場合

　故意に収入申告を怠った場合には、いわゆる「不正受給」として、

基礎控除は受けられず、その収入相当額全額の徴収を受け、返還を迫られることになります（生保78）（なお、高校生のアルバイト代については、前掲Q28を参照）。この場合、事案が悪質であると判断されると、刑事罰（生保85、刑246等）が科される場合もあります（後掲Q99参照）。

4　最低生活費を上回る就労収入が続く場合

　給料等の定期収入が、最低生活費を上回るようになり、医療費や介護の自己負担も賄えるようになると、保護を要しなくなったと判断されます。その状態の継続に確実性が欠ける場合には保護の停止が、以後特別な事由が生じない限り保護を再開する必要がないと認められる場合には保護の廃止がされます。この「継続の確実性」の有無の判断は、臨時収入の増加の場合の規定からすると「おおむね6か月程度」継続するかどうかが目安になると思われます（生保26、課長通知第10問12答、保護手帳428頁）。

80　自営業を継続しながら生活保護を利用できるか

　私は自営業ですが、売上が激減して生活保護を申請したいと思っています。でも、店舗や工場や営業車を持っていると、生活保護は利用できないのでしょうか。

　自営業でも、世帯の総収入が最低生活費を下回る場合は、生活保護を利用できる場合があります。ただし、営業内容や所有している資産の性質などにより、廃業を検討せざるを得ない場合もあります。

解　説

1　借金はなく赤字ではないが、生活できない収入の場合

　世帯の総収入が当該世帯の最低生活費を下回る場合は、事業を継続しながら生活保護を利用することができます。毎月、収入の申告義務があり、基礎控除がある点は就労収入の場合と同じですが（詳しくは前掲Q79参照）、農業以外の自営の場合は、「その事業に必要な経費として店舗の家賃、地代、機械器具の修理費、店舗の修理費、原材料費、仕入代、交通費、運搬費等の諸経費についてその実際必要額を認定すること」とされています（次官通知第8・3（1）ウ（イ）、保護手帳376頁）。

2　事業用資産の保有

　事業を継続した場合、その事業の用に供する事業用資産は自立に資する有用なものとして保持が認められる場合がありますが、全てのものが保持できるとは限りません。

　事業用設備、事業用機械器具、商品、家畜などは、営業種目や地理的条件等から判断して、その保有が当該地域の低所得世帯との均衡を

失することにならないと認められ、かつ、その利用により世帯の収入増加に著しく貢献する場合には、その保有が認められています（局長通知第3・3、保護手帳244頁）。

　自動車についても、事業用機械とされ（問答集問3－11、別冊問答集121頁）、前記の要件を満たせば保有を認められることになります。

　生活用品としての自動車の保有に関しては、前掲Q42を参照してください。

3　借金があり、赤字が続いている場合など

　事業で借金がある場合に生活保護を利用すると、生活保護費で実質的に借金の返済を行うことになります。また、赤字の回復が見込めない場合、返済すべき負債ばかりが膨れ上がることになります。生活保護費は最低限度の生活費ですから、ここから借金の返済を行うのは望ましくありません。

　そこで、借金等については破産等の債務整理をしながら生活保護を利用することを検討する必要があり、その際に、事業用資産も処分することになります。この場合は、事業については廃業を検討することになります。

　また、自営収入が著しく低額で、一般就労によってより高額の収入を得られる蓋然性が高い場合には、稼働能力活用（生保4①）の観点から転職指導がなされることもあり得ますが（生保27）、職業選択の自由（憲22①）が保障されていることからすれば、慎重な配慮が必要です。

81　解雇を争っている場合に生活保護を利用できるか

Q 私は会社を突然、クビになりました。あまりにも会社のやり方が横暴なので、解雇を争うつもりです。裁判では、解雇そのものが無効、つまりまだ従業員であると主張することになるのですが、実際には給料をもらえないため、解雇撤回を求める裁判をしている間、生活保護を利用することはできるでしょうか。

A 裁判に支障にならない範囲でアルバイト等で生計維持の努力をしても収入が最低生活費に満たない場合や、疾病等のためこうした努力を行えない事情がある場合には、収入と最低生活費との差額について生活保護を利用することができます。一方、生計維持の努力が可能であるのに一切行わないような場合には生活保護の利用は認められないと解されます。

解　説

1　問題点

　解雇されたことを裁判・仮処分・労働審判等で法的に争う場合、その解雇は無効であり、現在も従業員としての地位を有していることを前提に賃金の支払を求める訴訟等を行うことになります。しかし、解雇を裁判等で争っている間は、実際に会社からその間の賃金が支払われるわけではありません。

　そこで、賃金を支払われるべき地位にあることを裁判上主張しながら生活保護を利用できるのか、稼働能力の活用要件（生保4①）を満たしているといえるのかが問題となります。

2　問題点の検討

　裁判等で解雇無効を争っていることと、稼働能力活用要件を満たすかどうかは別の問題ですので、個別の事案に応じて、生活保護の利用が認められる場合と認められない場合があると考えられます。

（1）　生活保護の利用が認められない場合

　解雇された職場での復職を求めて不当解雇を争っている場合には、稼働能力を活用する意思はあり、活用しようとしても使用者側が解雇を撤回しないため就労の場が得られないのですから、稼働能力活用要件を満たす素地はあるといえます。ただ、時間の全てを裁判闘争に費やさなければならないことはあまり想定できず、多くの人は裁判等に支障にならない範囲でアルバイトなどをして生計を維持する努力をしています。

　したがって、このようなアルバイト等の努力をすることが可能であるのに一切行っていないような場合には、稼働能力活用がされていないものとして生活保護の利用が認められないものと解されます。

　その場合、妻子等がいて世帯として窮迫している場合には、裁判をしている本人を世帯分離して残りの家族について生活保護を適用することになります。

（2）　生活保護の利用が認められる場合

　これに対し、裁判等に支障のない範囲でアルバイト等の努力をしてもなお収入が最低生活費に満たない場合や、疾病や障がいのためにこうした努力ができない場合には、生活保護の利用が認められるものと解されます（解雇無効を争っているのに別の勤務先に正社員として完全に再就職してしまうことは裁判上不利となりますので、正社員としての再就職先を探さないことをもって稼働能力不活用と判断することは許されないと解すべきです。）。現に、解雇撤回裁判を闘いながら生活保護の利用を認められている例もあります。

　解雇無効を労働審判や訴訟で争っている場合にも、「仮給付」という形で雇用保険の求職者給付を受給することができます。生活保護法（4条2項）は他法他施策の優先活用を定めており、実施要領は優先活用すべき他法他施策として「雇用保険法」を列記していますので（局長通知第6・19、保護手帳273頁）、生活保護の適用が認められ得る場合でも、まずは雇用保険の仮給付を受けて、給付額が最低生活費に満たない場合に差額を保護費として受給できることになります。

　なお、雇用保険の仮給付のためには、解雇を争って係争中であることを示す文書（裁判所の事件係属証明書や、仮処分申立書の写し等）と、勝訴して解雇時からの賃金の支払を受けた場合には保険給付を返還する旨の文書を提出する必要があります。また、離職票を提出する必要があるので、解雇を争う場合でも会社から離職票は受け取っておくべきです。

（3）　裁判等で手にしたお金の償還義務の有無について

　生活保護を利用しながら裁判をし、勝訴判決や和解などでお金を手に入れることができた場合の保護費を償還すべきか否かについては、解決方法によって次のように考えられます。

　　ア　和解した場合

　解雇を争っている裁判等で和解する場合、解雇された日付をもって合意退職したことを確認し、「解決金」として金銭を受け取るのが通常です。

　このような場合は、仮給付を受けた保険給付分をハローワークに返還する必要がありません。また、生活保護を受給していた場合は、和解の時点で解決金という新たな収入を得たことになりますから、この時点で、受け取った金額に応じて生活保護が停止又は廃止されることとなるだけで、償還の問題は生じません。

　イ　勝訴判決等を得た場合

　他方で、勝訴判決等を得た場合は、解雇が無効となって遡って雇用
主に給料の支払を請求できる地位にあることを認められ、雇用主に対
して賃金の支払が命じられます。

　実際に賃金が遡って支払われると、雇用保険の仮給付については返
還する必要があります。同様に、生活保護を利用していた場合も、も
ともと存在した賃金請求権が現実化したことになりますから、その間
受領した生活保護費について、生活保護法63条による償還の問題が生
じます。ただし、償還の範囲としては、過払金が発生した場合（問答集
問8−32、別冊問答集321頁）と同様、弁護士費用については必要経費とし
て控除されるべきです。

第12章　医療・介護等と生活保護

82　入院することになった家族の医療費を支払えない場合、生活保護を利用できるか

　　私たち夫婦は、年金と私のパート収入で何とか生活していたのですが、夫の通院費が徐々にかさむようになり、支払うことが難しくなってしまいました。医師からは、入院をすすめられていますが、入院費用を支払うことなど到底できません。

　生活費などは自力で工面できるので、医療費についてだけ生活保護を利用することはできるのでしょうか。また急に病状が悪化して、休日などに救急搬送されてしまった場合はどうなるでしょうか。

　　収入が最低生活費を下回っているのであれば、生活保護を利用することができ、収入額によっては結果として医療費についてだけ生活保護を受けている状態になることがあります。

　また、生命・身体に危殆が生じたため生活保護を申請する機会のないまま治療行為が開始された場合にも医療扶助が受けられる場合があります。ただし、このような場合も保護の申請権者又は医療機関から実施機関に対して医療扶助の適用を求める旨の連絡をいれておくことが重要です。

第12章

解説

1　要否判定における最低生活費との対比費目の充当順序

　保護の要否及び程度は、原則として、当該世帯につき認定した最低生活費と認定した収入（収入充当額）との対比によって決定することとされ、また、保護の種類は、その収入充当額を、原則として、第1に衣食等の生活費に、第2に住宅費に、第3に教育費及び高等学校等への就学に必要な経費に、以下、介護、医療、出産、生業（高等学校等への就学に必要な経費を除きます。）、葬祭のうち必要な経費の順に充当させ、その不足する費用に対応してこれを定めることとされています（次官通知第10、保護手帳409頁）。

　したがって、年金やパート収入などから認定される収入充当額が、当該世帯に必要とされている生活扶助費、住宅扶助費、教育扶助費などを賄うのに足りているが、医療費まで加わると賄えないという場合は、結果として、医療費のみの保護を受けている状態（医療扶助単給）となります。ただし、必要とされている生活扶助費、住宅扶助費、教育費などを支出する収入がないのに医療扶助のみの保護を求めることは相当でないと考えます。

　この点、生活保護法の立法作業に関わった小山進次郎氏によると「保護を開始するかどうかについては本人の意思を尊重するが（保護は〔中略〕申請に基いて開始するものとする）、どんな内容の保護（保護の種類、程度、方法）を実施するかは客観的な事実を基礎として決める（必要な保護）。」（小山・生活保護165頁）とされています。

2　医療扶助単給状態となる場合の医療扶助の算定について

　年金やパート収入などから認定される収入充当額が、当該世帯に必要とされている生活扶助費、住宅扶助費、教育扶助費などを賄うには

足りているが、医療費まで加わると賄えないという場合、結果として、医療扶助についてのみ生活保護を受ける医療扶助単給という状態となりますが、その際の医療扶助費は、以下のように算定します。

医療扶助は、傷病の部位、発病時期、病状、社会保険の被保険者又は被扶養者たる資格の有無、後期高齢者医療制度の被保険者資格の有無及び指定医療機関から福祉事務所に提出された医療要否意見書等の内容を踏まえ、要否が決定されます（医療扶助運営要領第3、保護手帳472頁）。

その上で、原則として、必要とされる医療費月額が、当該世帯の「収入充当額」から当該世帯の「医療費を除く最低生活費」を差し引いた額（これを「本人支払額」といいます。）を超過する場合は、その超過額に対して支給決定されることになります。つまり、本人支払額を一部自己負担とする内容の医療券が発行されることになるわけです（医療扶助運営要領第3・2(2)ア、保護手帳480頁）。

また、要保護者が社会保険加入者及びその被扶養者の場合、その負担割合に応じた自己負担額が必要とされる医療費となります（詳細は、後掲Q85を参照してください。）。

3　申請できないまま救急搬送されたような場合

申請保護の原則（生保7）から、医療扶助の始期は、「原則として、保護申請書または保護変更申請書（傷病届）の提出のあった日以降において医療扶助を適用する必要があると認められた日」（医療扶助運営要領第3・2(1)ア、保護手帳477頁）とされています。

そのため、実施機関は「保護を受けていない患者が急迫した状況にあるため、保護の申請の手続をとらないで入院し、又は入院外の治療を受けた場合であって、保護の申請権者又は医療機関から医療扶助の適用について連絡があったときは、すみやかに保護申請書を提出する

よう指示するとともに、要否の判定があるまでは医療扶助の決定があったものとして取り扱うことはできないので、この点に留意させること。この場合、連絡の経緯を記録にとどめることとし、保護を要するものと認められたときは、連絡のあった日を保護申請書の提出のあった日とみなして差し支えないこと。」(医療扶助運営要領第3・10(2)、保護手帳518頁) としており、申請保護の枠組みを柔軟に運用させることで対応しています。

　もちろん、こうした事情を実施機関が把握できるケースは、申請保護の例外 (生保7ただし書) として急迫状況における職権保護によるべき場合も考えられますが、こうしたケースの大部分は実施機関に把握されていないことが多いと思いますので、申請権者又は医療機関からできるだけ早期に実施機関に申請に代わる連絡を入れ、連絡の経緯を実施機関にしっかり記録させておくことが肝要です。

　また、入院 (搬送) 先医療機関が居住している自治体とは別の地域であった場合、どちらの福祉事務所が実施責任を負うのか (生活保護申請はどこにすればいいのか) という点が問題になります。

　この点は、生活保護は原則として、「世帯を単位としてその要否及び程度を定める」とされており (生保10)、実施責任は「居住地」にあるとされていますから (生保19①一)、当該世帯の居住地を管轄する福祉事務所が原則的な実施機関となります。

　ただし、救急搬送されたが身元が分からず、一定期間の入院費用が必要だとして急迫保護された場合などは、入院先医療機関の所在する地 (現在地) を管轄する福祉事務所が実施機関となる場合もあり得ます (生保19①二) ので注意してください。

83　生活保護基準を若干上回る収入があるが、介護サービス等の利用料負担が困難な場合どうすればよいか（境界層措置）

Q　自宅（持ち家）で1人暮らしをしていた母は、老齢厚生年金（月額8万1,000円）を受給しています。このたび、老人保健施設に入所したのですが、年金だけでは施設の利用料等を賄うことができません。生活保護が利用できないかと思い、相談に行ったのですが、「最低生活費を超える年金収入がある以上、生活保護は受けられない。」と言われただけでした。どうにもならないのでしょうか。

A　本来、介護保険制度上の負担を考慮すれば、最低生活費を下回る事態となる場合には生活保護の利用が可能です。ただし、介護保険制度利用に係る費用を軽減すると保護が必要なくなる場合、生活保護の実施機関は、生活保護申請を受け付けて、生活保護を必要としない、より負担の低い基準を適用する措置（境界層措置）を講じるべきであることの証明書（境界層該当証明書）を交付し、介護保険者に境界層措置の申請をすることを教示した上で生活保護申請を却下しなければなりません。

解　説

1　境界層該当証明による介護保険負担の軽減

　通常の在宅生活では最低生活費を上回る年金収入があったとしても、介護サービス等の利用料負担を考慮すれば最低生活費を下回る事

態となる場合には、生活保護を利用することになるか、若しくは保護の利用が必要なくなるような「境界層措置」を適用することになるので、本問の実施機関窓口の対応は誤りです。

　介護保険制度において、本来適用されるべき基準を適用すれば生活保護を必要とするものの、より負担の低い基準を適用すれば生活保護を必要としない状態となる者については、その低い基準を適用する措置（以下「境界層措置」といいます。）を講じることとされています（「境界層該当者の取扱いについて」平17・9・21社援保発0921001、保護手帳650頁）。

　本問のケースで母親が生活保護の申請をすれば、保護の実施機関としては、母親についてどの境界層措置が講じられるべきであるかを示す証明書（境界層該当証明）を交付し、介護保険者に当該証明書を添えて境界層措置の申請をすることを教示した上で生活保護申請を却下しなければなりません。

　なお、医療保険上の医療費についても、同様の措置制度（低所得者の特例措置）があります（後掲Q84参照）。

2　介護保険の負担の具体的内容

　介護保険制度においては、次のとおり、世帯の収入に応じて、施設利用時の負担額や介護サービスの自己負担額の上限額が4段階に設定されています。

■令和6年8月から

利用者 負担段階	対象となる人			負担限度額（利用者負担の1日あたり上限）						食費【】は ショートス テイの場合
	所得の状況		預貯金額※1 （夫婦の場合）	居住費（滞在費）						
				ユニット型 個室	ユニット型 個室的 多床室	従来型個室 （老健・医 療院等）	従来型個室 （特養等）	多床室 （老健・医 療院等）	多床室 （特養等）	
第1段階	生活保護を受給している人		−	880円	550円	550円	380円	0円	0円	300円 【300円】
	世帯全員が住民税非課税	老齢福祉年金を受給している人	1,000万円 （2,000万円） 以下							
第2段階		合計所得金額＋課税年金収入額＋非課税年金収入額が80万円以下の人	650万円 （1,650万円） 以下	880円	550円	550円	480円	430円	430円	390円 【600円】
第3段階①		合計所得金額＋課税年金収入額＋非課税年金収入額が80万円超120万円以下の人	550万円 （1,550万円） 以下	1,370円	1,370円	1,370円	880円	430円	430円	650円 【1,000円】
第3段階②		上記以外の人	500万円 （1,500万円） 以下	1,370円	1,370円	1,370円	880円	430円	430円	1,360円 【1,300円】
基準費用額 ※2				2,066円	1,728円	1,728円	1,231円	437円	915円	1,445円

※1　2号被保険者は所得の状況に関わらず預貯金等は1,000万円以下（夫婦の場合は2,000万円以下）

※2　基準費用額：施設における食費・居住費の平均的な費用額（1日あたりの目安、実際の費用額は施設ごとに異なる。）

上記第1～第3段階以外の方は、施設との契約で負担額が決まります。

【例1：介護保険利用者負担限度額・日額】

第12章　医療・介護等と生活保護

321

【例2：高額介護サービス費自己負担上限額・月額】

利用者負担段階と上限額		
利用者負担段階		利用者負担上限額（1か月）
現役並み所得者※	課税所得690万円（年収約1,160万円）以上	140,100円
	課税所得380万円（年収約770万円）以上 課税所得690万円（約1,160万円）未満	93,000円
	課税所得145万円（年収約383万円）以上 課税所得380万円（約770万円）未満	44,400円
一般世帯		44,400円
市町村民税非課税世帯	本人の課税年金収入＋その他の合計所得金額が80万円超（第3段階）	24,600円
	本人の課税年金収入＋その他の合計所得金額が80万円以下（第2段階）	15,000円（個人）
生活保護受給者（第1段階）		15,000円（個人）

※同一世帯に課税所得145万円以上の65歳以上の人がいて、単身の場合年収383万円以上、2人以上の場合年収520万円以上ある世帯

3　境界層措置の具体的な事務処理

　境界層措置としては、次の順番で生活保護が不要になるまで負担の軽減が図られます。

① 給付減額（保険料の未納があるため自己負担が3割になっています。）の停止

② 負担限度額（施設などの利用の際の居住費・食費の負担額）の低い段階の適用

③ 特定負担限度額（旧措置入所者の食費の減額措置）

④ 高額介護サービス費の自己負担上限額の引下げ

⑤ 介護保険料の低い段階への引下げ

　本問の年間97万2,000円の年金収入がある例では、次のとおりとなります。

　高額介護サービス費24,600円＋（個室費1,370円＋食費650円）×31日＝87,220円

　したがって、施設の利用費だけでも月8万1,000円の年金額では賄えず生活保護を必要とすることになります。

【実際の実需要額での要否判定】

介護施設入所者基本生活費	20,760円	
介護施設入所者加算		
施設介護費利用者負担	24,600円	（高額介護サービス費）
食費・室料負担額	62,620円	
国民健康保険料	2,000円	（注）市町村により相違
介護保険料	3,000円	（注）市町村により相違
計	112,980円	

【境界層措置適用後の要否判定】

介護施設入所者基本生活費	20,760円	
介護施設入所者加算		
施設介護費利用者負担	15,000円	（高額介護サービス費）
食費・室料負担額	36,580円	1,180円×31日
国民健康保険料	2,000円	（注）市町村により相違
介護保険料	3,000円	（注）市町村により相違
計	77,340円	

　この場合、居住費、食費の負担額（介護保険利用者負担限度額）を最も低い第1段階に減らすという措置を講じても年金収入を上回り保護を必要とするので、更に高額介護サービス費の上限を1万5,000円まで下げることで、年金収入の範囲内で介護費用等を賄えることとなり保護が不要となります。

　福祉事務所は、3万1,980円（112,980円−81,000円）以上の減額を
受けることで保護を要しない状態になるとして、負担限度額を第1段
階に、高額介護サービス費を1万5,000円（第2段階）に引き下げるこ
とを求める「境界層該当証明」を却下通知とともに交付します。これ
らを提示して介護保険担当係で減額申請を行うことになります。な
お、この手続は毎年更新しなければなりませんので、注意が必要とな
ります。

84　生活保護基準を若干上回る収入があるが、医療費の負担が困難な場合どうすればよいか（低所得者の特例措置）

 Q　　　自宅（持ち家）で１人暮らしをしていた父は、老齢厚生年金（月額８万1,000円）を受給しています。このたび、脳梗塞で倒れて入院したのですが、年金だけでは入院料等を賄うことができません。生活保護が利用できないかと思い、相談に行ったのですが、「最低生活費を超える年金収入がある以上、生活保護は受けられない。」と言われただけでした。退院後は通院費も考えねばならず、どうにもならないのでしょうか。

A　　　介護保険制度における境界層措置（前掲Q83参照）と同様に、医療保険制度にかかる費用を軽減すると生活保護の適用が不要となる場合、医療費負担を軽減する特例措置があります。

解　説

1　低所得者の特例措置による医療費負担の軽減

　介護保険制度における境界層措置（前掲Q83参照）と同様に、医療保険上の医療費についても、医療保険制度において本来適用されるべき基準を適用すれば生活保護を必要とするものの、より負担の低い基準を適用すれば生活保護を必要としない状態になる者については、その低い基準を適用する措置を講じる「低所得者の特例措置の取扱い」という制度があります（「境界層該当者の取扱いについて」平17・9・21社援保発0921001）。

　申請の方法は、介護保険の場合と同様です。まずは、生活保護の申

請をし、「‥‥の特例措置を受けることで保護を要しないため」という
記載のある却下通知を受け取り、医療保険課に減免を申請します。

2　医療費の負担の具体的内容

　高額療養費を低所得者の負担段階まで引き下げることができます。

　70歳以上の人も「低所得者の特例措置」で低所得者の段階にまで下
げることができる場合があります。

　また入院時の食事代や居住費の負担額を引き下げ、入院の際に必要
となる負担額を下げることもできます。

【70歳未満の方の自己負担限度額（月額）】

所得区分	3回目まで	4回目以降
ア：所得が901万円を超える	252,600円＋（総医療費−842,000円）×1％	140,100円
イ：所得が600万円を超え901万円以下	167,400円＋（総医療費−558,000円）×1％	93,000円
ウ：所得が210万円を超え600万円以下	80,100円＋（総医療費−267,000円）×1％	44,400円
エ：所得が210万円以下	57,600円	44,400円
オ：住民税非課税の世帯	35,400円	24,600円

・所得とは、国民健康保険料（税）の算定の基礎となる「基礎控除後の総所得金額
　等」のことです。所得の申告がない場合は、所得区分アとみなされます。
・「住民税非課税の世帯」とは、世帯主及び被保険者全員が市町村民税非課税の
　世帯です。
・入院する時や高額な外来診療を受ける時は、あらかじめ「限度額適用認定証」
　を健康課に申請していただき、交付された認定証を医療機関に提示すれば、医
　療機関への支払が自己負担限度額までとなります。

【70歳以上75歳未満の方の自己負担限度額（月額)】

所得区分		外来（個人単位)	外来＋入院（世帯単位)
現役並み所得者	現役並みⅢ 課税所得690万円以上	252,600円＋（総医療費－842,000円）×1％ （4回目以降は140,100円)	
	現役並みⅡ 課税所得380万円以上	167,400円＋（総医療費－558,000円）×1％ （4回目以降は93,000円)	
	現役並みⅠ 課税所得145万円以上	80,100円＋（総医療費－267,000円）×1％ （4回目以降は44,400円)	
一般	課税所得145万円未満等	18,000円（年間上限144,000円)	57,600円（4回目以降は44,400円)
低所得者Ⅱ		8,000円	24,600円
低所得者Ⅰ		8,000円	15,000円

85　国民健康保険料を滞納していると生活保護を利用できないか

Q　現在、私はパート先の事業所で社会保険に加入してもらっているのですが、夫は国民健康保険に加入しており、夫の入通院費がかさんで国民健康保険料を滞納している状況です。夫の国民健康保険料の滞納は生活保護利用の際に問題になりますか。

また、生活保護を利用するに当たって私も社会保険から脱退しなければならないのでしょうか。

A　生活保護を利用すると国民健康保険の被保険者としての資格は喪失しますが、国民健康保険料の滞納があっても、生活保護は利用できます。一方、生活保護を利用しても、勤務先の健康保険の被保険者としての資格を失うことはなく、社会保険を脱退する必要もありません。この場合、医療機関に勤務先の健康保険証とともに自己負担分の医療券を提示して受診することとなります。

解　説

1　国民健康保険との関係

医療費の支払に困った場合、本問のように国民健康保険料の滞納がある場合でも、また、国民健康保険の被保険者になっていない場合でも、生活保護は利用できます。

要否判定は、国民健康保険法上の一部負担金を医療費として計上して行うこととなります。

この点、「生活保護問答集について」（平21・3・31厚生労働省社会・援護

局保護課長事務連絡）でも、国民健康保険税や保険料の負担回避のため国民健康保険加入手続を行っていない者についても、国民健康保険法による給付があるものとして、一時負担金を医療費として計上し、保護の要否を判定した結果、保護を要する場合には、医療扶助を適用することになるとされています（問答集問6－2、別冊問答集160頁）。

　本問の夫については、生活保護利用開始時までは国民健康保険が適用されますが、利用開始時以降は国民健康保険の被保険者としての資格を喪失し（国健保21②・6九）、医療扶助を利用することになります。

　なお、滞納健康保険料については、生活保護利用期間中は、1年ごとに手続が必要となりますが、支払猶予を求めることができます（地税15①五参照）。

2　社会保険との関係

　国民健康保険とは異なり、生活保護の利用は健康保険の資格喪失事由とはされていませんから（健保36参照）、生活保護を利用するようになったからといって、加入している社会保険を脱退する必要はなく、健康保険の被保険者の地位を有したまま生活保護を利用することができます。

　本問のように、申請者の世帯員の健康保険適用状況が異なる場合には、世帯として生活保護を利用した上で、世帯員個々人に対し交付される医療券の内容を変えていくことになります。

　具体的には、社会保険の利用を継続している世帯員は、医療機関に勤務先の健康保険証とともに、健康保険制度上自己負担とされている分の医療券（後掲Q86参照）を提示し、国民健康保険から脱退した世帯員は、医療費全額を負担する内容の医療券を提示して、医療を受けることになるのです。

86　生活保護利用者が医療を受けるにはどうすればよいか

 Q　生活保護を利用しているのですが、病院にかかりたい場合はどうすればよいでしょうか。また、私は精神疾患があると診断されていますが、その治療のための通院だと、受診が制限されるのでしょうか。

A　事前に福祉事務所に連絡して、医療券の交付を受け、これを提示すれば、自己負担なしに医療機関を利用することができます。急病の場合など、事前の連絡を取ることができない場合には、生活保護利用中であることを医療機関に伝えて後日福祉事務所宛に連絡すれば、負担が生じることはありません。

　精神疾患の場合でも、通院が制限されることはありません。

解　説

1　医療券の利用

　医療扶助は、世帯員それぞれの健康状況に応じて、各人に対して交付される医療券を診療機関に提示する形で利用します。

　医療扶助の必要性の判断は、医療機関の入通院についての意見を踏まえてなされるものですから、事前に医療券を交付してもらうのが原則的な利用方法です。

　ですが、急病の場合などには、事後的に医療機関から福祉事務所に連絡を入れてもらえばよいだけですから、生活保護を利用しているからといって、医療機関の利用が制限されることはありません。

2　マイナンバーカードによるオンライン資格確認

　上記のように従前は紙の医療券の交付を受けて、医療機関を利用していました。しかし、マイナンバーカードによるオンラインでの保険資格確認が始まり、生活保護利用者についても令和6年3月1日から医療扶助のオンライン資格確認の運用が開始されました。

　生活保護利用者の資格情報等については、委託先医療機関・薬局において医療扶助のオンライン資格確認を導入済みの場合、マイナンバーカードによる資格確認等が可能となっています。また、生活保護利用者本人がマイナポータル画面で、資格情報や医療券・調剤券情報等を閲覧することも可能となっています。

　生活保護利用者は、医療機関を利用しようとするときは、これまでのように医療扶助の申請を行いますが、紙の医療券は交付されず、マイナンバーカードを持参して受診するようになります。

　なお、令和6年4月現在、多くの自治体では、まだシステムの整備が整わず、オンライン資格確認が実施されていません。実施状況については各自治体のホームページ等でご確認ください。

　また、令和6年の改正生活保護法施行規則4条の3により、被保護者は、マイナンバーカードによる資格確認を原則としつつ、必要な医療の受診に支障がないよう、例外として、急迫した事由その他やむを得ない事情（委託先医療機関等でオンライン資格確認が導入されていない場合も含みます。）がある場合には、紙の医療券・調剤券により資格確認を行うとされています。

3　医療扶助における他法他施策優先の取扱い

　生活保護制度は、他に利用し得る法律や施策があればそれらを利用し、それでも不足する場合に保護を実施するという「補足性の原理」を有しています（生保4②）。そのため医療扶助を利用する場合も、他

法他施策優先の取扱いがなされます。

　主なものとしては、次のものがあります。

① 　精神疾患……自立支援医療（精神通院）

② 　人工透析……自立支援医療（更生医療）

③ 　結核など……感染症の予防及び感染症の患者に対する医療に関する法律

④ 　子ども………学校保健安全法

　本問の精神疾患の場合は、自立支援医療（精神通院）を利用することになります。利用する医療機関は事前に承認を得て登録する必要があります。転院する場合は、医療機関の変更申請を自立支援医療担当係に提出し、承認を受けてください。

　自立支援医療（精神通院）の申請に係る診断書料は、生活保護費から支給されるので担当ケースワーカーに相談してください。

87　受診する病院は自分で選べるか

Q　私は、特殊な疾病を持っていて長年、隣の県の専門医に通院しています。このたび生活保護を利用し始めたところ、担当職員に「生活保護では原則として管内の病院に通ってもらうことになっているから、市内の総合病院に通院先を変えるように。」と言われました。生活保護を利用していると、受診する病院を自分で選ぶことができないのでしょうか。

A　受診する病院の選定権限は保護の実施機関にありますが、選定するに当たって、利用者の希望が反映されます。受診先は、「適正な医療」を期待できる「比較的近距離」の医療機関であればよく、管内でなければならないなどの制限はありません。

解　説

1　選定の標準

　生活保護を利用して医療を受けようとする場合、どの医療機関にするか等の選定は保護実施機関の権限です。保護実施機関は、医療扶助運営要領によって定める標準（医療扶助運営要領第3・1(3)オ、保護手帳473頁）により選定を行います。例えば、「要保護者の居住地等に比較的近距離に所在する指定医療機関であること」が1つの標準となっており、生活保護利用者は、居住地に比較的近い場所に所在する医療機関での受診が原則となります。

　ただし、「なお、この医療機関の選定にあたっては、要保護者の希望を参考とすること。」とされており（医療扶助運営要領第3・1(3)オ、保護手帳473頁）、それは、「患者を委託すべき指定医療機関を選定するに当たっては、当該患者の医師に対する信頼、その他心理的作用が医療効果をさらに増大させ得るものである点を考慮し、患者の希望を参考と

して取扱うこととしているものである。このため、保護の円滑な実施に支障が生じる場合や、適正な医療が期待できない場合以外は、これらの趣旨に基づき医療機関を選定することとされたい。」（問答集〔第２編〕問15、別冊問答集501頁）とされています。

例えば、利用者の「希望する指定医療機関が遠隔地にあるため、交通費を必要とし、または必要な調査および指導を行ううえに支障をきたし、しかもその医療機関以外の近隣の指定医療機関でも十分医療の目的を果たせるような場合には、患者の希望のみによって医療機関を選定することは適当ではない。」とされています（昭48・5・1社保87問6、保護手帳478頁）。

したがって、それほど遠方でない医療機関であれば、その医師に長年診てもらっていることなど、信頼関係が形成されていることを疎明すれば、希望する医療機関が選定されることになります。本問のように疾病の治療に専門性があったり、長年の信頼関係があるのであれば、当然、従前の受診先への通院が認められます。

その意味では、原則的には生活保護利用者に事実上の選定権限が認められているといってもよいでしょう。

2　県外入院について

前記通知のとおり、「患者の希望する指定医療機関が遠隔地にあるため、交通費を必要とし、または必要な調査および指導を行ううえに支障をきたし、しかもその医療機関以外の近隣の指定医療機関でも十分医療の目的を果たせるような場合には、患者の希望のみによって医療機関を選定することは適当ではない。」とされていますが、「県境に居住地をもつ要保護者の場合は、県内の指定医療機関に委託するよりも、県外の指定医療機関に委託した方が適当である場合もあるので、この取扱いは機械的に県外入院を認めない趣旨であると解してはならない。」（昭48・5・1社保87問6、保護手帳478頁）とされています。

88　通院のための交通費は支給されるか

Q　病院への通院のために、電車やバスを利用した場合、その交通費は生活扶助とは別に支給してもらえますか。
　　タクシーを利用せざるを得ない状況の場合、タクシー代は支給してもらえますか。

A　医療扶助の移送費として、通院に必要な交通費が支給されます。支給される交通費は、原則として電車、バスなどの公共交通機関の運賃ですが、タクシー代が支給されることもあります。

解　説

1　支給される交通費の内容

　通院のために必要な交通費は、医療扶助の移送費で支給されます。そして、支給される費用は、「療養に必要な最小限度の日数に限り、傷病等の状態に応じて経済的かつ合理的な経路及び交通手段によって」移送を行ったものとして算定される最小限度の実費とされています（医療扶助運営要領第3・9（1）、保護手帳515頁）。

　具体的な給付の範囲としては、次の場合などが挙げられています（医療扶助運営要領第3・9（2）、保護手帳515頁）。

①　医療機関に電車・バス等により受診する場合で、当該受診に係る交通費が必要な場合

②　被保護者の傷病、障がい等の状態により、電車・バス等の利用が著しく困難な者が医療機関に受診する際の交通費が必要な場合

　したがって、原則として電車やバスなどの公共交通機関の運賃は、金額の高低にかかわらず支給されます。また、「被保護者の傷病、障が

い等の状態により、電車・バス等の利用が著しく困難な」場合には、タクシー代も支給されます。

　なお、通院のための車の保有については、前掲Q42を参照してください。

2　移送費の支給が認められる受診先の範囲

　「受診する医療機関については、原則として要保護者の居住地等に比較的近距離に所在する医療機関に限る」とされる一方、「傷病等の状態により、要保護者の居住地等に比較的近距離に所在する医療機関での対応が困難な場合は、専門的治療の必要性、治療実績、患者である被保護者と主治医との信頼関係、同一の病態にある当該地域の他の患者の受診行動等を総合的に勘案し、適切な医療機関への受診が認められる。」とされています（医療扶助運営要領第3・9(2)、保護手帳515頁）。

　したがって、医療扶助による受診が認められている医療機関への通院であれば、移送費の支給は認められることになります。なお、生活保護利用者の病院の選択については、前掲Q87を参照してください。

3　支給のための手続
(1)　給付決定に関する審査

　「福祉事務所において給付を決定する以前に交通機関を利用した際の交通費」等については、「原則として給付の対象にならない」とされており（医療扶助運営要領第3・9(3)イ、保護手帳516頁）、原則として事前申請（及び事後の領収書等の提出）が必要です。

　申請があると、福祉事務所は必要性を判断し、給付の対象となる医療機関、受診日数の程度、経路及び利用する交通機関を適正に決定することとされています。原則として、「給付要否意見書（移送）」により主治医の意見を確認することとされていますが、「医療要否意見書」

等によって移送を要することが明らかで移送に要する交通費等が確実に確認できる場合にはその必要がないとされています。

（2）　継続的給付の場合

翌月に渡って通院するときには、再度の申請を行わなくても移送費の給付が行われますが、3か月（明らかに3か月を超える通院を要する場合は6か月）を超えて移送費の請求が必要な場合は、「給付要否意見書」（別冊問答集495頁参照）等により継続の要否が検討されます（医療扶助運営要領第3・9（3）エ、保護手帳517頁）。

（3）　事後申請の場合

前記（1）のとおり、原則として事前の申請が必要ですが、「緊急の場合等であって、事前の申請が困難なやむを得ない事由があると認められる場合であって、当該事由が消失した後速やかに申請があったときは、事後の申請であっても内容確認の上、給付を行って差し支えない」とされています（医療扶助運営要領第3・9（3）ウ、保護手帳517頁）。

ところで、医療扶助運営要領は、「給付手続の周知」として、「要保護者に対し、移送の給付について、その内容と原則として事前の申請や領収書等の提出が必要であることを周知すること。」としています（医療扶助運営要領第3・9（3）ア、保護手帳516頁）。こうした手続の周知がなければ、事前の申請も行いようがありませんから、周知不足によって手続を知らなかったために事前の申請ができなかった場合も、「緊急の場合等」の「等」に該当するものとして事後申請が認められると解されます。厚生労働省は、医療扶助運営要領の改正通知（平22・3・12社援発0312第1）を発出した際、わざわざ周知文書のひな形まで添付して、各自治体に周知の徹底を呼びかけているので、少なくともこうした最低限の周知がなされていない場合には事後申請が認められるべきです。

89　生活保護利用者は介護サービスを利用できるか

 生活保護利用者は、介護サービスを利用できますか。

①介護保険制度の被保険者は介護保険制度の被保険者として、②介護保険制度の被保険者でない人は自立支援給付等や、生活保護制度の介護扶助により、介護サービスを利用することができます。

利用者の自己負担額については、介護扶助により支給されます。

解　説

1　介護扶助と介護保険制度の関係

介護扶助は、介護保険制度の保険給付の対象となる介護サービスと同等のサービスを、介護保険制度とあいまって、要保護者に対し保障するものとされています（介助扶助運営要領第4、保護手帳593頁）。

介護保険制度では、被保険者の資格を次のように定めています。

（1）　第一号被保険者

65歳以上の者。生活保護の救護施設や身体障がい者施設など介護が提供されている施設に入所している場合を除き、65歳の誕生日の前日から被保険者となります。

（2）　第二号被保険者

40歳以上で医療保険に加入している者。国民健康保険や社会保険などの医療保険に加入していれば、健康保険から保険料が支払われています。第二号被保険者は後記の特定疾病に起因して介護が必要となった場合、介護サービスを受けることができます。

① 初老期における認知症

② 筋萎縮性側索硬化症

③ パーキンソン病関連疾患

④ 後縦靱帯骨化症

⑤ 骨折を伴う骨粗しょう症

⑥ 多系統萎縮症

⑦ 早老症

⑧ 脊髄小脳変性症

⑨ 関節リウマチ

⑩ 脊柱管狭窄症

⑪ 脳血管疾患

⑫ 閉塞性動脈硬化症

⑬ 慢性閉塞性肺疾患

⑭ 糖尿病性神経障がい、糖尿病性腎症及び糖尿病性網膜症

⑮ 両側の膝関節又は股関節に著しい変形を伴う変形性関節症

⑯ がん末期

2　生活保護利用者で、介護保険制度の被保険者が介護サービスを受ける場合の手続

　介護保険制度の被保険者である生活保護利用者は介護保険法の規定に基づき、要介護認定又は要支援認定を受け、これに応じて介護保険給付及び介護扶助を受けることになります（介助扶助運営要領第4、平13・3・29社援保発22問14、保護手帳473・485頁）。介護保険による給付は9割で費用の1割が自己負担となるため、この自己負担分を介護扶助でカバーすることになります。

3　生活保護利用者で、介護保険制度の被保険者でない人が介護サービスを受ける場合の手続

　生活保護を利用すると国民健康保険から脱退することになっています（国健保6）。このため生活保護利用者は社会保険の加入者等でない限り、ほとんどの人が介護保険の第二号被保険者になっていません。しかし、被保険者ではないからといって必要な介護サービスが利用できなくなるのは不合理であるため、被保険者と同等のサービスを介護扶助（10割）で提供することになっています。これを「みなし二号」制度と呼んでいます。

　介護保険制度の被保険者でない40歳以上65歳未満の要保護者で特定疾病により要介護状態等にある者については、福祉事務所に対して介護扶助の申請を行います。福祉事務所長は介護保険被保険者と統一的な判定をするため市町村に設置された介護認定審査会に審査を委託して要介護状態の審査を実施します。審査の結果、介護サービスが必要であると認定されれば、介護保険被保険者と同等のサービスを介護扶助により受けることができます。なお、他法優先の原則により障がい者制度によって同様のサービスが可能な場合は、そちらを優先して活用することが求められます。

4　介護サービスの利用料

　生活保護利用者が介護サービスを利用する場合、原則的には本人負担はありません。ただし、年金などの収入が比較的多く、生活費や住宅費に充当しても余りある場合には「本人支払額」が発生することがあります。

5　家族又は家族以外の者で介護をする場合

　生活扶助の加算の1つに家族介護加算や他人介護加算があります。

　「家族介護加算」は、生活保護利用者が介護を必要とする状態の際に、家族に支払われる介護費用として支給されます。

　家族による介護が受けられない場合「他人介護加算」の利用が可能です。「他人介護加算」は障がい者サービスや介護保険、介護扶助のサービスを上限まで利用してもなお介護需要が満たされない場合に、家族以外の者から介護を受けるときに支給されます。利用に当たっては事前の申請が必要です（他人介護料の算定について、平19・3・29社援保発0329004、保護手帳638頁参照。介護加算について、問答集問7−21〜7−25、別冊問答集188〜190頁参照）。

90　生活保護を利用している夫婦のうち 1 人だけが介護保険施設へ入所できるか

　　現在、夫婦で生活保護を利用しています。この度、夫が要介護認定を受けたのですが、夫を介護保険施設へ入所させることはできますか。

その場合、生活保護によって介護サービスの費用を支給してもらうことはできるでしょうか。

　　あなたの夫を、介護保険施設へ入所させることはできます。

その場合の費用については、あなたの夫が介護保険の被保険者である場合は、保険給付が生活保護に優先し、保険給付の行われない自己負担部分のみが介護扶助として支給されます。

解　説

1　介護扶助の意義

生活保護の種類の 1 つに、「介護扶助」があります（生保11①五）。

介護扶助は、困窮のため最低限度の生活を維持することのできない要介護者（介保7③）に対して、居宅介護（居宅介護支援計画に基づき行われるものに限ります。）、福祉用具、住宅改修、施設介護、移送の範囲内において行われ、困窮のため最低限度の生活を維持することのできない要支援者（介保7④）に対して、介護予防（介護予防支援計画に基づき行われるものに限ります。）、介護予防福祉用具、介護予防住宅改修、移送の範囲内において行われます（生保15の 2）。

なお、要介護者や要支援者が介護保険の被保険者の場合は、介護保険の給付が優先し（生保4①参照）、保険給付の行われない自己負担部分のみが介護扶助の対象となります。

2　施設介護の意義

「施設介護」(生保15の2①四) とは、介護保険法8条22項に規定する「地域密着型介護老人福祉施設入所者生活介護」、同条27項に規定する「介護福祉施設サービス」、同条28項に規定する「介護保健施設サービス」及び同条29項に規定する「介護医療院サービス」をいいます (生保15の2④)。

　したがって、介護保険施設 (指定介護老人福祉施設、介護老人保健施設及び介護医療院) に入所して、介護福祉施設サービス、介護保健施設サービス又は介護医療院サービスを受ける場合、当該サービスの自己負担部分は介護扶助の対象になります。

3　夫婦が同一世帯のまま夫婦の一方が介護扶助を受ける場合

　夫婦が同一世帯のまま、夫婦の一方のみが介護保険施設に入所する場合 (夫婦の一方が介護保険施設に入所した場合の世帯の認定については、後掲Q91を参照してください。)、それまで受給していた生活扶助、住宅扶助等に加えて、新たに施設入所に関わる介護扶助を受けることになります (生活保護の変更の申請をすることになります。)。

　なお、その場合、出身世帯員の生活扶助費や住宅扶助費がどうなるのかという点が問題となります。

　この点、介護老人福祉施設に入所する場合など、終身制の生活施設に入所し、いわゆる帰来性が認められないような場合には、出身世帯は家賃の安い住居へ転居するよう指導・指示されることになり、生活扶助費や住宅扶助費も減額されることがあります。

　これに対して、介護老人保健施設に入所する場合など、施設入所が一時的なものであり、かつ、施設を出た後は、出身世帯に帰来することが予定されているような場合には、施設入所中の生活扶助費が減額されることはありますが、住宅扶助費は維持されることになると思わ

れます。ただし施設入所が6か月を超え、その後3か月以内に退所の見込みがない場合は、住宅扶助費も減額されます（局長通知第7・4（1）エ（ア）、保護手帳340頁参照）。

4　夫婦を世帯分離して夫婦の一方が介護扶助を受ける場合

　介護老人福祉施設に入所する場合、施設入所者と出身世帯員とを同一世帯として認定することが適当でない場合（保護を受けることになる者とその者に対し生活保持義務関係にある者とが分離されることとなる場合については、世帯分離を行わないとすれば、その世帯が要保護世帯となるときに限ります。）には、同一世帯に属していると認定される場合であっても、世帯の状況及び地域生活の生活実態を十分考慮した上で、世帯分離して差し支えないとされています（局長通知第1・2（8）、保護手帳230頁）。

　これに対して、介護老人保健施設に入所する場合は、特段の事情のない限り、施設入所者と出身世帯とを世帯分離することは認められません（詳しくは、後掲Q91を参照してください。）。

　なお、夫婦を世帯分離した場合、夫婦のそれぞれについて生活保護の要否及び程度が判断されることになりますから、夫婦の一方のみに収入があり、その収入の額が1人世帯の保護基準を上回る場合、世帯分離することによって、収入のある夫婦の一方は生活保護を利用することができなくなります。

91　介護保険施設入所に伴い生活保護を利用することができるか

Q　現在、母と2人で暮らしていますが、この度、母が介護保険施設へ入所することになりました。これまでは、私の収入でなんとか生活していたのですが、母が施設へ入所すると、私の収入だけでは、母の介護費用と自分の生活費を賄うことはできません。そこで、施設入所後は、母のみの単身世帯として、生活保護を利用することはできないでしょうか。

A　あなたの母親が、介護老人福祉施設（特別養護老人ホーム）に入所する場合は、母親のみの単身世帯として生活保護を利用することができる場合があります。

　他方、あなたの母親が、介護老人保健施設（老健）に入所する場合は、原則として、母親のみで生活保護を利用することはできません。

解　説

1　介護保険施設の意義

　介護保険施設とは、都道府県知事が指定する介護老人福祉施設及び介護老人保健施設、介護医療院をいいます（介保8）。

　介護老人福祉施設とは、老人福祉法20条の5に規定する特別養護老人ホーム（入所定員が30人以上であるものに限ります。）であって、当該特別養護老人ホームに入所する要介護者に対し、施設サービス計画に基づいて、入浴、排せつ、食事等の介護その他の日常生活上の世話、機能訓練、健康管理及び療養上の世話を行うことを目的とする施設をいいます（介保8）。介護老人福祉施設は、一般的には終身施設とされ

ています。そのため、介護老人福祉施設の入所者は、住民登録上の住所も施設に移転させるのが通常です。

　一方、介護老人保健施設とは、要介護者に対し、施設サービス計画に基づいて、看護、医学的管理の下における介護及び機能訓練その他必要な医療並びに日常生活上の世話を行うことを目的とする施設として、介護保険法94条1項の都道府県知事の許可を受けたものをいいます（介保8）。介護老人保健施設は、介護老人福祉施設と異なり、原則として3か月を目途に在宅復帰することを前提としています。

　介護医療院は、要介護者であって、主として長期にわたり療養が必要である者に対し、施設サービス計画に基づいて、療養上の管理、看護、医学的管理の下における介護及び機能訓練その他必要な医療並びに日常生活上の世話を行うことを目的とする施設です。

2　介護老人福祉施設に入所する場合

（1）　世帯の認定

　生活保護は「世帯」を単位としてその要否及び程度が定められるところ（生保10）、「居住を一にしていない場合であっても、同一世帯として認定することが適当であるとき」は、原則として、同一世帯と認定することとされています（次官通知第1、保護手帳228頁）。

　「居住を一にしていない場合であっても、同一世帯として認定することが適当であるとき」に該当するか否かは、主に生計の同一性の有無によって決せられます。そして、別居が一時的なものであって、いわゆる帰来性が認められる場合などは、居住を異にしていても同一生計を営んでいるものとされ、同一世帯と認定されることになります（問答集第1、別冊問答集27頁参照）。

　介護老人福祉施設は、前記のとおり、一般的には終身施設とされており、施設入所者の住民登録上の住所も施設に移転させるのが通常で

す。そのため、介護老人福祉施設に入所した場合、施設入所者と出身世帯との生計関係が途絶え、施設入所者が出身世帯に帰来する見込みもなくなることが多いと考えられます。

　よって、介護老人福祉施設入所後は、施設入所者と出身世帯は別世帯と認定されることが多いと考えられますが、出身世帯が施設入所者の生活費を負担している場合など、生計関係が維持されているような場合は、同一世帯と認定されることになります。

（２）　世帯の分離の可否

　もっとも、個々の事例につき同一世帯かどうかを常時判断することは実際上著しく困難ですし、さらに長期間同一世帯と認定することは出身世帯にとって酷な場合もあります。

　そこで、運用上、「救護施設、養護老人ホーム、特別養護老人ホーム若しくは介護老人福祉施設、障害者支援施設又は児童福祉施設（障害児入所施設に限る。）の入所者（障害者支援施設については、重度の障害を有するため入所期間の長期化が見込まれるものに限る。）と出身世帯員とを同一世帯として認定することが適当でない場合（保護を受けることとなる者とその者に対し生活保持義務関係にある者とが分離されることとなる場合については、世帯分離を行わないとすれば、その世帯が要保護世帯となるときに限る。）」には、同一世帯に属していると認定される場合であっても、世帯の状況及び地域生活の生活実態を十分考慮した上で、世帯分離して差し支えないとされています（局長通知第１・２（８）、保護手帳230頁）。

　そして、ここでいう「入所者」には入所が決定してこれから入所しようとする者も含まれます（問答集問１－34、別冊問答集54頁）。よって、介護老人福祉施設の入所者（入所予定者）と出身世帯を世帯分離することによって、施設入所者（入所予定者）のみで生活保護を利用することができる場合があります。夫婦の場合は「生活保持義務関係」に

当たるため、「世帯分離を行わないとすれば、その世帯が要保護世帯となるときに限る」という限定がされていることに注意が必要です。

3　介護老人保健施設、介護医療院に入所する場合

（1）　世帯の認定

　介護老人保健施設は、原則として３か月を目途に在宅復帰することを前提としていますし、介護医療院は期間の定めはありませんが、2024年３月に廃止された「介護療養型医療施設」に代わって設置された後継施設であるため、「介護療養型医療施設」と同様に、これらの施設入所者と出身世帯は、「居住を一にしていない場合であっても、同一世帯として認定することが適当であるとき」に該当するとされています（局長通知第１・１（５）、保護手帳228頁）。

　したがって、施設入所者に収入がなくても、出身世帯に保護基準を上回る収入がある場合には、原則として、生活保護を利用することはできません。

　もっとも、介護老人保健施設の入所者に出身世帯への帰来性が全く認められないような場合、例えば、施設入所者が、介護老人福祉施設へ入所する予定であったが、介護老人福祉施設に空きがなかったため、空きができるまで一時的に介護老人保健施設に入所しているようなケースなどでは、例外的に別世帯と認定されるべきであると考えられます。

（2）　世帯分離の可否

　施設入所者につき世帯分離が認められるのは、前記局長通知第１・２（８）に掲げる施設の入所者に限定されるとされています。その理由は、同通知に掲げられている施設が生活施設であって、その入所者はほとんど出身世帯へ帰来する見込みがないからだとされています（問答集問１－35、別冊問答集54頁）。

　したがって、3か月を目途に在宅復帰することを前提とする介護老人保健施設に入所する場合や治療後に在宅復帰することが目的とされている介護医療院に入所する場合は、特段の事情のない限り、世帯分離が認められないことになります。

4　介護保険施設の入所費用

　生活保護利用者の場合は本人支払額が発生する場合を除いて、介護保険施設の利用に当たっての自己負担はありません。

　一方、生活保護を利用していない場合、介護保険施設の入所にかかる費用は、所属世帯の市町村民税の課税状況によって大きく変わります。そのため入所した者には低額の年金しかないが、在宅の世帯員にはある程度の収入があり課税されている場合は、負担が高額になります。介護老人福祉施設に住民登録を異動させ、入所者だけの非課税世帯となると費用が低減されます。またこの他に、境界層該当制度により負担を軽減できる場合もあります（前掲Q83参照）。

第13章　被災者と生活保護

92　避難所で生活保護が利用できるか

　　私は避難所で生活していますが、居住地でない避難所でも生活保護は受けられますか。
　　また、避難所では炊出し、配給等によって最低生活は確保されていますが、生活保護は受けられるでしょうか。

　　避難先でも生活保護は利用できます。
　　避難所で生活していることが生活保護の支給を拒否する理由とはなりません。

解　説

1　避難先での生活保護受給

　平成23年3月17日付厚生労働省社会・援護局保護課長通知「東北地方太平洋沖地震による被災者の生活保護の取扱いについて」（平23・3・17社援保発0317第1）（以下「3月17日付課長通知」といいます。）においても、「今般の地震により本来の居住地を一時的に離れて遠方に避難している場合、本来の居住地に帰来できない等被災者の特別な事情に配慮し、避難先の保護の実施機関が実施責任を負い現在地保護を行うものとすること。」とし、避難先で生活保護を利用することを認めています。

　平成23年3月29日付厚生労働省社会・援護局保護課長通知「東北地

方太平洋沖地震による被災者の生活保護の取扱いについて（その２）」
（平23・3・29社援保発0329第1）（以下「3月29日付課長通知」といいま
す。）は、「避難所において保護費を支給する場合、必要な保護費を遺
漏なく支給すること。被災状況によっては、生活実態の把握が十分で
きない場合も考えられるが、被災者の特別な事情に配慮し、不足が生
じることのないよう配慮すること。」としており、避難所生活の状態で
も、避難所で生活保護が利用できることを当然の前提としています。

　また、3月29日付課長通知は続けて、「この場合、体育館・公民館等
の避難所における最低生活費の算定に当たり、生活扶助は居宅基準を
計上すること。」としており、避難所において炊出しその他の食品等の
供与が行われていたとしても、これを収入認定して保護費を減額する
ようなことなく、居宅における生活扶助基準全額の保護費を支給すべ
きことを明らかにしています。

　なお、3月17日付課長通知は、「被災者の状況を十分配慮し、生活保
護の申請意思が確認された場合においては、申請権の侵害がないよう
に留意の上、迅速に対応すること。」としており、申請窓口で水際作戦
などが行われないよう注意が呼び掛けられています。

　これらの通知は東日本大震災を契機として出されたものですが、今
後、激甚災害指定を受けるような大きな災害が発生したような場合に
も、生活保護はこれらの通知の考え方に基づいて運用されると考えら
れます。

93　実家に一時的に避難している被災者が生活保護を利用できるか

　　震災後、実家に避難して生活しているのですが、両親と同居していると生活保護は受けられないのでしょうか。

　もっとも、両親も年金暮らしで余裕がないため、いずれは出て行きたいと思っています。私だけ生活保護を受けて出て行く方法はないのでしょうか。

　　実家で両親と同居していても、一時的な避難先として居住している場合は、生活保護を利用できます。

　　生活保護を利用した後に敷金等の支給を請求して転居すればよいでしょう。

解　説

1　世帯認定の判断基準と一時的な避難

　「同一の住居に居住し、生計を一にしている者は、原則として、同一世帯員として認定する」（次官通知第1、保護手帳228頁）と定められています。

　もっとも、厚生労働省社会・援護局保護課長通知「失業等により生活に困窮する方々への支援の留意事項について」（平21・12・25社援保発1225第1）によると、「失業等により住居を失い、一時的に知人宅に身を寄せている方から保護の申請がなされた場合には、一時的に同居していることをもって、知人と申請者を同一世帯として機械的に認定することは適当ではないので、申請者の生活状況等を聴取した上、適切な世帯認定を行うこと」としています。

　世帯の認定を申請者の生活状況等を聴取した上で適切に行うべきことは、失業等により住居を失った人だけでなく、震災で住居を失った人にも当然に当てはまります。また、知人宅に身を寄せた場合だけでなく、生活保持義務関係（夫婦又は親・未成熟子の関係）にない親族、兄弟姉妹、親子宅に身を寄せた場合であっても、一時的な避難先として居住している場合には、単に同居しているからといって形式的に同一世帯と見るのではなく、適切な世帯認定を行うべきです。

　したがって、実家で両親と同居していても、一時的な避難先として居住している場合は、両親とは別世帯という形で生活保護を利用できます。

2　生活保護開始後の転居費用支給申請

　被災者の単身世帯として生活保護が開始された場合に、両親宅から出て行く場合は、「住宅が確保できないため、親戚、知人宅等に一時的に寄宿していた者が転居する場合」（課長通知第7問30答13、保護手帳344頁）に該当します。

　転居先の敷金等の支給を認めるよう生活保護の実施機関に申請するとよいでしょう。

94 被災地に資料や資産を残していても生活保護を利用できるか

Q 私は、被災地から着のみ着のままで避難してきました。通帳など資産を証明する書類は自宅に残したままで手元にありませんし、地元に残した自動車や自宅がどうなっているかも分かりません。それでも、生活保護を受けることができますか。

A 被災者の特別な事情に配慮して、資料が不十分でも生活保護は適用されます。ただし、後に被災地に残してきた資産が処分可能であると判明した場合は、生活保護費の返還を求められることがあります。

解　説

1 資料が不十分な場合の生活保護

　前掲Q92で紹介した3月29日付課長通知は、「避難所において保護費を支給する場合、必要な保護費を遺漏なく支給すること。被災状況によっては、生活実態の把握が十分できない場合も考えられるが、被災者の特別な事情に配慮し、不足が生じることのないよう配慮すること。」（平23・3・29社援保発0329第1）として、手持ち資料等が不十分で生活実態や財産状況が不明確であっても、まずは生活保護を適用すべきことを明確にしています。

　また、前掲Q92で紹介した3月17日付課長通知は、「被災者が本来の居住地に資産を残さざるを得ない場合等については、被災者の特別な事情に配慮し、「生活保護法による保護の実施要領について」（昭和36年4月1日厚生省発社第123号厚生事務次官通知）第3の3〔執筆者

注：保護手帳242頁〕に掲げる『処分することができないか、又は著しく困難なもの』として取り扱うこととすること。」（平23・3・17社援保発0317第1）としており、被災地に処分困難な資産があっても生活保護は適用し得ることを明確にしています。

2　後に被災地に残してきた資産が処分可能であると判明した場合

ただし、前記3月17日付課長通知は「直ちには処分することが困難であっても、一定期限の到来により処分可能となるときその他後日の調査で資力が判明したとき」（平23・3・17社援保発0317第1）は、生活保護法63条による費用の返還請求を行う可能性について言及しています。そのため、被災地に残した自動車、不動産その他の資産について、後日、処分可能となって資産が現実化した場合には、それまで利用した生活保護費の費用返還義務を負う可能性がありますので、その点注意が必要です。

95　被災者は自動車を保有したまま生活保護を利用で
きるか

　　生活保護の申請に行きましたが、自動車は処分するよ
うに言われました。被災地の交通の便が悪く、今後の生
活基盤の再建のためにも自動車は手放したくないのです
が認められないのでしょうか。

　　被災者については、例外的に自動車の保有が認められ
る余地があります。

解　説

1　生活保護利用者の自動車保有

　生活保護の利用に当たっては、「最低生活の内容としてその所有又
は利用を容認するに適しない資産は、〔中略〕原則として処分のうえ、
最低限度の生活の維持のために活用させる」旨定めています（次官通知
第3、保護手帳242頁）。

　そして、生活保護利用者の自動車保有については、厚生労働省が、
障がい者が定期的に通院等する場合や、山間僻地からの通勤又は山間
僻地への通勤等の場合など極めて限定された場合にのみ認める通知を
出しているため、その保有は厳しく制限されているのが現状です（課
長通知第3問9答、課長通知第3問12答、保護手帳251・253頁、問答集問3-14、
別冊問答集122頁）。

　なお、日弁連はこれらの通知並びにこれらの解釈に係る通知等を廃
止して、処分価値が小さい（例えば、当該世帯の最低生活費の6か月
分までなど）生活用品としての自動車は、ローン返済中のものも含め、

原則として保有を認めるものとすべき旨の意見書を出しています（「生活保護における生活用品としての自動車保有に関する意見書」平22・5・6日本弁護士連合会参照）。

2　東日本大震災で被災した生活保護利用者と自動車保有

　2011年4月19日参議院厚生労働委員会における川田龍平議員の「被災地の地域特性から車の保有が不可欠であるところなどありますので、定型的に車両の保有を認めるような運用をする必要があります」との指摘に対して、清水美智夫厚生労働省社会・援護局長は、東日本大震災の被災者については、3月17日付課長通知（前掲Q92参照）において、厚労省は生活保護の利用の前提となる資産の活用について弾力的に考えるという考え方を示したと述べた上で、「行方不明の御家族をお捜しになるためであるとか、そういった特別な事情がある場合の自動車といったものはこの通知に該当しますので、処分されなくとも生活保護の適用というものが十分考えられる」と答弁しました。すなわち、この場合の自動車は3月17日付課長通知にいう「居住地に資産を残さざるを得ない場合等」（平23・3・17社援保発0317第1）の「等」に含まれるため、「社会通念上処分させることを適当としないもの」（次官通知第3・5、保護手帳242頁）に該当し、処分しなくても生活保護の利用が認められるといえます。

　そこで、この答弁の趣旨を生活保護適用の現場に徹底していくことが求められます。震災等の被災者については自動車を保有したままでの生活保護の適用を認める余地があります。

96　義援金等を受領すると生活保護費が減額されるか

　1　震災後、生活保護を利用していますが、この度、義
援金と災害援助法等に基づく給付金、地震保険金を受
け取りました。これらのお金が収入認定されて、生活
保護費は減らされたり生活保護が停止や廃止になってしまうの
でしょうか。

2　震災後、義援金（災害救助法等に基づく給付金）を受け取り
ましたが、これは今後のために残したままで、生活保護を受け
ることができますか。

　1　「自立更生計画」を提出することにより、「当該被保
護世帯の自立更生のために当てられる額」は収入認定
されません。この額を超えた分についてのみ生活保護
費の減額や生活保護の停廃止が問題となります。

2　自立更生のために充てられるのであれば、直ちに使わないと
しても、自立更生計画に計上して生活保護を受けることができ
ます。

　また、経費が計画を下回って最終的に残余が生じても事前に
報告しておけば別の自立更生費用に使えます。

解　説

1　義援金の法的意味と収入認定

　本来、生活保護を利用している者が受領した義援金は、「臨時的に恵
与された慈善的性質を有する金銭」（次官通知第8・3（3）ア、保護手帳381
頁）に該当しますので、自立更生のために充てられるかどうかを吟味
するまでもなく収入認定の対象にはならないものと考えるべきです。

　もっとも、厚労省は、生活保護を利用している者が受領した義援金は、「臨時的に恵与された慈善的性質を有する金銭」ではなく、「災害等によって損害を受けたことにより臨時的に受ける補償金、保険金又は見舞金」（次官通知第8・3（3）オ、保護手帳381頁）に該当すると考えています。厚労省の見解に立つと、収入認定から除外されるのは、自立更生計画を提出することにより「当該被保護世帯の自立更生のためにあてられる額」と判断された場合となります（局長通知第8・2（4）（5）、保護手帳390頁）。

　平成23年5月2日付厚生労働省社会・援護局保護課長通知「東日本大震災による被災者の生活保護の取扱いについて（その3）」（平23・5・2社援保発0502第2）（以下「5月2日付課長通知」といいます。）においても、被災した被保護世帯が、東日本大震災に係る義援金、災害弔慰金、補償金、見舞金等（以下「義援金等」といいます。）を受けた場合は「当該被保護世帯の自立更生のために当てられる額」を収入として認定しないこととし、その超える額を収入として認定すると定め、自立更生計画書の様式も示しています。

　もっとも、5月2日付課長通知も、第1次義援金のように、震災後、緊急的に配分される義援金等については、当座の生活基盤の回復に充てられると考えられることや被保護者の負担に配慮して「費目・金額を積み上げずに包括的に一定額を自立更生に充てられるものとして自立更生計画に計上して差し支えないこと。この場合、使途について確認する必要はないこと。」と柔軟な対応を指示しています。

　また、5月2日付課長通知は、自立更生計画の「策定に当たっては、被災者の被災状況や意向を十分に配慮し、一律・機械的な取扱いとならないよう留意するとともに、〔中略〕被災者の事務負担の軽減に努めること」と注意を喚起しています。

2　自立更生経費の例

　一部の被災自治体においては、自立更生経費としては「震災によって壊れた家財道具の購入費用」程度しか認められないかのような説明をして、受領した義援金等のほとんどを収入認定して生活保護を廃止するといった取扱いも見られました。

　しかしながら、自立更生経費としては、生活基盤の回復に要する経費などはもちろん、災害と直接の関係はなくても、生業（事業の開始・継続、技能習得等）、介護、教育（入園料、保育料、入学準備費、修学旅行費、課外学習費等）など当該世帯の自立のために必要と認められる経費については幅広く認められることに注意が必要です。

　実際、日弁連が行った調査では、仏壇・墓石（上限65万円）、供養戒名料（35万円）、家屋補修費（上限250万円）、線量計（10万円）のほか、高校3年間の経費（90万円）、自動車免許取得費（30万円）、農業再開に必要な経費（145万円）、畑の除染費用（100万円）などを自立更生経費として認めた例が報告されています（「「東日本大震災の被災5県における義援金・仮払補償金と生活保護制度の運用に関する照会」に関する報告」2011・10・24日本弁護士連合会。詳細は日弁連ホームページ・プレスリリース参照）。

3　義援金等の収入認定を巡る審査請求

　東日本大震災の被災者が受領した震災義援金、東京電力からの仮払補償金、自治体からの見舞金を収入認定して生活保護を停止した南相馬市の処分の取消しを求めた審査請求において、福島県は平成23年12月21日付で、「処分庁が（義援金等の受領に伴う生活保護）停止処分を行う際には、提出された自立更生計画書に基づき、自立更生に要する費用の検討を踏まえた上で処分がなされていなければならない」、「処分庁が、義援金等の受領に伴い（生活保護）停止処分を行うに当たっては、義援金等の収入認定額を決定するに当たり、当該被保護世帯の

自立更生のために充てられる額の控除を検討した上で決定しなければなら」ないと判断し、南相馬市の処分を違法としています。

　したがって、自立更生経費の内容について十分な説明を行わず、当該世帯にとって必要な自立更生経費とは何かを十分検討しないまま行われた生活保護の停廃止の処分は違法として取り消されることとなるのです。

4　地震保険金の場合

　前記5月2日付課長通知の「義援金等」には地震保険金は含まれていませんが、次官通知第8・3(3)オの「保険金」(保護手帳381頁)に該当することからすれば、義援金等と同様に自立更生計画を提出することにより「当該被保護世帯の自立更生のために当てられる額」は収入認定されません。

　報道(産経新聞2012年3月9日付)によれば、2012(平成24)年3月5日付の宮城県の裁決でも生活保護利用者が受け取った約57万円の地震保険金について、利用者の自立に必要な金額を十分に検討せず、資産や収入とみなして生活保護を打ち切った塩竈市の判断を違法と認定しています。

5　補償金等の預託の必要性

　これまで局長通知は、災害等による補償金、保険金若しくは見舞金については、直ちに生業、医療、家屋補修等自立更生のための用途に供されるものに限って収入認定しないとし、直ちに生業、医療、家屋補修、就学等に充てられない場合は、将来それらに充てることを目的として適当な者に預託しない限り収入認定するとしていました(局長通知第8・2(4)、保護手帳390頁)。

　しかし、5月2日付課長通知は、「被保護世帯の自立更生のために充

てられる費用であれば、直ちに自立更生のための用途に供されるもの
でなくても、実施機関が必要と認めた場合は、預託することなく、自
立更生計画に計上して差し支えない」としています（平23・5・2社援保
発0502第2・2（4））。これは局長通知の取扱いを緩和し、預託せずとも
自立更生計画に計上して収入認定から除外することができるものと評
価できます。

6　経費が計画を下回って最終的に残余が生じた場合

　5月2日付課長通知は、「実際の経費が自立更生計画に計上した額
を下回り、義援金等に残余が生じた場合、計上額と購入額との差額分
の範囲内で、別途、自立更生のために充てられる費用として認定して
差し支えない」こと、並びに、差額分の使途について事前に報告する
などすれば、「自立更生計画を再度策定する必要はない」としています
（平23・5・2社援保発0502第2・2（5））。

第14章　刑事事件と生活保護

97　生活保護費を盗難や災害等により失った場合、再支給されるのか

 Q　福祉事務所で生活保護費を受け取り、それをかばんに入れて自宅に戻ろうと歩いていたところ、原付バイクで近付いてきた何者かにそのかばんをひったくられてしまいました。このような場合、福祉事務所は、もう1度生活保護費を支給してくれるでしょうか。

A　所定の手続により、福祉事務所があなたの預貯金や手持金等の状況を勘案した上で、あなたに対して生活保護費が再支給される場合があります。

解　説

1　生活保護費の再支給

生活保護利用者に対して支給された生活保護費について、災害や盗難、強奪その他不可抗力により失った場合には、紛失した日以後の当該月の日数による日割計算の額を限度として、必要な額を再支給できることとされています（局長通知第10・4、保護手帳426頁）。よって、支給日に生活保護費の全額をひったくられた場合は、福祉事務所は、その全額を再支給することができます（問答集問10－17、別冊問答集393頁）。

2　再支給の場合の留意点

　福祉事務所は、本来、生活保護費を所定の方法によって保護利用者に交付すれば足り、仮に、その後、かかる生活保護費が盗難等により失われたとしても、必ず再支給しなければならないというわけではありません。

　再支給を受けるには、まず、金額の多寡を問わず、所管の警察署に被害届を提出し、捜査依頼を行わなければなりません。福祉事務所は、盗難に至った事情を保護利用者から聴取するとともに、必要に応じ、実地調査等を行います。そして、保護利用者に対し、通常の扶養は期待できない者（例えば、民法上の扶養義務を負う者ではあるものの、生活保護を利用していたり、長期間にわたって音信不通である場合等が想定されます。）も含め援助を受けることを指導し、更にこれらの者に対し扶養依頼を行います。また、福祉事務所は、保護利用者が預貯金を有しており、これを充てれば最低生活が可能と認められる場合は、急迫・緊急状態を回避するため、最優先として預貯金を生活維持に充てるよう求めることとなります（以上、課長通知第10問16答、保護手帳426頁以下）。

　これらの手続を経て、保護利用者は、必要な額の生活保護費について再支給を受けることができますが、実務上、そのハードルは高いと言わざるを得ません。いずれにせよ、まずは、担当ケースワーカーに相談するべきです。また支給された保護費だけではなく、収入認定された給与や年金などの遺失の場合も再支給の対象となることがあります。

　再支給の可否の判断に際しては、保護費の遺失が「不可抗力」であって、本人に不注意や過失がないことが求められます。「社会通念上一般に要求される程度の注意をしたにも関わらず、遺失したことが挙証されない限り、不可抗力とは認められない」（課長通知第10問16答1

（2）、保護手帳426頁）つまり自転車の前かごにバッグを置いたままで所用を済ませている間に保護費の入ったバッグを盗られた、などの場合は「社会通念上一般に要求される程度の注意をした」とは認められず、再支給の対象となりません。

　なお、扶助費の再支給がなされない場合には、保護の実施機関によっては乾パン等の非常食の交付を行うところもありますが、それもない場合には、フードバンク等の民間の食料支援団体の援助を受けて、翌月の支給日を待つしかないのが現状です。

98　生活保護利用者が逮捕・勾留された場合、生活保護は廃止されるか

Q　私は、生活保護を利用し、単身、アパートで暮らしていますが、窃盗で逮捕され、現在は警察署の留置施設で勾留されています。私には前科はなく、弁護人から「起訴されるだろうが、おそらく執行猶予が付くのではないか。」と言われました。このような場合、生活保護は廃止されてしまうのでしょうか。将来、社会に戻ってきたときにアパートがなくなってしまうと困ります。

A　残念ながら、あなたが起訴された場合には、生活保護が廃止される可能性が高いと思われますが、弁護人等を通じて、福祉事務所に対して、保護を廃止しないよう要請するべきです。

解　説

1　被疑者等として警察官署に身体拘束された場合

　生活保護利用者が被疑者等として逮捕され、警察署の留置施設や拘置所で勾留された場合、刑事行政の一環として、食事や寝る場所が確保されていることから、最低生活費の計上は必要がないものとされています（問答集問7－15、別冊問答集184頁）。

　したがって、当該利用者が単身者である場合、刑事手続により身体拘束を受けていることが確認されると、生活保護は停止され、その後に起訴されたときには、生活保護は廃止されるとの取扱いがなされています（「生活保護運用事例集2017（令和3年6月改訂版）」（東京都福祉保健局生活福祉部保護課）問8－29）。また、起訴がなく釈放されたとき（在宅起

訴の場合も同様）には、保護の停止が解除されます。なお、他の家族とともに生活保護を受けている利用者については、身体拘束を受けている期間、日割り計算によって生活保護費が減額されることとなります。

　生活保護の停止又は廃止によって過渡しとなった生活保護費については、生活保護法80条に基づき、返還が免除される場合があります。

2　居宅を失う危険への対応について

　起訴された場合であっても、軽微な事案で、事実関係に争いがなく、当該利用者に前科がないようなとき等には、執行猶予付きの判決が見込まれる等、比較的早期に釈放されることもあります。にもかかわらず、前記のとおり、保護が廃止されるとすれば、アパートの賃料の滞納により、居宅を失ってしまう危険があります。

　逮捕された日、釈放された日の属する月の家賃は満額支給されますが、勾留が数か月に及んだ場合、家賃の支給がされない月が発生します。

　この点、単身の生活保護利用者が医療機関や老人保健施設等に入院・入所する場合について、最大で9か月間を限度として住宅扶助の継続を認める取扱いがなされていること（局長通知第7・4（1）エ、保護手帳340頁）からすると、刑事手続により身体拘束を受け、その後に起訴されたケースについても、早期の釈放が見込まれるときには、それまでの期間、住宅扶助の支給を続けるべきものと考えられます。よって、弁護人等を通じて、福祉事務所に対し、早期の釈放が見込まれることから保護を廃止しないよう強く要請するべきではないでしょうか。ただし、東京都事例集や大阪市質疑集などにより、「公訴の提起が確認された場合は、保護の廃止」という取り扱いが示されており、福祉事務所レベルでの配慮はかなり難しいものと思われます。

99　生活保護の受給が犯罪に当たるのはどのような場合か

 　私は、生活保護を利用していますが、３年ほど前から、福祉事務所には内緒でアルバイトをするようになり、毎月約10万円の収入を得ています。ただ、アルバイトの収入があることを福祉事務所に届け出ると、収入認定されて保護費が減額されてしまうので、あえて福祉事務所にはアルバイト収入を得ていることを隠し続けています。

　私がしたことは犯罪に当たるでしょうか。

A 　あなたは詐欺罪（刑246）又は生活保護法違反（生保85）により罰せられる可能性があります。

解　説

1　生活保護法85条違反の罪

　生活保護法85条によると、「不実の申請その他不正な手段により保護を受け、又は他人をして受けさせた者は、３年以下の懲役又は30万円以下の罰金に処する。」とされています（なお、平成25年12月の法改正（平成26年７月１日施行）で罰金額は100万円に引き上げられました（改正法85①）。）。

　同条の趣旨について、最高裁は、「本来正当に保護を受けることができないのに不当に保護を受け又は受けさせることを防止するための規定」である（最決平３・３・29判時1381・138）と述べ、生活保護法85条違反の罪が成立するには、「不実の申請がされたこと、その他不正な手段が採られたことと保護との間の因果関係を必要とする」と解されています。

2　詐欺罪等

　生活保護法85条は本文に続き、「ただし、刑法（明治40年法律第45号）に正条があるときは、刑法による。」と規定しています。すなわち、生活保護法85条違反の罪は、刑法に定める罪の補充規定と解されますので、「不実の申請その他不正な手段により保護を受け、又は他人をして受けさせた」行為が刑法各条に定める罪に該当する場合は、刑法各条が適用されます。よって、例えば、生活保護の申請の際に虚構の事実を述べて保護が開始された場合や、生活保護利用中に生計の状況や世帯の構成に異動があったにもかかわらず、生活保護費を不正に受給するため、あえてこれを届出せず（生保61参照）、収入申告書等にも虚偽の事実を記載して福祉事務所に提出し続けたような場合には、これらの行為が「人を欺いて財物を交付させた」に該当するものとして、刑法246条に定める詐欺罪として、10年以下の懲役に処せられる可能性があります（詐欺罪の場合は、未遂であっても処罰されます（刑250）。）。

　また、例えば、生活保護の申請に当たって、給与明細書などの文書を偽造して福祉事務所に提出した場合には、私文書偽造罪（刑159）（3月以上5年以下の懲役）・同行使罪（刑161）（同上）等が適用される余地があります。

3　本問の検討

　本問のケースでは、アルバイト収入を得るようになったのであれば、「生計の状況」に異動があったものとして、速やかに保護の実施機関に対し、その旨を届け出なければならない（生保61）にもかかわらず、かかる届出義務があることを認識しつつ、あえて収入があることを隠し、それまでと同様の生活保護費を不正に受け取っていたのであれば、不作為による詐欺罪が成立すると解されます（なお、収入申告書等に

「無収入」である旨記載するなど、虚偽の事実を記載して福祉事務所
に提出していた場合には、作為による詐欺罪となります。)。

　なお、前記最高裁判例は、生活保護利用者が転居するに当たり、福
祉事務所長に敷金扶助の申請をした際、転居先の家賃が住宅扶助基準
額を超えていたのにもかかわらず、あたかも基準額以下であるなど不
実の申請をし、福祉事務所長から敷金扶助を受けたという事案につい
て、転居先の家賃が基準額を超えた場合に敷金の支給が全く受けられ
ないことを知らなかったとして、詐欺については無罪としたものの、
生活保護法85条違反の罪は成立すると判断しています。

第15章　外国人と生活保護

100　外国人は生活保護を利用できるか

外国人が生活保護を利用することはできるでしょうか。

A　　行政実務上、適法に日本に滞在し、活動に制限を受けない在留資格を有する外国人（特別永住者、入管法別表第２に掲げられた在留資格を有する者、難民認定を受けた者）は生活保護を利用することができ、特定活動の在留資格（入管別表１五）を有する人の一部については、生活保護を利用できる場合があるとされています。

在留資格のない外国人は生活保護の対象ではないとの司法判断はあるものの、前記以外の在留資格を有する外国人について、人道上の見地から、実施機関の判断で生活保護を実施することは禁じられていません。

解　説

1　行政措置としての保護の実施

生活保護法は、保護を利用することができる権利主体を「国民」（生保1・2）と規定しています。

第
15
章

　日本政府は、国際人権規約批准（1979年）と難民条約加入（1982年）に伴い、社会保障法の多くから国籍条項を撤廃しましたが、生活保護法では国籍条項が撤廃されないまま現在に至っています。

　行政実務においては、外国人は生活保護法の適用対象とならないことを前提に、「一般国民に対する生活保護の決定実施の取扱に準じて」行政措置として「必要と認める保護を行う」ものとされてきました（昭29・5・8社発382）。

2　従来の政府見解

　従来の政府見解は、「生活保護につきましては、一応、国籍を要件にいたしておりますけれども、これは事実上の問題として、すべて日本国民と同様に適用をいたしておる」（1979年5月28日参院外務委員会における松田厚生大臣官房審議官答弁）、「生活保護につきましては、昭和25年の制度発足以来、実質的に内外国人同じ取り扱いで生活保護を実施いたしてきているわけでございます。去る国際人権規約、今回の難民条約、これにつきましても行政措置、予算上内国民と同様の待遇をいたしてきておるということで、条約批准に全く支障がない」（1981年5月27日衆院法務委員会、外務委員会、社会労働委員会連合審査会における山下厚生省社会局長答弁）とし、外国人に対しても生活保護は、実質的に全て日本国民と同様に取り扱われているという建前をとっていました。

3　現在、行政措置の対象とされている外国人の範囲

　しかし、厚生省（当時）が、1990年10月、生活保護指導職員ブロック会議において口頭指示をして以来、生活保護の対象となる外国人は、原則として、次に掲げる者に限定されてきました（問答集問13−32、別冊問答集431頁）。

①　入管法別表第２の外国人（永住者、永住者の配偶者等、日本人の配偶者等、定住者）

②　日本国との平和条約に基づき日本の国籍を離脱した者等の出入国管理に関する特例法（入管特例法）に定める特別永住者

③　入管法による難民認定を受けた者

　裁判例上、在留資格のない「不法滞在」の外国人は生活保護の対象ではないとされているものの（最判平13・9・25判時1768・47）、適法に日本に滞在する外国人のうち前記①ないし③のいずれにも該当しない者が生活保護の対象となり得るかについては明らかとなっていません。

　神戸市が、外国人留学生に対し、人道上の措置として医療扶助を適用したものの国庫負担金の請求をしなかったことから、国庫負担金の代位請求という住民訴訟の形式で争われた「ゴドウィン事件」では、地裁（神戸地判平7・6・19判例地方自治139・58）、高裁で住民側が敗訴し、最高裁の門前払いで事件が終了しました。そのため、実施機関が人道上の措置として保護を実施したとしても、国が国庫負担金（保護費の4分の3）を負担しないため、通常、実施機関は、前記①ないし③のいずれにも該当しない外国人については生活保護を実施しません。

　しかし、疾病を抱えた高齢者や妊娠中で出産間近の女性など、人道上の観点から生活保護を適用する必要性の高い事案もあり得ます。厚生労働省も、「特定活動の在留資格を有する者のうち〔中略〕①から③以外の者について疑義がある場合には、厚生労働省に照会されたい。」としています（問答集問13－32、別冊問答集431頁）。このような場合に実施機関が国庫負担金の支給がないことを覚悟して生活保護を実施することは何ら禁じられていませんので、諦めずに交渉することが必要です。

　なお、「ゴドウィン事件」の神戸地裁判決も、「憲法並びに経済的、

社会的及び文化的権利に関する国際規約、市民的及び政治的権利に関する国際規約等の趣旨に鑑み、さらに、健康で文化的な最低限度の生活を営む権利が人の生存に直接関係することを併せ考えると、法律をもって、外国人の生存権に関する何らかの措置を講ずることが望ましい。特に、重大な傷病への緊急医療は、生命そのものに対する救済措置であるから、国籍や在留資格にかかわらず、このことが強く妥当する。」（神戸地判平7・6・19判例地方自治139・58）と指摘していることからすると、本来は、外国人も生活保護の権利主体とする立法措置が早急に行われるべきです。

101　外国人が生活保護を申請する場合、どこの福祉事務所に行うか

Q 私は外国籍ですが、Ａ市に住民登録し、夫と居住していました。この度、夫の暴力（ＤＶ）に耐えかねて、Ｂ市まで逃げてきました。生活に困窮し、Ｂ市の福祉事務所に相談に行ったところ、「住民登録地が管轄なので、Ａ市の福祉事務所に申請するように。」と言われました。ＤＶ夫のいるＡ市に戻ることなど到底できませんが、どうすればよいのでしょうか。

A 外国人の場合は、在留カード又は特別永住者証明書に記載されている住居地（住民票の登録地）を所管する実施機関に申請すべきものとされています。

当該外国人がＤＶ被害者である場合も、原則として居住地変更の登録を求めた上で、新居住地を管理する保護の実施機関が実施責任を負うものとされていますが、担当部署に対する周知などの配慮が必要とされています。また、例外的に、居住地変更登録申請を行うことができない状態にあると認められた場合には、実際の居住地において生活保護を適用して差し支えないものとされています。

解　説

1　原則的運用

日本国籍保持者に対する実施責任が「居住地」又は「現在地」の実施機関にあるとされているのに対し（生保19）、外国人に対する保護の実施責任は、在留カード又は特別永住者証明書に記載されている住居地を所管する実施機関にあるとされています（昭29・5・8社発382）。

　なお、2012年7月9日、外国人登録制度が廃止され、「中長期在留者」
については日本人と同様の住民基本台帳制度にて新たな在留管理制度
が導入されています。これに伴い、それまでの外国人登録証明書は「在
留カード」（特別永住者の場合は「特別永住者証明書」）に変更されて
います。従前の外国人登録制度では、在留資格のない人も対象とされ
ていましたが、新たな在留管理制度においては対象とはなりません。

2　外国人がＤＶ被害者である場合

　当該外国人がＤＶ被害者である場合も、原則として居住地変更の登
録を求めた上で、新居住地を管理する保護の実施機関が実施責任を負
うものとされています（問答集問13－33、別冊問答集432頁）。

　しかし、避難先を居住地とする登録変更を行えば、加害者等に避難
先が明らかとなってしまう危険があります。前記問答は、「当該外国
人が不利益を被る懸念を申し立ててきた場合等には、関係市町村の外
国人登録担当部署に対して、当該外国人がＤＶの被害者であることを
周知するなど、不利益を被ることのないよう十分に配慮されたい。」と
していますので、居住地変更の登録をする際には、「不利益を被る懸念」
を積極的に申し立てて配慮を求めておくべきです。

　また、前記問答は、従前の硬直的な取扱いを緩和し、「外国人登録上
の居住地と実際の居住地が異なっているものの、居住地変更登録申請
を行うことができない状態にあると認められた場合には、実際の居住
地において生活保護を適用して差し支えない。」とも規定しています
ので、事案に応じて、この例外的な取扱いを行うよう求めるとよいで
しょう。

3　在留カードを紛失した場合

　前記のとおり、外国人の生活保護申請に対する実施責任は、在留カ

ードに記載されている住居地を管轄する実施機関とされており、生活保護の申請を行う際には有効な在留カードの提示が必要とされているため、在留カードを紛失した場合には、生活保護の申請を行う上で問題が生じることが予想されます。

　このような場合には、実施責任のある実施機関に対し、在留カードの再交付手続を行っていることを申告するとともに、住民基本台帳の登録内容について確認を求めることが必要でしょう。

　なお、常時携帯が必要とされている在留カード（特別永住者証明書を除きます。）を紛失した場合は、当該事実を知った日から14日以内に在留カードの再交付申請を行う必要があります（必要な手続を怠った場合には罰則が設けられています。）。

102　入国して間もない外国人が生活保護を利用できるか

　　私は、入国してから間もなく生活に困窮するようになりました。このような場合に、外国人が生活保護申請を利用できるでしょうか。

　　厚生労働省は、その外国人が入国に当たって入国管理局に提出した雇用予定証明書等の資料の提出を求めることとし、理由なく資料の提出を拒む場合には、急迫な状態であって放置することができない場合を除き、申請を却下して差し支えないものとしています。この「入国後間もなく」とは、入国してから1年程度の期間を目安に、個別の事案に応じて判断するものとされています。

解　説

1　問題の発端

　2010年5月、入国許可を受けた外国人二十数名が、集団で大阪市に生活保護の申請を行い、一旦生活保護開始決定がなされました。しかし、その後、当該外国人らの住居と身元保証人がいずれも同一であった等の状況から、当初より生活保護の利用を目的とした入国であったのではないか問題視される事態となり、厚生労働省は、大阪市からの照会や要請を受けて、2011年8月、「外国人からの生活保護の申請に関する取扱いについて」（平23・8・17社援保発0817第1）と題する社会・援護局保護課長通知を発出したのです。

2　前提知識―入管法の取扱い

　入管法5条1項3号は、「貧困者、放浪者等で生活上国又は地方公共団体の負担となるおそれのある者」は上陸することができないと規定し、入管法施行規則別表第3により、一定の外国人に対しては、その在留資格に応じて、「在留中の一切の経費を支弁することができることを証する文書」等の生計維持能力を有することを立証するための資料を地方入国管理局に提出することを義務付けています。

3　厚生労働省保護課長通知の内容

　厚生労働省は、前記保護課長通知において、「入国後間もなく生活に困窮する外国人からの生活保護の申請に当たっては、当該者が在留資格の取得の際に地方入国管理局に対して提出した立証資料（当該者に係る雇用予定証明書等の入国在留中の一切の経費を支弁することができることを証する文書、当該者以外の者が経費を支弁する場合にはその収入を証する文書、本邦に在留する身元保証人の身元保証書その他の生計維持能力を有することを証する資料）の提出を求める」こととし、「当該者が理由なく上記資料の提出を拒む場合には、〔中略〕急迫な状態であって放置することができない場合を除き、申請を却下しても差し支え」ないものとしました（平23・8・17社援保発0817第1）。

　前記の「入国後間もなく」が、どの程度の期間を意味するかについて、厚生労働省は、前記同日に発出した事務連絡文書で「1年程度の期間を目安に、個別の事案に応じて判断する」との指針を示しています（「外国人からの生活保護申請に係る留意事項について」平23・8・17事務連絡）。

　前記保護課長通知は、前記1に記載したような特異な例に端を発していますから、その形式的な適用には慎重であるべきでしょう。前記通知を前提としても、立証資料が提出された場合、資料が提出できない正当な理由がある場合、急迫状態にある場合のほか、当該外国人が

当初は在留中の経費を支弁する見込みがあったにもかかわらず、事情の変更によって、それがかなわなくなった事案などにおいても、従前どおり生活保護の実施が認められてしかるべきです。

4　永住帰国援護の対象者の場合

　中国残留邦人等に係る永住帰国援護の対象者（中国残留邦人等の円滑な帰国の促進並びに永住帰国した中国残留邦人等及び特定配偶者の自立の支援に関する法律2条1項及び同法施行規則10条に規定する者）については、在留資格取得の際に、前記のような立証資料の提出が求められていません。

　そのため、厚生労働省も、前記同日付の事務連絡文書において、「当該者については、身元保証書等ではなく、永住帰国旅費支給決定通知書又は自立支度金支給決定通知書の提示を立証資料として求める取り扱いとし、これまでどおり生活保護受給の要件を満たす場合、保護を決定することとして差し支え」ないとしています（「永住帰国援護の対象者からの生活保護申請に係る留意事項について」平23・8・17事務連絡）。

103　外国人は、審査請求や裁判を行えるか

 Q　外国人が、生活保護に関する決定に不服がある場合、審査請求や裁判を行うことはできるでしょうか。

A　外国人による生活保護の申請には、①生活保護法の適用を求める趣旨の申請と②行政措置としての生活保護の開始を求める趣旨の申請があり、①については審査請求はできるものの全て棄却裁決を行うべきで、②については審査請求の対象外で全て却下裁決を行うべきというのが厚生労働省の立場です。最高裁は、①について訴訟で争う余地を否定しましたが、②について訴訟で争えるかについてはいまだ審理の対象とされていません。本来、立法的解決が望まれる論点です。

解　説

1　大分外国人生活保護訴訟の内容

　日本生まれ日本育ちで永住者の在留資格をもつ中国国籍の原告が、夫の入院後、夫の弟に暴力等を受け、夫婦の預金通帳や印鑑を取り上げられて生活困窮に陥り、生活保護の申請をしたところ、大分市福祉医務所長は、原告名義の預金残高が相当あること等を理由に保護申請を却下しました。原告が、申請却下処分を不服として大分県知事に対して審査請求をしたところ、同県知事は、「法律上の権利として保障されていない外国人に対する保護の決定は、処分に該当しないため、生活保護に係る外国人からの不服申立てについては、処分性を欠くものとして、これを却下すべきである。」とする厚生労働省通知（昭29・5・8社発382）に基づき却下裁決をしました。

　そこで、原告は、大分県を被告とした却下裁決取消訴訟（訴訟Ａ）と、大分市を被告とした保護申請却下処分取消訴訟（訴訟Ｂ）の二つの訴訟を起こしました。

2　訴訟Ａの帰趨：審査請求について

（1）　大分地裁民事第１部判決

　大分地裁（民事第１部）平成22年９月30日判決（確定）（判時2113・100）は、「外国人に対する生活保護の決定も生活保護法64条及び行政不服審査法４条１項にいう「処分」に当たることは明らかである」と判示し、原告の審査請求を却下した大分県知事裁決を取り消しました。

　同判決は、「簡易迅速な手続で権利利益の救済を図るとともに行政の適正な運営を確保しようとする行政不服審査法の目的（１条１項）に照らせば、およそ外国人には同法の適用の余地はないと解すべき合理的な理由は見い出し難い」、「そして、本件却下決定に処分性が認められる以上、その名宛人である原告に、同決定に対する審査請求適格があることはいうまでもない。この点に関し、被告は、行政不服審査法上の「国民」に外国人は含まれないと主張するが、これは通常の場合を規定したにすぎず、〔中略〕外国人にも同法の適用はあるというべきである」と判示しています。

（2）　上記判決後に発出された厚生労働省通知

　この判決を受けて、厚生労働省は、社会・援護局保護課長通知「生活保護に係る外国籍の方からの不服申立ての取扱いについて」（平22・10・22社援保発1022第１）という極めて難解かつ奇妙な通知を事務連絡文書やＱ＆Ａとともに発出しました（賃社1534・11以下）。

　この通知は、「法による保護」と「通知による保護」に切り分けて、いずれにしても不服申立てによる権利救済の道を外国人から奪う内容となっています。

　すなわち、同通知は、外国籍者から生活保護「法」の適用を求めて
保護申請がなされた場合は、「国民」による申請ではないことを理由に
行政処分としての却下決定を行うとともに、同「法」に基づき不服申
立てをすることができる旨の教示をすべきであるとしながら、裁決庁
に対しては、外国籍であることを理由として棄却裁決をするよう指示
しています。つまり、「法による保護」の申請については、外国人であ
ることを理由に全て却下決定すべきであり、処分である以上審査請求
はできるものの、外国人であることを理由に全て棄却裁決すべきであ
るというのです。

　一方、同通知は、外国人の生活保護「法」に基づく申請があれば、
別途「生活に困窮する外国人に対する生活保護の措置について」(昭29・
5・8社発382)に基づく行政措置の対象となるかどうかを判断し、生活
保護の措置決定又は生活保護の措置却下決定を行うよう指示しなが
ら、この措置却下決定は、行政措置に関する応答で法令に基づく処分
ではないから審査請求の対象外であり不服申立ての教示を行うことは
不適当としています。この立場からは、裁決庁は、行政措置却下決定
に対する審査請求については却下裁決を行うべきということになりま
す。

　しかし、(1)の大分地裁民事第1部判決は、審査請求手続において
権利利益の救済に資する実質的な審理を行うことを当然に含意してい
るものと理解でき、上記課長通知は、判決の趣旨を曲解したものとい
わざるを得ません。

3　訴訟Bの帰趨：訴訟について

(1)　大分地裁民事第2部判決

　大分地裁(民事第2部)平成22年10月18日判決(賃社1534・22)は、外
国人が行う生活保護申請には、①外国人にも生活保護法の適用がある

との解釈を前提に同法に基づいて生活保護の開始を求める趣旨の申請
と、②同法に基づかない任意の行政措置としての生活保護の開始を求
める趣旨の申請があるとした上で、①の趣旨の申請については、法を
根拠とするものであるため処分性はあるが、外国人に生活保護法に基
づく生活保護受給権は認められないから本件却下処分に誤りはないと
して原告の訴えを棄却しました。また、②の趣旨の申請については、
法を根拠とするものではなく処分性は認められないから、これに基づ
く原告の訴えは不適法であるとして却下しました。

（２）　福岡高裁判決

原告が控訴したところ、福岡高裁平成23年11月15日判決（判タ1377・
104）は、「国は、難民条約の批准等及びこれに伴う国会審議を契機とし
て、外国人に対する生活保護について一定範囲で国際法及び国内公法
上の義務を負うことを認めたものということができる。すなわち、〔中
略〕一定範囲の外国人に対し、日本国民に準じた生活保護法上の待遇
を与えることを是認したものということができるのであって、換言す
れば一定範囲の外国人において上記待遇を受ける地位が法的に保護さ
れることになったものである。」、「よって、生活保護法あるいは本件通
知〔「生活に困窮する外国人に対する生活保護の措置について」（昭29・
5・8社発382）〕の文言にかかわらず、一定範囲の外国人も生活保護法
の準用による法的保護の対象になるものと解するのが相当」であると
判示し、原告敗訴の一審判決を取り消し、申請却下処分の取消しを命
じました。

つまり、福岡高裁は、（１）の大分地裁のいう①の趣旨の「法に基づ
く申請」に対する却下処分の取消しを命じるという画期的判断を示し
たのですが、その結果、②の趣旨の行政措置として保護費の支給を求
める訴えは棄却しました。

（3）　最高裁判決

　これに対し、大分市のみが上告受理申立てを行ったところ、最高裁平成26年7月18日判決（賃社1622・30）は、現行生活保護法1条及び2条が、その適用対象につき「国民」と定めていることなどから、「現行法令上、生活保護法が一定の範囲の外国人に適用され又は準用されると解すべき根拠は見当たら」ず、「外国人は行政庁の通達等に基づく行政措置により事実上の保護の対象となり得るにとどまり、生活保護法に基づく保護の対象となるものではなく、同法に基づく受給権を有しない」ため、本件却下処分は適法であるとして、原判決中大分市敗訴部分を破棄する逆転判決を言い渡しました。

（4）　最高裁判決の射程範囲

　上記のとおり、福岡高裁判決に対しては、大分市のみが上告受理申立てを行い、原告側は、その敗訴部分について（付帯）上告受理申立てを行っていません。そのため、行政措置としての保護費の支給を求める申請に対する却下決定に対して訴訟で争えるかについては、最高裁の審理対象とされていません。（3）の最高裁判決自体が、わざわざ2回も「なお、原判決中上記請求に係る部分以外の部分（被上告人敗訴部分）は、不服申立てがされておらず、当審の審理の対象とされていない。」と強調していることからしても、原告側の争い方によっては、訴訟による権利救済の道が開かれる余地が十分残されています。

　難民条約等加入の際の1981年5月29日の衆議院法務委員会で政府委員が、「昭和25年以来安定的に、外国人に対しましても行政措置として生活保護を適用しております。こういう安定した関係を裁判等におきましても考慮いたしまして、確かに生活保護法上の審査請求にはなじまないわけでございますが、最終的には裁判上の訴えの利益というものも認められております。最終的な保護の受給というものは、外国人

に対しましても確保されるというふうに考えております。」と答弁していたことが、単なるカラ手形で終わらないよう、最高裁が前向きな判断を示すことが期待されます。

　なお、2024年6月14日、技能実習制度を廃止し、育成就労制度を創設する入管法の改正法が成立するなど、外国人労働者の受入れ拡大に向けて国の政策が大きく変わりつつある今日、本来は、外国人も生活保護法の権利主体とする法改正が早急に行われるべきです（前掲Q100参照）。

〔改訂版〕
Q&A 生活保護利用者をめぐる法律相談

平成26年2月20日　初　　版発行
令和6年9月10日　改訂初版発行

編　集　大阪弁護士会
　　　　貧困・生活再建問題対策本部

発行者　河　合　誠　一　郎

発 行 所　新 日 本 法 規 出 版 株 式 会 社

本　　　社　（460-8455）　名古屋市中区栄 1 － 23 － 20
総 轄 本 部
東 京 本 社　（162-8407）　東京都新宿区市谷砂土原町2－6
支社・営業所　札幌・仙台・関東・東京・名古屋・大阪・高松
　　　　　　　広島・福岡
ホームページ　https://www.sn-hoki.co.jp/

【お問い合わせ窓口】
新日本法規出版コンタクトセンター
📞 0120-089-339 （通話料無料）
●受付時間／ 9 ：00〜16：30 （土日・祝日を除く）